SEMNOS LEHRBUCH

Besuchen Sie uns im Internet
www.semnos.de

Baer, Udo
Familientherapie – humanistisch – leiborientiert – kreativ
Neukirchen-Vluyn:
Semnos Verlag 2013 / 1. Auflage
ISBN 978-3-934933-41-5

© 2013 Semnos Verlag, Neukirchen-Vluyn
Alle Rechte vorbehalten
Lektorat: Elke Renz
Grafiken Kapitel 5.2: Nicolai König
Satz und Umschlaggestaltung: Christin Ursprung, Berlin
Titelfoto: daniel.schoenen / photocase.com
Druck: CPI – Clausen und Bosse, Leck

Semnos Lehrbuch

Udo Baer

Familientherapie

humanistisch – leiborientiert – kreativ

Semnos

Udo Baer (Neukirchen-Vluyn, Jg. 1949)
Dr. phil. (Gesundheits- und Sozialwissenschaften), Dipl. Pädagoge, Kreativer Leibtherapeut, Heilpraktiker für Psychotherapie, Mitbegründer, Geschäftsführer und Gesamt-Ausbildungsleiter der Zukunftswerkstatt *therapie kreativ*, Vorsitzender der Stiftung Würde, wissenschaftlicher Leiter des Instituts für Gerontopsychiatrie (IGP) und des Kompetenzzentrums für Kinder und Jugendliche (KKJ), Autor.

Inhalt

1	**Zwei Einstiege**	11
1.1	Erster Einstieg: kurze Fragen, knappe Antworten	11
1.2	Zweiter Einstieg: Familie Gowensch	22
2	**Was sind Familien?**	29
2.1	Familien – was sie verbindet und bindet	30
2.2	Gestörte, zerbrechende und zerbrochene Familien	39
2.3	Was Familien mit kleinen sozialen Gemeinschaften gemeinsam haben	49
2.4	Der Einzelne und die Familie	56
3	**Familien-Erleben – Spurensuche und Veränderung**	59
3.1	Erleben, Zwischenleiblichkeit und Familie	59
3.2	Atmosphären	63
3.3	Tabus	67
3.4	Traumata	72
3.5	Mehrgenerationen-Perspektive: gewichtete Genogramme	78
3.6	Mehrgenerationen-Perspektive: Aufträge und Leid-Sätze	86
3.7	Mehrgenerationen-Perspektive: Transgenerative Traumata	90
3.8	Familien-Erleben und Partnerschaft	96
3.9	Familien-Erleben und Kinder	103
3.10	Familien-Erleben und Konkurrenz	110
3.11	Familien-Erleben und Selbstwertschätzung	115
3.12	Familien-Erleben und Kommunikation	121
3.13	Außenseiter, „Symptom-Träger" und andere Rollen	128
3.14	Familien und Macht	133
3.15	Familien zwischen den Kulturen	140
3.16	Geborgenheit und Zugehörigkeit	146
3.17	Familien-Rebuilding	150

4	**Leibtherapeutische Modelle und Methoden für Familien**	157
4.1	Familie und Einhausen	157
4.2	Familie und Erregungskonturen	161
4.3	Familie und Bedeutungsräume	166
4.4	Familie und Primäre Leibbewegungen	174
4.5	Familie und Konstitutive Leibbewegungen	178
4.6	Familie und Richtungs-Leibbewegungen	181
4.7	Familie und Identitätsentwicklung: Tridentität	184
4.8	Familie und das Ungelebte	188
5	**Familientherapeutische Haltungen und Wege**	193
5.1	Familien-Diagnostik	193
5.2	Die sieben Basis-Perspektiven in der Familientherapie	200
5.3	Therapeutische Rolle und Parteilichkeit	209
5.4	Übertragung und Resonanz	214
5.5	Experimentelle Haltung und Klient/innen-Kompetenz	221
5.6	Aufträge	222
6	**Und was brauchen die Familientherapeut/innen?**	227
7	**Ein paar Worte zum Ausklang**	229
	Arbeitsblätter	233
	Methoden leiborientierter Familientherapie	243
	Literaturverzeichnis	245

1 Zwei Einstiege

1.1 Erster Einstieg: kurze Fragen, knappe Antworten

Um die inhaltlichen Besonderheiten und den Nutzen dieses Buches vorzustellen, gebe ich einige Fragen wieder, die mir in der Vorbereitung gestellt wurden, und beantworte sie knapp. Dabei gehe ich auch auf die Begriffe ein, die ich im Titel des Buches verwende. Bitte nehmen Sie dies als Einführung, Orientierung und Appetithappen. Genaue Ausführungen finden Sie dann im späteren Text.

Was habe ich davon, wenn ich dieses Buch durcharbeite?

Sie werden Ihre Einsichten über Familien und innerfamiliäre Prozesse vertiefen, vielleicht sogar verändern, und Sie werden Wege und Methoden kennenlernen, die Sie in Ihrer therapeutischen bzw. beraterischen Praxis einsetzen können.

Das Buch wendet sich erstens an Therapeut/innen und Berater/innen, die mit Familien oder Teilen von Familien arbeiten; ebenso an diejenigen, die mit einzelnen Klient/innen arbeiten, für die Familienthemen im Vordergrund stehen.

Zweitens soll das Buch den vielen sozialpädagogischen Fachkräften helfen, die in und mit Familien in der Kinder- und Jugendhilfe arbeiten. Auch wenn ihr Auftrag in den meisten Fällen kein therapeutischer ist, soll dieses Buch ihnen beim Verständnis der Familienstrukturen und des Leidens in Familien helfen und wird sicherlich einige Anregungen für ihre Praxis geben.

Die Methoden, die ich in diesem Buch vorstelle, setzen eine (familien-) therapeutische Ausbildung voraus, damit auf die Themen und Prozesse, die bei der Anwendung der Methoden lebendig werden, verantwortungsvoll und kompetent reagiert werden kann.

Zwei Einstiege

Was ist Familientherapie?

Unter Familientherapie verstehe ich theoriegestützte und methodisch begründete Hilfen für einzelne Familienmitglieder und Familien, die in festgefahrenen Mustern, vor allem Mustern familiärer Beziehungen, feststecken, unter denen sie leiden und die sie selbstständig nicht verändern können.

Diese Definition enthält einige Begriffe, die der Erläuterung bedürfen:

Muster. Unter Muster verstehe ich festgefahrene Wege des Erlebens und des Verhaltens, die sich immer wieder so oder so ähnlich wiederholen (siehe Baer 2012). Ein Muster in einer Familie kann zum Beispiel darin bestehen, dass eine kritische Äußerung sofort als Angriff auf andere Familienmitglieder verstanden wird und starke Sanktionen nach sich zieht, so dass Kritik schließlich zu einem Tabu wird. Zu einem Muster gehört, dass sich etwas wiederholt; zu einem familiären Muster gehört, dass bei diesen Wiederholungen des Erlebens und Verhaltens zumeist mehrere Mitglieder einer Familie beteiligt sind.

Leiden. Es gibt in Familien zahlreiche unterschiedliche Muster, die aus Gewohnheiten entstanden sind und sich mehr oder weniger verfestigt haben. Solche Muster geben Familien Zusammenhalt und Stabilität. Doch gibt es auch Muster, unter denen Menschen leiden. Es sind Muster, die ihnen seelische, manchmal auch körperliche Schmerzen zufügen und die sie nicht mehr aushalten und auch nicht mehr aushalten wollen. Nur solche Muster sind veränderungs- und heilungsbedürftig und deshalb Inhalt von Therapie. Familientherapie entspringt dem Leiden an und in der Familie und dem Wunsch, aus diesem Leiden herauszugelangen.

Zur Therapie gehören *Therapeut/innen*. Ohne Therapeut/innen keine Therapie. Familien oder einzelne Familienmitglieder werden in therapeutischen Prozessen von ausgebildeten Fachkräften begleitet, die sich in familiären Beziehungsgeflechten auskennen, ihre Klient/innen nicht allein lassen, sondern ernst nehmen und sie in Veränderungsprozessen unterstützen.

Theoriegestützt und methodisch reflektiert sollte diese Begleitung sein, um sich Therapie nennen zu können. Die Therapeut/innen sollten sich auf ein Konzept, eine Betrachtungsweise, ein Modell, also eine Theorie von Familien, von Leiden, von menschlicher Veränderung und der Veränderung von sozialen Gruppen wie der einer Familie stützen, und sie sollten über ein breites methodisches Rüstzeug verfügen, das theoretisch fundiert ist und dessen Einsatz sie begründen können. In familientherapeutischen Prozessen gibt es wie in allen therapeutischen Prozessen immer Überraschungen, und oft hat sich eine Therapeutin oder ein Therapeut für eine Therapieeinheit etwas vorüberlegt, was dann nicht umgesetzt werden kann, weil andere Themen oder Prozesse im Vordergrund stehen. Das geschieht nicht nur häufig, sondern ist auch richtig, weil im Vordergrund immer die aktuelle Situation, die aktuelle Problematik und die aktuelle Begegnung stehen müssen. Doch auch solche methodischen Wechsel bedürfen der Begründung, auch in solchen Situationen sollten Interventionen eingesetzt werden, die jeweils sinnvoll ausgewählt und als solche transparent gemacht werden können.

Wie steht es um die Diagnostik?

Diagnostik heißt in unserem Sinne nicht „Urteil" über jemanden anderen oder über eine Familie. Wir Therapeut/innen urteilen nicht darüber, ob eine Familie überlebensfähig ist oder nicht oder wie sich ein Familienmitglied in einer Familie verhalten sollte. Das steht uns nicht zu. Wir begleiten Menschen dabei, selbst ihre Wege zu finden und dabei in Therapie und Alltag unterschiedliche Möglichkeiten auszuprobieren. Doch damit dies nicht beliebig wird, brauchen wir möglichst treffende Einsichten darüber, welche Muster und welches Leiden es in einer Familie gibt und wie die familiären Beziehungen beschaffen sind. Einsichten in diesem Sinne sind für uns familientherapeutische Diagnostik. Ich werde in diesem Buch einige diagnostische Modelle und Wege, Einsichten über Familien zu gewinnen, vorstellen, die ich für begründet halte und die sich bewährt haben.

Was unterscheidet Therapie und Beratung?

Zuerst einmal ist festzuhalten, dass für mich Therapie etwas Besonderes ist, mehr und etwas anderes als Beratung – damit unterscheide ich mich von den Ansätzen systemischer Therapie und Beratung, die beides gleichsetzen (z. B. Klein/Kannicht 2011, S. 8). Zum anderen gilt auch, dass manches gemeinsam ist: Berater/innen und Therapeut/innen haben mit Familien und Familienmitgliedern zu tun, versuchen Einsichten im Sinne der beschriebenen Diagnostik über Familien und Familienmitglieder zu gewinnen und unterstützen die Menschen, mit denen sie zu tun haben. Berater/innen setzen sich wie

Therapeut/innen häufig mit festgefahrenen Mustern auseinander, unter denen Menschen leiden – sonst würden diese keine Hilfe suchen. Berater/innen geben Hinweise und Anregungen, machen Vorschläge und informieren.

Ein therapeutischer Prozess ist in der Regel intensiver und tiefer. Hier geht es zumeist nicht darum, mit bekannten Mustern besser und anders zurechtzukommen, hier geht es um Musterveränderung. Dabei geht meist die Veränderung von Mustern der Einzelnen mit Veränderungen von Mustern der familiären Beziehungen einher. Außerdem nehmen die Therapeut/innen in der leiborientierten Familientherapie bewusst in Kauf, dass sie durch unbewusste Prozesse Teil familienähnlicher Zusammenhänge werden und in familiäre Strukturen gleichsam hineingezogen werden. Sie nehmen in Kauf und streben manchmal sogar an, zur Unterstützung von Veränderungs- und Heilungsprozessen an die Stelle anderer Menschen zu treten, was wir als Übertragung bezeichnen. Die Resonanz der Therapeut/innen auf Familienmuster und einzelne Familienmitglieder wird nicht als störend oder ablenkend bewertet, sondern genutzt und in den Dienst der Familientherapie gestellt. (Zu Übertragung und Resonanz vgl. Kapitel 5.4.)

Was unterscheidet Familientherapie von der Kinder- und Jugendlichentherapie?

Kinder- und Jugendlichentherapie setzt an den Themen der Kinder und Jugendlichen an und konzentriert sich auf deren Leiden und dessen Überwindung. Sie beinhaltet immer eine familientherapeutische Dimension, denn sie muss zwei Ebenen berücksichtigen: das einzelne Kind *und* seine soziale Lebenswelt, die zumeist vor allem aus seiner Familie besteht.

Familientherapie arbeitet mit ganzen Familien und mit Familienmitgliedern, also *auch* mit den Kindern in diesen Familien.

Die Unterscheidung liegt deshalb nicht so sehr darin, mit wem gearbeitet wird, sondern vor allem darin, was im Vordergrund des Interesses der Beteiligten steht und was sich im Fokus der therapeutischen Arbeit befindet. Dies steht oft nicht von vornherein fest, sondern klärt sich erst im Verlauf des therapeutischen Prozesses.

In diesem Buch liegt der Fokus auf der Familientherapie. In einem weiteren Werk werde ich vor allem Modelle und Methoden leiborientierter Kinder- und Jugendlichentherapie vorstellen.

Wann Familientherapie?

Zu Beginn einer therapeutischen Begegnung ist zu klären, ob eine Familientherapie, eine Paartherapie oder eine Therapie mit einer einzelnen Person gewünscht und sinnvoll ist. Dabei werden die Wünsche der Hilfe suchenden Menschen genauso ernst genommen wie die Vorschläge der Therapeut/innen. Eine Therapie mit der ganzen Familie oder mit Teilen von ihr ist immer dann sinnvoll, wenn dies als notwendig erkannt und von den Betroffenen gewünscht wird und wenn das Leiden vor allem in den *familiären* Mustern zu liegen scheint. Auch in einer Paartherapie oder Einzeltherapie können gelegentlich andere Familienmitglieder einbezogen werden, wenn dies dem therapeutischen Prozess dienlich ist oder die Familie thematisch bearbeitet wird. Dieses Buch bietet sowohl Modelle und Methoden der Arbeit mit Familien als auch Modelle und Methoden, wie in der Therapie mit einzelnen Klient/innen familiäre Themen und Zusammenhänge therapeutisch angegangen werden können.

Was ist mit „humanistisch" im Untertitel dieses Buches gemeint?

Die humanistische Therapie ist eine große Strömung in der Therapiegeschichte. Dazu werden u. a. die Gesprächstherapie (Rogers), die Gestalttherapie (Perls), das Psychodrama (Moreno), die Logotherapie (Frankl) gezählt. Gemeinsam ist dieser Strömung, dass nicht nur auf die Probleme und das Leiden der Menschen geschaut wird, sondern auch auf deren Fähigkeiten und Selbstheilungskräfte. Gemeinsam ist auch, dass auf die therapeutische Beziehung geachtet wird und dass die Klient/innen zu Experimenten aufgefordert werden, um dabei neue Erfahrungen zu machen.

In der Familientherapie steht für diese Tradition vor allem der Ansatz von Virginia Satir, dem wir uns verpflichtet fühlen und auf dem wir aufbauen.

Was meint „leiborientiert"?

Mit „Leib" wird der sich und seine Welt erlebende Mensch verstanden. Das Wort stammt vom indogermanischen „lib", das „Leben" und „lebendig" bedeutet und in diesen Begriffen enthalten ist. Leib ist all das, was präreflexiv, also zumeist unterhalb der Ebene des bewussten Denkens geschieht. Dies ist es vor allem, woran Familien bzw. Menschen in Familien leiden: die Atmosphären, die Gefühle, die nicht gelebt werden können, die (unbewussten) Nachwirkungen der Erfahrungen von Leere und Gewalt, die Tabus, die unausgesprochenen Machtverhältnisse, die Resonanzen und „zwischenleiblichen" Schwingungen untereinander.

Unser Ansatz von Familientherapie ist leiborientiert, weil uns all diese leiblichen Aspekte besonders wichtig sind. Einzelne Menschen wie auch Familien verändern sich manchmal durch Einsichten, doch oft reicht dies nicht. Zu festgefahren, zu verhärtet sind die Muster des Verhaltens und der Beziehungen untereinander. Dann brauchen die Betroffenen über Einsichten hinaus neue Erfahrungen. Das alte Erleben muss durch neues Erleben abgelöst werden. Auch in diesem Sinn arbeiten wir leiborientiert.

Wir arbeiten dabei „phänomenologisch". Das meint, dass wir soweit wie möglich nicht von vorgefassten Meinungen und Beurteilungen ausgehen, sondern die einzelnen Erscheinungsformen (= Phänomene) des Erlebens und Verhaltens betrachten und ernst nehmen und nach sich wiederholenden Verbindungen zwischen ihnen suchen – den schon erwähnten „Mustern", unter denen einzelne Menschen wie auch Familien leiden können.

Gestützt auf die leibphänomenologische Philosophie (Merleau-Ponty, Schmitz, Fuchs u. a.) und die Gestalt- und Integrative Therapie haben wir die Kreative Leibtherapie entwickelt (siehe vor allem Baer: Kreative Leibtherapie. Das Lehrbuch. 2012). Sie umfasst eine Fülle von theoretischen Modellen und Methoden, auf die sich die leiborientierte Familientherapie stützt.

Warum „kreativ"?

Weil Worte allein oft nicht reichen. Wir setzen kreative Methoden ein, um das, was ist, sichtbar und fühlbar zu machen, auch wenn es dafür nur schwer oder gar keine Worte gibt. Auf kreativem Wege, über das Malen und Gestalten, Tanzen und Bewegen, Musizieren und über poetische Ausdrucksweisen können die Menschen Veränderungen ausprobieren und ihre Fähigkeit zu kreativen Lösungen entdecken.

Wir haben dafür kreative Methoden und Angebote als Anregungen zum Experimentieren entwickelt.

Dabei geht es uns nie darum, dass etwas Bestimmtes gestaltet wird. Der kreative Prozess ist ein offener Prozess, in dem es kein Richtig und kein Falsch gibt. Er dient der Endeckung und dem Erleben, dem spürenden Verändern und sonst nichts.

Und: der therapeutische Prozess *ist* ein kreativer Prozess, ist in jedem Moment ein schöpferischer Akt der an der Begegnung beteiligten Menschen.

Was unterscheidet leiborientierte Familientherapie von der systemischen?

Ich weiß sehr wohl, dass es innerhalb der großen Gruppe der systemischen Therapeut/innen große Unterschiede in Haltung und Arbeitsweisen gibt. Viele arbeiten auf systemischer Grundlage pragmatisch, stellen im Interesse der Klient/innen dogmatische Leitsätze beiseite und sind offen für die Integration anderer Ansätze und Methoden. Diesen Therapeut/innen und ihrer Arbeit begegne ich mit fachlichem Respekt.

Und es gibt andere, die sehr dogmatisch arbeiten und sich an den klassischen Lehren der Systemik und des Konstruktivismus orientieren. Unsere Kritik gilt nur letzteren und vor allem den von ihnen veröffentlichten Lehrmeinungen. Das möchte ich hier ausdrücklich betonen.

Als leiborientierter Familientherapeut vertrete ich vor allem in den folgenden Punkten eine andere Position als die Systemische Therapie:

» Die systemische Theorie verwendet oft systemtheoretische Aussagen über Systeme wie Familien, ohne deren Besonderheiten zu berücksichtigen. Statt konkrete Zusammenhänge zu untersuchen, werden oft allgemeine Systemaussagen darüber gestülpt. Zum Beispiel wird keine Unterscheidung zwischen gestörten, zerbrechenden und zerbrochenen Familien getroffen. Diese Differenzierung ist für uns wesentlich, um die Art und Richtung unserer therapeutischen und beraterischen Arbeit zu bestimmen.
 Die systemische Therapie versteht sich in weiten Teilen nicht mehr als Familientherapie. Die Familientherapie wird von Systemikern oft als „Vorgängerin" der systemischen Therapie vorgestellt. Die systemische Theorie hat die Familientherapie hinter sich gelassen: „Als wohl jüngste Form der Psychotherapie ist sie gewissermaßen die legitime Tochter ihrer Vorgängerin, der Familientherapie, und sie kann als ihre Weiterentwicklung angesehen werden." (Ludewig 2009, S. 7)

» Wenn Systemiker die wichtigen Unterscheidungen, um welche Arten von Familien es sich handelt, nicht beachten, sondern nur auf die systemischen Zusammenhänge schauen, werden die Entwicklungsprozesse von Familien nicht oder nur teilweise diagnostiziert. Auch auf diesem Hintergrund arbeiten manche systemische Therapeut/innen z. B. nur dann mit Kindern, wenn die ganze Familie bereit ist, sich zu beteiligen. Das geht aber an der Realität der zahlreichen zerbrechenden und zerbrochenen Familien vorbei und lässt Kinder in ihrem Leiden im Stich. Generell gibt es die deutliche Neigung, dass nur relativ kompetente und bewusste Menschen Klient/innen für die systemische Therapie sein können, zum Beispiel: „Nur Personen, die eine Beschwerde haben, aber darüber hinaus die Vorstellung mitbringen, aktiv etwas dagegen tun zu können, werden als Kunden angesehen, mit denen es einen Veränderungskontrakt gibt. Sie bekommen neben Beobachtungs- auch verhaltensrelevante Aufgaben." (v. Schlippe/ Schweitzer, 2012a, S. 159)

» Leibtherapie bezieht in das Bild vom Menschen immer dessen Wechselbeziehungen mit seiner Lebenswelt ein. Unter Lebenswelt verstehen wir die Welt, die ein Mensch erlebt, mit seinem unmittelbaren Spüren, seinen Gefühlen, seinem Gerichtetsein, seinem Körpererleben, seinem Verhalten usw. Zumindest aber die „klassische" systemische Theorie und Therapie stellen das Individuum mit seinen Gefühlen und seiner Biografie dem System gegenüber und behaupten, dass nur die systemischen Zusammenhänge wirken und verändern: „Therapie zielt auf die Auflösung der Mitgliedschaft im Problemsystem; das erfordert keine genaue Kenntnis der beteiligten Menschen und Systeme." (Ludewig 2009, S. 52) Wir haben oft erfahren, dass sich Klient/innen durch solch eine radikale und einseitige Haltung nicht gesehen und gewürdigt, sondern „behandelt" und im Grunde allein gelassen fühlen. Das gilt erst recht, wenn das Sprechen über Probleme als unnütz angesehen wird: „Aus seiner lösungsorientierten Perspektive machte Steve de Shazer bereits 1988 (dt. 1989) darauf aufmerksam, dass ein so genannter problem-talk überflüssig sei, zumal die Lösung eines Problems in keinem direkten Zusammenhang mit der Struktur des Problems zu stehen braucht." (Ludewig 2009, S. 79)

So wichtig es sein kann, nach Beziehungen und den Sichtweisen anderer zu fragen, so klar ist für uns, dass wir direkt nach den Gefühlen und anderen leiblichen Regungen fragen. Wenn eine Frau in einer Familie weint, fragen wir sie, was sie fühlt und bewegt. Und nicht nur „zirkulär": „Was glauben Sie, was in Ihrem Sohn vorgeht, wenn er Ihre Frau weinen sieht?" (v. Schlippe 2010, S. 38) Wenn ein Familienmitglied traurig ist, dann ist es traurig. So einfach ist das. Darin kann eine Botschaft an ein anderes Familienmitglied enthalten sein. Das muss aber nicht der Fall sein und wir müssen immer die Trauer ernst nehmen. „„Man kann direkt fragen …: »Wie fühlst du dich?« Wir tun das nicht …, wir fragen jemand anderen: »Was denkst du, wie deine Schwester sich fühlt?« Ein Gefühl ist eine Botschaft an einen anderen. Und so fragen wir den, der die Botschaft empfängt, nicht den, der sie sendet. Und auch bei einer Beziehung ... fragen wir einen anderen: »Wie siehst du diese Beziehung?«, weil auch eine Beziehung eine Botschaft an einen anderen ist' (Cecchin, Diskussionsbeitrag in: von Schlippe/Kriz 1987, S. 39; übers. durch uns.)." (v. Schlippe/Schweitzer 2012a, S. 138) Solche Äußerungen in dem verbreitetsten Lehrbuch für systemische Therapie und Beratung halten wir für falsch. Ein Gefühl ist ein Ausdruck des Erlebens eines Menschen, und wir fragen: Was fühlen Sie? Und wir fragen Menschen nach ihren Beziehungen und betrachten nicht nur deren Wirkung auf andere.

» Systemische Therapie reduziert menschliche Äußerungen oft auf Sprache. „Therapie ist nicht der Umgang mit Gefühlen, sondern der Umgang mit Kommunikationen über Gefühle." (v. Schlippe/Schweitzer 2012a, S. 73) Oder: „Paarbeziehungen, Familien und Organisationen bestehen in dieser Sicht aus Kommunikationszusammenhängen, und wenn dies Kommunikationszusammenhänge pathogene Folgen haben, müssen nicht die Gedanken der Klienten verändert werden, sondern es genügt, das entsprechende Kommunikationsmuster zu verändern." (v. Ameln 2004, S. 164) Solche Gegenüberstellungen von Gedanken und Kommunikationsmustern sind abstrus.

Immer wieder wird in den Schriften über die theoretischen Grundlagen systemischer Therapie betont, dass Menschen sich nicht mit der Realität auseinandersetzen, sondern mit der "Vorstellung" der Realität, mit deren "Erfindung" (Foerster 1981, S. 40). Über diese Vorstellungen werde kommuniziert, mit Sprache, und diese Kommunikationen gelte es zu verändern (siehe Maturana/Varela 1987 oder v. Schlippe/Schweitzer a. a. O., S. 93f). Ebenfalls über die Sprache. Abgesehen davon, dass hier die Bedeutung von Sprache theoretisch und praktisch verengt wird und z. B. die Klangfarben des Gesprochenen ausgeklammert werden, so ist dies eine Isolierung einzelner Aspekte menschlicher Begegnungen. Wir Menschen spüren Hunger oder Liebe und haben nicht nur eine Vorstellung davon. Wir erleben Freude wie Leid, und wir teilen dies mit anderen Menschen – in Worten und in vielen anderen Lebensäußerungen, von Blicken bis hin zu Atmosphären. Dieses Erleben ist der Bezugsrahmen menschlichen In-der-Welt-Seins. Kommunikation oder gar sprachliche Kommunikation ist nur *ein* Aspekt dessen und Menschen dürfen nicht darauf reduziert werden.

» Leiborientierte Familientherapie geht davon aus, dass sich die Therapeut/innen einmischen und in Beziehung zu den Familienmitgliedern treten. Das geht gar nicht anders. Die systemische Therapie sieht auch, dass Therapeut/innen in der Arbeit mit einer Familie unabänderlich Teil von deren Beziehungsgeflecht werden, zieht aber eine entgegengesetzte Konsequenz, nämlich die, dass sich Therapeut/innen heraushalten sollen: „Für den Therapeuten ist es von entscheidender Bedeutung, ob es ihm gelingt, sich aus dem Spiel herauszuhalten." (v. Schlippe/Schweitzer 2012a, S. 30) Diese Forderung nach Neutralität, nach einem Standpunkt von „außen", von dem aus die „richtigen" Interventionen gestartet werden, widerspricht ihren eigenen theoretischen Grundsätzen, dass ein „Heraushalten" aus einem System nicht möglich ist. Selbstverständlich sollten Familientherapeut/innen einen eigenen Standpunkt beziehen und sich zum Beispiel nicht in Machtkämpfe innerhalb einer Familie verwickeln lassen. Doch sie spüren diese Machtkämpfe, sie nehmen die entsprechenden Resonanzen wahr, sie werden gewahr, wer die Opfer solcher Kämpfe sind und wie diese leiden. All dies können sie in die Familientherapie einbringen.

Wir sind der Auffassung, dass ein „Heraushalten" für die therapeutischen Prozesse abträglich ist. Eine solche Haltung kann in letzter Konsequenz dazu führen, dass sich Klient/innen nicht gesehen und gehört und folglich im Stich gelassen fühlen. Unser Ansatz besteht darin, die Beteiligung der Therapeut/innen, ihre Resonanz, ihr Mitgefühl, ihre fachliche Kompetenz zu nutzen. Dafür haben wir mehrere nützliche Modelle entwickelt.

» Systemische Familientherapie propagiert die „Allparteilichkeit" als therapeutische Grundhaltung. Soweit damit gemeint ist, dass die Sichtweise und die Belange aller Beteiligten berücksichtigt werden, ist das ein Aspekt, der uns in der Arbeit mit Gruppen und Familien selbstverständlich ist. Aber es gibt Situationen, in denen das Gebot der Allparteilichkeit falsch ist. Was ist, wenn in einer Familie ein Kind geschlagen oder missbraucht wird? Wenn ein Familienmitglied ein anderes terrorisiert? Dann sind wir nicht „allparteilich" und nicht „neutral". Leiborientierte Familientherapie ist parteilich für die Würde und für würdigende Beziehungen.

» Genauso wenig wie mit dem Postulat der Allparteilichkeit sind wir damit einverstanden, dass jedes Verhalten als sinnvoll verstanden wird. „Jedes Verhalten macht Sinn, wenn man den Kontext kennt. Es gibt keine vom

Kontext losgelösten Eigenschaften einer Person. Jedes Verhalten hat eine sinnvolle Bedeutung für die Kohärenz des Gesamtsystems. Es gibt nur Fähigkeiten. Probleme ergeben sich manchmal daraus, daß Kontext und Fähigkeiten nicht optimal zueinander passen. Jeder scheinbare Nachteil in einem Teil des Systems zeigt sich an anderer Stelle als möglicher Vorteil. „ (v. Schlippe/Schweitzer 2007, S. 179) Solche Äußerungen und deren Auswirkungen für Therapie und Beratung lehnen wir ab. Wenn in einer Familie ein Täter einem Kind Gewalt antut, dann macht dies für das Opfer und für die Familie keinen „Sinn". Es gibt nicht "nur Fähigkeiten", eine solche Sichtweise und Haltung relativiert die Handlungen von Tätern und damit das Leid der Opfer.

Diese systemische Theorie ist die Grundlage dafür, dass jede Kommunikation und oft auch jedes Verhalten "zirkulär" betrachtet wird: "Kommunikation ist kreisförmig, d.h., dass jedes Verhalten sowohl Ursache als auch Wirkung ist." (v. Schlippe 2010, S. 42) Dieser Meinung sind wir nicht. Wenn ein Kind in einer Familie sexueller Gewalt ausgesetzt ist, ist es nicht "Ursache", sondern Opfer.

Wo finde ich im Buch die praktischen Methoden?

Aus gutem Grund überall: Eine Besonderheit Kreativer Leibtherapie besteht darin, dass sie Theorie, Diagnostik und therapeutische Methodik – um ein Bild zu gebrauchen – als unterschiedliche Äste eines gemeinsamen Baumes betrachtet und behandelt. Deshalb ist es konsequent, dass ich sie nicht als voneinander scharf abgetrennte Kapitel präsentiere, sondern miteinander verzahnt darstelle. Die meisten unserer theoretischen Modelle sind für die Gewinnung von Einsichten zu nutzen, also für die Diagnostik, *und* sie eröffnen unmittelbar methodische Wege der praktischen Arbeit.

Ich werde deshalb in die meisten Kapitel Praxishinweise einstreuen, entweder als Praxisbeispiele, in denen Familien oder die Arbeit mit ihnen beschrieben werden, oder als unmittelbar beschriebene Methode. Der besseren Unterscheidbarkeit halber werden die *Praxisbeispiele in kursiver Schrift* gedruckt, während die Vorstellung der *Methoden auch kursiv und in einem anderen Schriftbild* hervorgehoben wird. Nicht alle Methoden finden in diesem Buch Platz. Hier sei auf die Aus- und Fortbildungen des Kompetenzzentrums Kinder und Jugendliche der Zukunftswerkstatt therapie kreativ verwiesen. Das gilt auch für eine Reihe von Methoden der Familientherapie, die mit unserem

Ansatz kompatibel sind und sinnvoll genutzt werden können. Sie stammen aus der Tradition der humanistischen Familientherapie, zum Teil auch aus der verhaltenstherapeutisch orientierten Familientherapie und von pragmatisch-systemischen Familientherapeut/innen. Wer darüber mehr wissen will, kann sie in den Aus- und Fortbildungen praktisch erfahren bzw. dies in den angegebenen Quellen nachlesen.

1.2 Zweiter Einstieg: Familie Gowensch

Was Sie bislang gelesen haben, waren knappe Antworten zu oft gestellten Fragen, also grundsätzliche Äußerungen, die in den späteren Kapiteln noch mit Leben gefüllt werden. Genauso häufig aber erkundigen sich Menschen bei meinen Kolleg/innen und mir: Was geschieht denn in der Familientherapie konkret? Diese Frage kann ich natürlich nicht einheitlich beantworten, denn jede familientherapeutische Einheit ist anders, da die Menschen und ihre Probleme unterschiedlich sind. Doch ich möchte einen Auszug aus einer familientherapeutischen Sitzung als „Appetithappen" vorstellen, um einen ersten Eindruck zu ermöglichen.

Familie Gowensch war bei der Therapeutin zusammengekommen: der 11jährige Stefan, der 14jährige Ben, die Mutter und die Großmutter, die mit im Haus lebte und sich viel um „die Jungs" kümmerte, wenn die Mutter arbeitete. Wie so oft war der Anlass einer Familientherapie ein „Sorgenkind", das leidet und an dem bzw. mit dem die Familie leidet. In der Familie Gowensch war dies Stefan. Er hatte Herzrasen ohne organischen Befund, war lange Zeit während der ärztlichen Untersuchungen von der Schule befreit gewesen und weigerte sich nun, in die Schule zu gehen. Der Arzt schlug für Stefan eine Therapie vor. Die Wartezeiten bei den Kinder- und Jugendlichen-Psychotherapeuten, die die Mutter anrief, betrugen mehr als ein halbes Jahr. Man schlug vor, Stefan stationär zu behandeln. Frau Gowensch wollte ihren Sohn weder in die Klinik schicken noch ihn ein halbes Jahr in seinem jetzigen Zustand leiden lassen. Deshalb fand sie einen Platz bei einer Kunst- und Familientherapeutin, die kurzfristig einen frei hatte.

Stefan war zu vier Terminen allein bei der Therapeutin. Sie bauten Vertrauen zueinander auf. Stefan malte sich selbst, er gestaltete seine Familie mit Figuren, er erzählte. Deutlich wurde, dass Stefan unter großem Druck litt. „Wie ein großer Felsen, so schwer ist der." Was den Druck ausmachte, wusste Stefan nicht. Und er fühlte sich unverstanden von den anderen in der Familie. Das Gespräch und das gemeinsame Gestalten mit der Therapeutin tat Stefan gut und er konnte „besser schlafen", wie er erzählte. Er lag nicht mehr stundenlang nachts wach und „grübelte ohne Worte", so dass er am Morgen „zu kaputt" war, um in die Schule zu gehen.

Die Therapeutin schlug vor, dass bei dem nächsten Treffen doch die ganze Familie mitkommen solle. „Ich glaube, dein Problem ist nicht nur dein Problem, sondern eins der ganzen Familie", sagte sie Stefan, der das erleichtert hörte. Die Familie stimmte zu und traf sich bei der Therapeutin.

Beim ersten Termin stellten sich alle vor und Stefan erzählte allen, wie es ihm ging (mit Hilfe der Therapeutin, die Brücken baute und ein wenig übersetzte, wenn Stefan keine Worte fand). Das große Thema war der Druck, ein Druck, der nicht zu greifen war. Die Therapeutin fragte alle Familienmitglieder, ob sie selbst auch Druck verspürten. Die Antworten überraschten vor allem Stefan: Alle hatten Druck.

Sein Bruder, der aktive Fußballer, hatte enormen Druck, um ja in der Jugendmannschaft zu bleiben. Er trainierte wie besessen. Das tat ihm einerseits gut, um sich abzureagieren – andererseits bereiteten ihm seine Fußball-Leidenschaft und seine Sehnsucht, Profifußballer zu werden, enormen Druck.

Seine Mutter hatte großen Druck, eine „gute Mutter" zu sein. Sie arbeitete im Büro und kam erst am späten Nachmittag nach Hause. Oft war sie dann sehr müde, manchmal „zu müde, um noch etwas mit den Jungs zu unternehmen". Sie hatte ein schlechtes Gewissen, dass sie „die Jungs" so oft der Großmutter überlassen musste, die „ja auch nicht mehr so ganz fit" war.

Und die Großmutter? Ihr ging es noch am besten. Sie war froh, „eine Aufgabe zu haben", meinte sie. Am meisten Druck machte ihr, dass ihrer Ansicht nach ihre Tochter so traurig war und so viel mit sich haderte. Sie wollte sie glücklicher sehen.

Die Familie vereinbarte ein zweites Treffen.

Auf diesem Treffen schlug die Therapeutin vor, eine Familienskulptur zu bauen, ein altes und bewährtes familientherapeutisches Verfahren. „Ich bitte Sie alle, sich so in den Raum zu stellen, wie nah oder fern Sie sich den anderen in der Familie fühlen. Wenn Sie sich nicht einigen können, dann schauen wir gemeinsam weiter. Ich schlage vor, dass Sie, Frau Gowensch, anfangen. Die anderen suchen dann ihre Plätze. Und eine Bitte habe ich: Seien Sie sorgfältig, überprüfen Sie, ob es für Sie oder euch stimmt."

Frau Gowensch machte den Anfang und stellte sich erst in die Mitte des Raums. Doch dann hielt sie inne und ging einige Schritte beiseite, in die Nähe einer Wand. Sie stellte sich einen Meter von der Wand mit Blick in den Raum. Ihre Mutter ging danach schnell zu ihrer Tochter und stellte sich nah links neben sie, auf Tuchfühlung. Die Tochter änderte ihren Gesichtsausdruck. Die Therapeutin fragte: „Frau Gowensch, was ist mit Ihnen? Passt Ihnen die Stellung Ihrer Mutter?"

Frau Gowensch zögerte erst (später äußerte sie, dass sie große Angst hatte, ihre Mutter zu verletzen), dann sagte sie leise: „Das ist mir eigentlich etwas zu nah."

Die Therapeutin fragte die Mutter: „Was ist, wenn Sie das hören?"
Die Mutter antwortete: „Ja meine Tochter hat schon als Kind viel Wert auf Eigenständigkeit gelegt. Ist ja auch gut. Ich kann auch einen Schritt beiseite gehen. Ich will sie ja nur unterstützen." Sie trat einen Schritt von der Tochter weg.

Diese nickte, deutlich entspannter. Sie streckte ihrer Mutter den Arm hin – beide standen in Reichweite. „Wir bleiben ja verbunden, aber so ist es leichter für mich."

Wie so oft in der familientherapeutischen Arbeit wird durch solche Methoden wie die Familienskulptur einerseits deutlich, wie die Beziehungen beschaffen sind. Hier wurde sichtbar und spürbar, dass die Mutter für die Tochter manchmal zu nah war. Und andererseits ist es gleichzeitig möglich, kleine Veränderungen zu probieren. Der Schritt beiseite ließ die Tochter mehr Selbstständigkeit erleben und ermöglichte gleichzeitig eine bessere Verbindung als vorher. Solche Veränderungen gelingen nur, wenn es keine Vorgaben oder Vorschriften der Therapeut/innen gibt, sondern eine Haltung, die achtsam die kleinen und großen Wahrnehmungen des Erlebens aller Beteiligten ernst nimmt.

Ben stellte sich drei Meter von der Mutter entfernt links in den Raum. Die Mutter und die Großmutter standen in seinem Rücken, sein Blick ging nach vorn. Auf Nachfragen der Therapeutin meinte er: „Das ist gut so. Ich schau auf den Fußball. Der Verein und die Mannschaft sind mir wichtig, da geht es lang. Aber das geht nur, wenn meine Mutter und die Oma hinter mir stehen. Die brauch' ich als Absicherung, als Rückendeckung, als Verteidiger, wenn ich nach vorne gehe, um Tore zu schießen."

Als Ben dies sagte, kamen Frau Gowensch die Tränen. Sie sagte leise, als die Therapeutin nach ihren Gefühlen und Gedanken fragte: „Ich bin nicht traurig, ich freue mich. Das habe ich nicht erwartet. Ich dachte, ich bin für Ben gar nicht mehr wichtig." Sie und Ben redeten miteinander, unterstützt von der Therapeutin.

Die größten Schwierigkeiten, einen Platz in der Familienskulptur zu finden, hatte Stefan. Er hatte mit großen Augen den anderen zugehört. Offenbar tat es ihm gut zu erfahren, dass auch andere in der Familie Probleme hatten. Als er dann seinen eigenen Platz finden wollte, wurde es sehr unsicher. Er stellte sich vor die Mutter und Großmutter, dann weiter weg, dann neben Ben ... „Ich weiß nicht", sagte er. Die Therapeutin fragte: „Strengst du dich gerade wieder sehr an?"

„Ja, ich will es richtig machen. Und einen richtigen Platz haben."

Die Therapeutin schlug ihm vor, die Suche nach seinem Platz ein wenig beiseite zu stellen und später wieder darauf zurückzukommen. Zu allen sagte sie: „Mir kommt es so vor, als fehle hier jemand. Was ist denn eigentlich mit Bens und Stefans Vater?"

Sofort erstarrten alle, als habe die Therapeutin ein Tabu angesprochen. Frau Gowensch begann nach kurzer Zeit leise zu weinen, ihre Mutter schaute grimmig, Ben tat so, als habe er die Frage nicht gehört – nur Stefan wirkte erschrocken und erleichtert zugleich. Er sagte: „Der ist weg. Der wohnt in München. Das ist weit weg."

„Hast du noch Kontakt mit ihm?"
„Nur selten. Der verspricht immer, dass er mal kommt oder dass ich ihn besuchen soll. Aber vorher sagt er dann immer ab."
„Wo würdest du ihn denn hinstellen, wenn er hier wäre?"
Stefan reagierte mit einem ängstlich-sorgenvoll-fragenden Blick auf seine Mutter und blieb reglos stehen.
Die Therapeutin fragte die Mutter: „Wie geht es Ihnen mit Ihrem Ex-Mann?"
Diese begann zu weinen. „Meine Mutter sagt immer, ich soll ihn vergessen, er tauge nichts." Die Großmutter nickte heftig. „Doch ich bin immer

noch traurig, dass unsere Ehe gescheitert ist." Und sie erzählte von ihren Schuldgefühlen und ihrer Enttäuschung, dass er sich nicht um seine Söhne kümmere. „Ich will es Ben und Stefan so gut wie möglich machen."

Im weiteren Gespräch stellte sich heraus, dass das Thema „Vater" zu einem Tabu geworden war. Die Mutter wollte die Kinder nicht mehr damit belasten. Die Großmutter wollte das Thema „abschütteln", um die Familie davon zu erleichtern, den Mann „entsorgen", wie sie sagte. Ben meinte, sein Vater sei „ein A...": „Der hat versagt. Mit dem will ich nichts mehr zu tun haben." Und Stefan litt. Er hatte Sehnsucht nach seinem Vater: „Ich würd' mir sehr wünschen, mal nach München zu dürfen. Oder dass er mal kommt." Doch auch dieser Wunsch war tabu, denn er wollte seine Mutter nicht belasten und hatte Angst, mit seinem Wunsch den anderen, auch seinem Bruder und seiner Oma, in den Rücken zu fallen.

Als das „heraus" kam, änderte sich die Atmosphäre. Die Mutter sagte zu Stefan: „Mein Kummer ist mein Kummer, nicht deiner. Du darfst dir Kontakt zu deinem Vater wünschen, das ist doch normal. Es tut mir leid, dass ich das bisher nicht gesehen habe."

Nun konnte Stefan für seinen Vater einen Platz im Raum finden. Er nahm eine große Rahmentrommel für seinen Vater und stellte sie an die seiner Mutter gegenüber liegende Wand, halb versteckt hinter einem Grüngewächs. Er stellte sich etwas seitlich dazwischen, so dass er seine Mutter und seinen Vater anschauen konnte.

Er hatte seinen Platz gefunden.

Damit war die Therapie noch nicht beendet, aber ein Durchbruch war gelungen. Ein großer Teil des Drucks war von Stefan genommen. Nun wurde vor allem seine Traurigkeit um den Verlust des Vaters deutlich und spürbar, und damit war die Grundlage für den weiteren therapeutischen Weg gelegt.

Geschafft wurde diese Entwicklung, weil das Problem Stefans nicht nur als sein individuelles Problem angesehen wurde. Jedes Leiden hat einen Beziehungsaspekt. Es ist durch Beziehungserfahrungen zumindest mit entstanden und braucht neue Beziehungserfahrungen, um sich zu verändern bzw. zu verschwinden. Es geht in den ersten grundlegenden Schritten des therapeutischen Prozesses und allen weiteren darum, zu „würdigen, was ist", wie wir sagen. Das bedeutet, das Erleben jedes einzelnen Menschen in seinem familiären Beziehungsgeflecht ernst zu nehmen. Wir erkennen die Kompetenz der

Klient/innen an, ihr subjektives Erleben zu spüren und auszudrücken, einschließlich der verändernden Impulse. Wir bringen unsere therapeutischen Erfahrungen und Kompetenzen ebenso ein wie unsere jeweils aktuellen Resonanzen. Dabei sind wir Therapeut/innen nicht diejenigen, die wissen, "wo es lang geht". Wir laden zu Experimenten ein, bei denen die Beteiligten neue Erkenntnisse gewinnen und gleichzeitig neue Erfahrungs- und Erlebensweisen ausprobieren können.

Zu würdigen, was ist: Die Therapeutin hat Familie Gowensch dies ermöglicht, nicht nur durch Reden (was sehr wichtig war), sondern auch dadurch, dass die Familienmitglieder in der Familienskulptur sich und ihre Beziehungen erleben konnten. Dadurch wurden Tabus spürbar und aussprechbar, dadurch entstand eine neue Art der Kommunikation, dadurch konnten Veränderungen ausprobiert werden, die auch im Alltag Änderungen bewirkten.

2 Was sind Familien?

Familientherapie beschäftigt sich mit Familien. Zu verstehen, was Familien sind und was sie zusammenhält, ist meines Erachtens eine Voraussetzung dafür, um Prozesse der Bedrohung, des Zerfalls oder der Zerstörung von Familien einschätzen zu können. Umso mehr wundert es mich, dass mir bei der Beschäftigung mit der Literatur zu Familie und Familientherapie kaum Auseinandersetzungen mit der Frage begegneten, was unter Familie eigentlich verstanden wird.

Die Familie nur als klassische Kleinfamilie „Vater, Mutter, Kinder" zu verstehen, deren Mitglieder biologisch bzw. rechtlich miteinander verwandt sind, entspricht nicht mehr der sozialen und erlebten Wirklichkeit. Heutige Familienformen und andere familienähnliche Gemeinschaften weisen weit über das rechtlich-biologische Familienmodell hinaus. Es gibt Adoptionsfamilien, Pflegefamilien, Stieffamilien bzw. Fortsetzungsfamilien, erweiterte Familien, nichteheliche Lebensgemeinschaften, gleichgeschlechtliche Partnerschaften und Familien, Ein-Eltern- Familien usw. (siehe auch Peuckert 2008, Nave-Herz 2006). Auch die Definition, dass Familien charakterisiert sind durch das „Zusammenleben von Individuen in einer besonderen Kleingruppe" (Cierpka 2008, S. 490) überzeugt nicht, auch wenn sie von einem Forscher kommt, der zahlreiche wertvolle Beiträge geleistet hat. Ein Vater, der nicht mehr bei den anderen Familienmitgliedern lebt, kann durchaus als Teil der Familie *erlebt* werden, wie wir bei Familie Gowensch gesehen haben – und nicht nur dort. Und: Auch die Mitglieder einer Wohngemeinschaft leben als „eine besondere Kleingruppe" zusammen, ohne eine Familie zu sein.

Da es für mich unabdingbar ist, dass familientherapeutische Konzepte beschreiben müssen, was sie unter „Familie" verstehen, werde ich diesem Thema das folgende Kapitel 2 widmen.

2.1 Familien – was sie verbindet und bindet

Familien werden durch verschiedene Faktoren verbunden. Diese können in jeder Familie unterschiedlich ausgeprägt sein.

Faktor Familiengefühl

Das erste Element einer Familienbindung ist schlicht das Erleben der Familienmitglieder. Wer gehört zur Familie, wer nicht? Mit dieser einfachen Frage sollte Familientherapie immer beginnen. Jedes Erleben ist subjektiv, auch das Familienerleben. Deswegen ist es wichtig, danach zu fragen, wen die einzelnen Familienmitglieder zur Familie zählen und wen nicht (und wen sie am liebsten nicht zur Familie zählen würden …).

Mitglieder einer Familie haben jenseits von rechtlichen, biologischen oder Wohn-Faktoren eine Vorstellung von der Zugehörigkeit zur eigenen Familie. Dies ist historisch-biografisch entstanden und umfasst zumeist (nicht immer!) zwei oder mehrere Generationen. Dazu gehört nicht nur die Vorstellung, wer zur „Familie" gehört, sondern auch ein Bild der „Familie als Ganzes" (Cierpka 1992). Dieses Bild ist – da teile ich die Auffassung psychoanalytischer Familientherapie – „ein überwiegend vorbewusster oder unbewusster Entwurf, mit dem auch die eigene, spätere Familie imaginiert und entworfen wird" (Reich/Massing/Cierpka 2007, S. 15). Jedes Familienmitglied und die Familie als Ganzes haben Vorstellungen, wie Familie sein sollte und wie ihre Familie ist. Das bindet und verbindet. Manfred Cierpka nennt dies alles zusammen „Familiengefühl" (a. a. O.).

Bindungsprozesse: der Faktor Teil-Bindungen

Ein wichtiger Faktor, der Bindungen und Verbindungen von Familien prägt, ist die Bindungsentwicklung, wie sie in der Bindungsforschung beschrieben wird. Doch in der Forschung meint diese Bindungsentwicklung immer die Fähigkeit einer Person zu einer Bindung oder die Bindung zwischen zwei Personen, nicht die innerhalb einer Gemeinschaft wie einer Familie. „Bindung" ist also nicht gleichzusetzen mit „Familienbindung".

Als „Familienbindung" möchte ich die Qualitäten und den Grad des Zusammenhalts einer Familie bezeichnen. Die Teil-Bindungen innerhalb einer

Familie sind Voraussetzung dafür, dass sich eine Familienbindung entwickeln kann. Sie ergeben ein Geflecht, das die Familienbindung ausmacht und prägt.

Bindung im Sinne klassischer Bindungsforschung bezieht sich in erster Linie auf die Mutter-Kind-Bindung und wird allmählich auf die Vater-Kind-Bindung erweitert. Bindungen innerhalb der Generationen sind ausgeklammert, sowohl die Geschwister-Bindung als auch die zwischen Partner/innen. Ich werde die Eltern-Kind-Bindung, die Geschwister-Bindung und die Paar-Bindung als „Teil-Bindungen" bezeichnen.

Zur Eltern-Kind-Bindung gibt es relevante Ergebnisse der Bindungsforschung, die unser leibtherapeutisches Modell der Primären Leibbewegungen (basierend auf Säuglings- und Therapie-Forschung) bestätigen und in ihm und unserem Konzept der Spürenden Begegnungen einen Ausdruck finden (u. a. Baer 2012, Bowlby 2008, Brisch/Hellbrügge u. a. 2003, Grossmann 2006). Zu den Bindungen und Verbindungen der Paare haben wir einige Einsichten und leibtherapeutische Modelle in der Paar- und Beziehungstherapie entwickelt, die noch einer Veröffentlichung harren. Mit Geschwister-Beziehungen haben wir uns theoretisch noch nicht differenziert beschäftigt, auf einige Erfahrungen und Einsichten werde ich in Kapitel 3.10 eingehen.

Die Teil-Bindungen sind ein wesentliches Rückgrat für eine Familienbindung. Wenn sich Eltern-Kind-Bindungen nicht festigen oder Paare auseinandergehen, hat dies meist einschneidende Konsequenzen für die Familienbindung. Doch das reicht nicht aus, Bindungsprozesse gesamter Familien und deren Störungen bzw. Zerstörungen zu erklären. Das Gelingen oder Scheitern von Teil-Bindungen ist nur *ein* Faktor, der zum Gelingen oder Scheitern von Familienbindungen beiträgt.

Ich konzentriere mich im Folgenden auf die bindungs*fördernden* Faktoren. Sie verdienen hohe Aufmerksamkeit: sie zu kennen, ist wichtig und notwendig, um auf der Grundlage einer differenzierenden Familien-Diagnostik Interventionsmöglichkeiten zu wählen.
    Bei der Betrachtung der Faktoren, die Familienbindungen gefährden bzw. zerstören, stützen wir uns auf das Bild der vier Monster sowie darauf beruhende differenzierte Untersuchungen (siehe Baer 2012).

Faktor Verantwortung

In Familien ist zu beobachten, dass die Familienmitglieder losen bzw. engen Kontakt miteinander haben, zum Teil variierend: In Zeiten der Not verdichtet sich der Kontakt, zum Beispiel, wenn jemand krank ist. Dann kümmern sich Familienmitglieder, von denen man das nicht erwartet hat, um andere oder bieten ihre Hilfe an. Aus solchen und vielen ähnlichen Beobachtungen leite ich die These ab, dass Familien auch „Verantwortungs-Gemeinschaften" sind. Familienmitglieder einer halbwegs verbundenen Familie übernehmen für jedes einzelne Mitglied und für die gesamte Familie Verantwortung.

Betrachten wir diesen Aspekt genauer. Eine Quelle dieses Verantwortungsgefühls lässt sich in der Sozialgeschichte finden. „Blut ist dicker als Wasser" – dieser Satz hat heute nicht mehr die Relevanz wie in früheren Stammesgemeinschaften. Dort konnten sich die Menschen vor allem auf ihre Verwandten, vor allem die Blutsverwandten verlassen. Wir beobachten dies heute noch in Diktaturen wie in Libyen unter Gaddafi, in Syrien unter Assad, in Nord-Korea, Weiß-Russland usw., wo Familien- und Clan-Gemeinschaften dem Machterhalt dienen, weil ihnen eine besondere Verlässlichkeit unterstellt wird.

Familien waren früher auch Produktionsgemeinschaften (s.a. Nave-Herz 2006, Peuckert 2008). Damals zählte als Familie das „Haus" einschließlich aller, die darin arbeiteten. Heute gilt der Zusammenhalt über die Produktion nur noch für die wenigsten, doch über Jahrhunderte und Jahrtausende überlebten Familien, weil sie Land bebauten oder ein Handwerk betrieben. Die Weitergabe von Kenntnissen geschah über die Eltern auf die Kinder, gemeinsam war man verantwortlich für die Existenz des Betriebes, was oft gleichbedeutend war: für das Überleben. Familien als Verantwortungsgemeinschaften gibt es noch, nicht nur in der Landwirtschaft, auch beim Führen einer Ferienpension, eines Handwerksbetriebes, eines Cafés, eines Geschäftes oder anderen Unternehmens. Doch es werden immer weniger. Solche Verantwortungsgemeinschaften beeinflussen viele Aspekte der Familie: Atmosphären, Aufgaben, Machtverhältnisse, Kommunikation usw.

Bei der Ernte mussten früher noch alle „anpacken", da bei ausgefallener Ernte alle hungerten. Früher gab es in den ländlichen Familien bei aller Verbindung auch Arbeitsteilung unter den Familienmitgliedern. Alle erfüllten existenzielle Aufgaben zur Ernährung und zum Lebensunterhalt. Das gilt in solchen Familien noch heute. Mit der Verbürgerlichung und der Proletarisierung wurde die Arbeitsteilung in den Familien immer ausgeprägter. Die Existenz der Familie wurde meist durch die Väter gesichert, zumindest hatten diese den Auftrag, die „Familie zu ernähren". Frau und Kinder hatten zuzuarbeiten, den Rücken frei zu halten. Das galt zumindest offiziell. Mit der Proletarisierung wurden immer mehr Frauen berufstätig, viele trugen einen großen Teil zur Ernährung der Familien bei. Wie unterschiedlich dies auch immer sich ausgestaltete: Man „hielt" oft „zusammen", doch nicht mehr auf der gemeinsamen Produktionsgrundlage. Die Verantwortlichkeit blieb als Residual – und wurde und wird zunehmend brüchig.

Heute sind Familien als Verantwortungsgemeinschaften zumeist gebunden im Sinne von Verantwortlichkeit für die Kinder und von Not-Verantwortlichkeit. Wenn Not ist, hält man zusammen, sonst nicht oder immer weniger.

Ein Klient beschrieb in der Therapie den fehlenden Zusammenhalt in der Familie und klagte darüber. „Da ist keine Wärme, jeder lebt so vor sich hin. Ich habe mit meinen Arbeitskollegen besseren Kontakt als mit den meisten Verwandten." Er wünschte sich familiäre Geborgenheit und nahm sich vor, die Initiative zu ergreifen, mit einigen Verwandten, die ihm wichtig waren, Treffen zu vereinbaren.

In den nächsten Therapiestunden standen andere Themen im Vordergrund. Schließlich fragte die Therapeutin, was denn aus der Initiative geworden sei. Er antwortete: „Ach, das war gar nicht nötig. Wir sehen uns ja immer im Krankenhaus." Seine Schwägerin war schwer krank geworden und musste mehrere Wochen in der Klinik zubringen. Die Familie „hielt plötzlich zusammen", erzählte der Klient. Man besuchte die Schwägerin, telefonierte häufig und organisierte die Unterstützung der Kinder der Schwägerin.

Als die Schwägerin gesundete, bröckelten die Kontakte wieder und jeder ging seiner eigenen Wege.

Viele Familien halten bei der Krankheit und beim Sterbeprozess eines alten Familienmitglieds zusammen, nach dessen Tod aber „fällt alles auseinander" und die Erbschaftsstreitigkeiten treten in den Vordergrund. Die Not-Verantwortlichkeit ist vorbei, nun herrschen wieder die Zentrifugalkräfte.

Was sind Familien?

Faktor gemeinsame Aufgaben

Wie wichtig gemeinsame Aufgaben sind, merkt man bei Paaren. Wenn die gemeinsame Aufgabenstellung „Kindererziehung" durch den Auszug des letzten Kindes wegfällt, dann kommt oft nicht die ersehnte Phase der Ruhe oder Selbstverwirklichung, sondern es dominieren Zerfallstendenzen. Gemeinsame Aufgaben schaffen Verbindungen und Bindungen, zwischen Paaren und in ganzen Familien.

Was können solche gemeinsamen Aufgaben sein?

Dazu gehört die Existenzsicherung. In Notzeiten zeigen sich und vertiefen sich oft Verantwortlichkeit und Zusammenhalt von Familien, wie beschrieben. Manchmal bleiben Existenzsicherungsaufgaben erhalten, auch wenn die Notzeiten vorbei sind, und beeinflussen das familiäre Klima.

Häufige Aufgabe von Familien ist die Erziehung von Kindern. Doch auch da gibt es durch Trennungen und die Entwicklung von Patchwork-Familien usw. Veränderungen und Differenzierungen.

Andere Aufgaben oder an die Familie übertragene Aufträge früherer Familien-Generationen können
» im Auftreten der Familie nach außen und in der Wahrung ihres Rufs,
» in gemeinsamen musikalischen, sportlichen oder sonstigen Interessen,
» im Betrieb z. B. einer Kleingartenanlage,
» in der Sorge um ein behindertes Kind oder eine kranke Oma,
» im Kümmern um Tiere,
» im „Sieg" über die Nachbarn ...
liegen.

Es können als Bindungsfaktoren auch gemeinsame Aufgabenstellungen wirken wie
» das Tabuisieren von sexueller Gewalt in der Familie,
» das Verbergen von Alkoholismus und psychischen Erkrankungen eines Familienmitglieds,
» die innere wie äußere Aufrechterhaltung eines Moralkodexes oder „Treue-Schwurs",
» das Schweigen über transgenerative Traumatisierungen
» das Verschweigen von Schuld ...

Solche gemeinsamen Aufgaben halten zwar Familien längere Zeit „zusammen", doch zerbrechen viele Familienmitglieder ebenso wie die Familien letzendlich daran und Familien werden zu „Scheinfamilien", die innerlich zerbrochen sind und nur noch durch Druck, Tabuisierung und Angst gebunden bleiben.

Familiäre Zwischenleiblichkeit

Ein familiäres Bindungssystem ist nicht mit den Teilbindungen gleichzusetzen, beruht aber auf ihnen. Wenn in den Teilbindungen zwischen den Familienmitgliedern keine Resonanz existiert und keine Zwischenleiblichkeit (s. Kap. 3.1) zugelassen wird, kann es auch keine gelebte, zugewandte, familiäre Zwischenleiblichkeit geben, sondern stattdessen „Anstand", Kälte, Sachlichkeit oder Intellektualismus usw. Unter Zwischenleiblichkeit verstehen wir die Gesamtheit der Verbindungen und Wechselbeziehungen im Erleben zweier oder mehrer Personen (siehe auch Baer 2012). Waldenfels bezeichnet „Zwischenleiblichkeit als Verschränkung von eigenem und fremden Leib." (Waldenfels 2000, S. 284) Die Zwischenleiblichkeit ist am intensivsten in den Beziehungen zwischen Säugling und Mutter zu beobachten, im Tanz der Blicke und Berührungen, im gemeinsamen Stimmungsraum, den Klängen und vielem mehr. Doch auch später ist die Zwischenleiblichkeit die grundlegende Weise der Begegnung zwischen den Menschen: „Diese ‚Zwischenleiblichkeit' bildet ein übergreifendes, intersubjektives System, in dem sich von Kindheit an leibliche Interaktionsformen bilden und immer neu aktualisieren." (Fuchs 2008b, S. 89)

Ob und wie Zwischenleiblichkeit in einer Familie zugelassen und gelebt wird, ist ein wichtiges Element familiärer Bindung. Ein Extrem der Störung kann sich in einer Zwangsnähe äußern, in der nur bestimmte Gefühle und emotionale Verhaltensweisen zugelassen werden:

Das Zusammenleben der Familie Bauer war durch „Zwangs-Nettigkeit" bestimmt, wie es der Sohn nannte. Alle mussten immer nett miteinander umgehen, sich freundlich anschauen und miteinander reden, sich häufig umarmen und lächeln, lächeln, lächeln. Aggressive Gefühle, Neid, Eifersucht, Konkurrenz – all das war verpönt und verboten. Auf die Frage: „Wie geht es dir?" hatte immer die Antwort: „Gut!" oder „Prima!" zu erfolgen.

Im anderen Pol gibt es Familien, die liebevolle Zwischenleiblichkeit kaum zulassen können. Berührungen sind tabuisiert, es herrscht eine Distanziertheit, die nur Gefühllosigkeit oder Kampfgefühle zulässt, die manchmal unter formeller Höflichkeit verborgen werden.

Gibt es Gewalttätigkeiten in einer Familie, beeinflusst das die Zwischenleiblichkeit *aller* Familienmitglieder. Vertrauen wird durch Misstrauen ersetzt, Angst überdeckt die Fähigkeit, sich anzulehnen, die hohe Anspannung lässt gelöste und spielerische zwischenleibliche Erfahrungen kaum noch zu.

Faktor Liebe

Wer sich in der Fachliteratur mit Familien und Familientherapie beschäftigt, wird nur äußerst selten etwas über die Liebe finden. In der Belletristik dagegen sind die Windungen und Wendungen des Liebens und das Entstehen und Sterben von Liebe ein großes Thema. Auf mich wirkt es, als hätten Gefühle wie Liebe in Fachdiskussionen nichts zu suchen, sie scheinen wie Mundgeruch abschreckend zu wirken und werden überlagert von Hilfe-Planungen, systemischen Interventionen und Verhaltenstrainings. Doch Liebe entzieht sich Planungen, Interventionen oder Trainings, sie existiert einfach. Sie ist auch widerständig gegen platte Aufforderungen wie: Ihr müsst nur lieben und alles wird gut. Oder auch: Du musst dich nur von der Liebe zur falschen Person lösen und alles wird gut. Liebe ist zickig, beharrlich, wirksam. Liebe gründet Familien, Liebe zerstört Familien. Zu lieben ist ein Grundbedürfnis aller Familienangehöriger, mag es gelebt werden oder unlebbar sein. Insbesondere Kinder haben ein Grundrecht, geliebt zu werden.

Mein Fazit: Das Thema Liebe gehört in die Betrachtung von Familie und in die Familientherapie. Wer es ausspart, spart Wesentliches aus.

Familie Hektor war in der DDR ein „verschworener Haufen". Sie hielten zusammen. Die Wohnung wurde renoviert mit hunderten von Materialien, die über Beziehungen mit Verwandten und Freunden organisiert wurden. Man tauschte vieles und unterstützte sich, wie es damals viele Familien taten. Doch nach der Wende fielen diese gemeinsamen Verantwortlichkeiten weg. Der Vater und die Mutter hatten das Glück, ihre Arbeitsstellen zu behalten, es gab keine wichtigen Sorgen. Und doch fiel die Familie auseinander. Die gemeinsamen Aufgaben und die gemeinsame Verantwortlichkeit hatten die

Familienbindung gehalten. Als Aufgaben und Verantwortlichkeit schwanden, fiel alles auseinander. Die Liebe war schon vorher dahin geschwunden.

Ein grundlegender Faktor für eine Familienbindung besteht darin, ob die Eltern sich lieben, ob Eltern ihre Kinder lieben und umgekehrt. Danach können wir fragen, danach sollten wir fragen. Ich habe oft erlebt, dass diese Frage Überraschung hervorruft – darüber haben viele lange nicht mehr nachgedacht oder hingespürt. Allein die Beantwortung dieser Frage, die „würdigt, was ist", kann Veränderungen bewirken, die im Moment der Fragestellung nicht absehbar sind.

Das Pulsieren von Familienbindungen

Familien sind lebendige Organismen. Ihre Verbindung ist nie gleich und kann dies auch gar nicht sein. Familiäre Bindungen pulsieren: Sie werden enger und lockerer, sie schwanken zwischen Nähe und Distanz usw.

Wird dieses Pulsieren eingeschränkt, erfriert die Lebendigkeit der Familie. Sie droht bei Belastungen zu zerbrechen.

Familie Steinfurt floh Ende der 80er Jahre über Ungarn aus der DDR. Die Eltern und der damals 10jährige Sohn widmeten sich danach der großen gemeinsamen Aufgabe, sich eine neue Existenz aufzubauen. Die Eltern arbeiteten mit zahlreichen Überstunden und alle lebten äußerst sparsam. Man kaufte nur billige Kleidung oder Second-Hand-Ware, Kino oder andere Vergnügungen versagte man sich – die gemeinsame Aufgabe stand im Vordergrund. Sie hielt die Familie eng zusammen. So sehr, dass Freundschaften und andere Außenkontakte kaum vorhanden waren.

Doch irgendwann kippte der Zusammenhalt. Alle waren allmählich erschöpft, vor allem aber war die Notwendigkeit der Existenzsicherung nicht mehr gegeben. Die Wohnung war eingerichtet, Reserven auf dem Sparbuch, der Verdienst stieg. Der Sohn war mittlerweile 15 und strebte nach größerer Unabhängigkeit und neuen Kontakten, wie es seinem Alter entsprach. Doch die Eltern stellten sich dem entgegen. Sie reagierten auf jeden Ansatz jugendlicher Unabhängigkeit mit Panik und Strenge. Innerlich waren sie immer noch auf der Flucht und die Familie für sie eine Notgemeinschaft.

Der Sohn hielt es nicht mehr aus und floh. Er trampte heimlich nach Süddeutschland und wollte nach Italien, dem Land seiner Träume. Nach zwei

Wochen wurde er aufgegriffen und zurückgebracht, doch in der Zwischenzeit war die Ehe der Eltern faktisch zerbrochen. Sie konnten vorher schon nicht flexibel auf die Wünsche des Sohnes reagieren und nun erst recht nicht auf seine Flucht. Vater und Mutter machten sich gegenseitig heftige Vorwürfe, das starre Familienkorsett zerbrach.

Eis bricht, flüssiges Wasser nicht.

Gradmesser?

Wie stark ist die Familienbindung? Um diese Frage zu beantworten, können wir nur subjektive Einschätzungen erfragen und unsere Eindrücke zumindest als Hypothesen ernst nehmen. Scheinbar objektive Kriterien wie Häufigkeit der Kommunikation u. Ä. taugen nicht.

Wichtige Einschätzungskriterien sind:
» Gibt es gemeinsame Not-Verantwortlichkeit?
» Gibt es gemeinsame Aufgaben?
» Gibt es Teil-Bindungen, und wenn ja: in welchen Qualitäten?
» Lieben sich Familienmitglieder?
» Wie lebt die familiäre Zwischenleiblichkeit?
» Pulsiert die familiäre Bindung?
(siehe auch die Arbeitsblätter als diagnostische Hilfen im Anhang)

Ein weiterer Gradmesser sind positiv erlebte gemeinsame Rituale: Werden Mahlzeiten gemeinsam eingenommen? Gibt es gemeinsame Urlaube? Werden Festtage, Geburtstage u. Ä. gefeiert? Gibt es Kommunikationsrituale? ... Hier meine ich Rituale, die als überwiegend positiv erlebt werden. Es gibt auch Zwangsrituale, Rituale der starren Unterordnung, der Gewalt und Erniedrigung, die als negativ, als einschränkend und verletzend erlebt werden.

Die Beantwortung dieser Fragen kann Hinweise auf die Qualität von Familienbindungen geben. Ich bin sicher, dass zerfallene Familien bzw. zerstörte Familienbindungen die Verneinung aller Fragen oder positiven Qualitäten beinhalten.

Konsequenzen

Je nach Einschätzung der Familienbindung sind therapeutisch und pädagogisch unterschiedliche Strategien anzugehen, auf die ich später genauer eingehe. Hier nur einige erste Hinweise:

Bei weitgehend intakter Familienbindung müssen wahrscheinlich vor allem unterstützende Hilfen angeboten werden, die alle Familienmitglieder oder oft auch einzelne Mitglieder einer Familie betreffen, welche überfordert sind. Hier wird oft von Einzelnen oder aus einer ganzen Familie heraus Hilfe gesucht.

Bei Familien ohne Familienbindung geht es erstens darum zu prüfen, ob überhaupt Familienbindungen hergestellt werden können und wer sich daran beteiligen will (und kann). Da reicht die Abstammung aus einer Herkunftsfamilie oft nicht aus oder wäre eine „mission impossible" bzw. verbietet sich, wenn Täter und Gewalt-Opfer zur gemeinsamen Ursprungsfamilie gehören. Dann können eher oder sinnvoller neue Wahlfamilien geschaffen werden.

Oft stehen Familien „auf der Kippe", befinden sich also an der Grenze zwischen Bindung und Zerbrechen. Das sind Situationen, in denen z. B. das Jugendamt eingreifen soll oder muss. Hier können familienbindungsfördernde Maßnahmen helfen, von Familiengesprächen, Regeln und Ritualen bis zu innerfamiliären Hilfen.

2.2 Gestörte, zerbrechende und zerbrochene Familien

Wenn ich heute wertvolle Werke zur Familientherapie lese – etwa von Virginia Satir –, dann geht es dort vor allem um *gestörte* Familien. Sie beschreibt Störungen der Kommunikation in Familien und vor allem die Verringerung des Selbstwertgefühls der Familienmitglieder in den Familien, mit denen sie gearbeitet hat. Diese Familien gilt es zu fördern, und dafür werden Modelle und Wege vorgestellt, an denen wir problemlos anknüpfen und die wir um leibtherapeutische und kreative Aspekte erweitern können.

Beim Lesen entsteht in mir (und vielen Praktikern der Familientherapie ebenfalls) oft der Gedanke: „Das geht doch bei der Familie XY gar nicht, dafür haben die gar keinen gemeinsamen Boden mehr." Wenn ich genauer hinschaue und mich damit beschäftige, warum mir dieser Gedanke kommt, dann muss ich diagnostizieren, dass es neben den gestörten Familien auch Familien gibt, die ich als *zerbrechende* Familien bezeichnen möchte. Bei ihnen droht der innere Zusammenhalt, der Boden, auf dem Unterstützung und Förderung möglich und sinnvoll sind, zu zerbrechen. Diese Familien leben auf der Kippe zwischen einer Störung und der Qualität des Zerbrochen-Seins. Hier steht zunächst an, die Frage zu klären, ob die Familie noch eine Familie ist bzw. ob noch eine Chance besteht, dass sie es wieder werden will. Wenn alle Versuche, den Prozess des Zerbrechens aufzuhalten, gescheitert sind, dann werden sie zu *zerbrochenen* Familien.

Belastete Familien nennen wir Familien mit besonderen Belastungen. Das kann zu Störungen führen oder zum Zerbrechen von Familien. Deswegen kann dieser Begriff die qualitative Unterscheidung zwischen gestörten, zerbrechenden und zerbrochenen Familien nicht automatisch mit sich bringen. Belastungen von Familien zu identifizieren ist jedoch ein erster Schritt. Das können z. B. traumatische Erfahrungen, psychische oder Alkoholerkrankungen von Familienmitgliedern sein. Der zweite Schritt muss darin bestehen zu untersuchen, welche Folgen diese Belastungen für die Familienbindung haben, also ob es sich um eine gestörte, eine zerbrechende oder zerbrochene Familie handelt.

Ein Beispiel für eine gestörte Familie:

Familie Berg ist arm. Der Vater ist Lastwagenfahrer, kaum zu Hause, die Mutter jobbt halbtags an der Kasse eines Supermarktes, die beiden Kinder werden oft von der Oma oder der Nachbarin betreut. Der Zusammenhalt der Familie lockert sich, Vater und Mutter streiten sich oft, sind genervt voneinander. Die berufliche Belastung und die häufige räumliche Trennung erhöhen den Druck und vermindern die Kommunikation. Die Mutter scheint mit der Erziehung der Kinder überfordert.

Die fünfjährige Tochter wirkt im Kindergarten oft so verwahrlost, dass das Jugendamt eingeschaltet wird. Die Familienhilfe unterstützt die Mutter, klarere Erziehungsregeln einzuführen. In der Familie werden auf Vorschlag und mit Unterstützung der Therapeutin gemeinsame Rituale eingeführt. Nachbarin, Oma und Mutter stimmen sich ab und reden miteinander. Auch zwischen den Eheleuten werden in einer Paartherapie Gesprächsmöglich-

keiten geschaffen, die beiden helfen, ihre Bedürfnisse zu artikulieren und die Partnerin bzw. den Partner wahrzunehmen.

Die Störungen in dieser Familie können durch diese und andere Interventionen, die von der Familie angenommen werden, abgebaut werden, vor allem indem die Selbstheilungskräfte in der Familie unterstützt werden.

In einer zerbrechenden Familie sind solche Selbstheilungskräfte zumeist nicht oder kaum noch auszumachen:

Familie Dalal hat arabische Wurzeln und lebt in Stuttgart. Die christlichen Eltern kommen aus Syrien, die Kinder sind in Deutschland geboren. Ob die Familie weiterhin als Familie existieren kann, ist zweifelhaft. Der zwanzigjährige Sohn ist nach Beendigung der Lehrzeit in einer Automobilfirma ausgezogen und hält kaum noch Kontakt zu den Eltern und zur Schwester. Die Mutter sehnt sich nach ihrer Heimat, wohin sie aber nicht zurückkehren kann – aus Angst vor politischer und religiöser Verfolgung. Sie orientiert sich sehr an ihrer Schwester, die in Hessen lebt und die sie häufig besucht. Der Vater hat eine Geliebte und will mit ihr zusammenziehen. Die 15jährige Tochter ist diejenige, die noch die Familie zusammen hält. Es ist klar: Wenn die Tochter auf eigenen Füßen steht, gehen Vater und Mutter auch offiziell auseinander. „Eigentlich" ist die Familie schon zerbrochen, aber es gibt noch Verbindungen und Bindungen, vor allem über die Tochter.
Die Tochter wird krank. Während der Behandlung wird die Familie zu gemeinsamen Gesprächen eingeladen. Das Zustandekommen solcher Gespräche ist kaum möglich. Alle außer dem Sohn stimmen zu, aber abwechselnd sagen Vater oder Mutter wegen Erkrankungen oder „Terminen" ab. Die gemeinsame Sorge um die Tochter ist eine Verbindung, deren Gesundung eine gemeinsame Aufgabe – darauf hat man sich geeinigt. Wie lange diese reichen wird, den Zusammenhalt und damit die Existenz der Familie aufrecht zu erhalten, ist offen. Die Krankheit der Tochter ist das „Bindemittel", das die zerbrechende Familie noch zusammenhält.

Diese Familie droht zu zerbrechen. Familie Schönebeck ist zerbrochen:

Herr und Frau Schönebeck reden nur noch über ihre Anwälte miteinander, eher: übereinander. Das einzige Kind ist nach dem Schulabschluss nach Österreich gezogen und will mit dem Krieg der Eltern nichts mehr zu tun haben. Zu stark sind die Verletzungen aller, als dass darüber noch Kommunikation möglich wäre. Sie brauchen zumindest vorerst Distanz, einen Waffenstillstand, um Wunden zu heilen und „zu sich selbst" zu finden. Ob später einmal Kontakt und Kommunikation möglich sind, wird sich zeigen.

Warum ist es wichtig, diese Unterscheidung zu treffen? Weil je nachdem, ob es sich um eine gestörte oder zerbrochene Familie handelt, unterschiedliche Wege der Hilfe und Therapie einzuschlagen sind. Gestörte Familien brauchen Unterstützung, die „entstört" und Selbstheilungskräfte aktiviert. Hilfen für zerbrechende Familien werden zumeist versuchen, Überforderungen zu verringern und nach vorhandenen Resten von Bindung zu suchen. Wenn diese wie bei Familie Dalal nur noch in der Erkrankung der Tochter existieren, wird die Spiegelung dieses Umstandes das Zerbrechen der Familie wahrscheinlich beschleunigen (und der Tochter eine Chance zur Gesundung eröffnen). Wenn andere Bindungsfaktoren erkennbar sind und eventuell sogar stärker werden, kann das die Chancen eröffnen, den Prozess des Zerbrechens aufzuhalten.

Bei zerbrochenen Familien geht es zumeist eher um Loslassen und Erholung sowie den Wiederaufbau von Selbstachtung und Selbstwertgefühl der einzelnen (ehemaligen) Familienmitglieder.

Familie Klein war eigentlich schon zerbrochen. Man hatte sich nichts mehr zu sagen und „giftete" sich nur noch an. Doch da wurde die 16jährige Tochter schwanger. Was bei anderen zerbrechenden oder zerbrochenen Familien Anlass sein kann, den Bruch zu beschleunigen oder offenbarer werden zu lassen, führte bei Familie Klein zu einem neuerlichen Zusammenhalt, zumindest für einige Zeit. Als das Enkelkind geboren war, kümmerten sich die Großeltern um die Tochter und die Enkelin und fanden darin eine gemeinsame Aufgabe, derer sie sich verantwortlich annahmen. Die Tochter nicht im Stich zu lassen und die Erziehung des Enkelkindes zu meistern, diese Absicht und Haltung war stärker als die Zerfallsfaktoren.

Die Unterscheidung dieser drei Qualitäten von Familien und Familienbindung ist wesentlich und darf nicht übergangen werden. Sie ist Grundelement einer familientherapeutischen Diagnostik, also von Einsichten über den Zustand und die Befindlichkeit einer Familie. Eine allgemeine, leider oft übliche Gleichsetzung von Familie und System – nur weil Familien auch systemische Eigenschaften haben – greift zu kurz und erfasst nicht die wichtigen Aspekte, was Familiensysteme von anderen Systemen unterscheidet und dass und warum in Familien unterschiedliche Qualitäten z. B. der Bindung vorhanden sind.

Je allgemeiner über Systeme und Familien gesprochen wird, desto unreflektierter wird ein Mythos Familie unterstellt. Damit meine ich die Gleichsetzung von Familie mit Blutsverwandschaft (was der heutige Realität nicht mehr entspricht) und der unausgesprochenen Unterstellung einer „ewigen Familie", dem alten Wunsch-Mythos des Bürgertums, der Buddenbrook-Familie, die entsteht und sich verändert, aber nie stirbt, nie zerstört wird oder sich zerstört. Die Realität ist: Familien werden geschaffen – und können auch zerstört werden oder sich selbst zerstören. Familien werden geboren und sterben. Dieser Realität gilt es, ins Auge zu schauen, und deshalb ist es wichtig, dass wir uns auch mit dem Sterben von Familien, also ihrem Zerbrechen beschäftigen. Deshalb werde ich einige Aspekte des Zerbrechens an dieser Stelle kurz beleuchten und später auf Interventionen und Wege der Hilfe eingehen.

Verantwortung?

Ein wichtiger Aspekt, der Familie ausmacht, besteht wie beschrieben darin, dass alle oder die meisten Familienmitglieder wenigstens in bescheidenem Maße Verantwortung dafür übernehmen, dass eine Familie und ihre Mitglieder überleben. Das zeigt sich in gemeinsamen Ritualen und vor allem in der Bereitschaft des Kümmerns, wenn einzelne Familienmitglieder in Not geraten.

Ob es gelingt, diese Verantwortlichkeit *gut* zu leben, ist für die Unterscheidung zwischen gestörten und zerbrochenen Familien nicht entscheidend. Wesentlich für diese Unterscheidung ist nicht, ob und wie die Familienmitglieder dieser Verantwortung gerecht werden *können*, sondern ob sie *wollen*. In einer gestörten Familie wollen sie, können aber nicht oder nur unzulänglich. Hier kann Hilfe ansetzen und gelingen.

Bei einer zerbrochenen Familie wollen einige oder die meisten Familienmitglieder nicht mehr. Hier existiert kein Boden mehr für eine Förderung. Wenn es dem weggezogenen Vater egal ist, ob seine Tochter krank ist oder nicht, dann ist der Familienboden zerbrochen. Dann existieren auch keine gemeinsamen Familienaufgaben mehr, wie die Unterstützung der älteren Generation oder die Erziehung der Kinder. Wenn das große EGAL die Haltung zumindest von Teilen der Familie bestimmt, dann ist eine andere Qualität erreicht, dann lösen sich Teile einer Familie ab oder eine Familie zerbricht. Es geht – um es noch einmal ausdrücklich zu sagen – nicht um die *Quantität* von Kommunikation, Kontakten oder anderen Begegnungen, sondern um die *Qualität*, vor allem um die Haltung.

Wenn Familien zerbrochen sind, kann die Unterstützung der Familientherapeut/innen nicht mehr der Familie gelten. Dann stehen Hilfen und Begleitung für einzelne Individuen oder Rest-Teile der ehemaligen Familie an. Wenn die Helfenden dem ins Auge sehen, erleichtert das sie und die Betroffenen.

Bruchstücke ehemaliger Familien und Scheinfamilien
Zerbrochene Familien begegnen uns oft in der Jugendhilfe. Gibt es bei zerbrechenden Familien noch die Möglichkeit, durch Familienhilfe oder andere Interventionen zu versuchen, den Prozess des Zerbrechens aufzuhalten, so ist bei zerbrochenen Familien dies gescheitert oder jede Bemühung hoffnungslos. Zumeist leben Familien dann getrennt, es gibt kaum noch Kontakt, Reste der Kommunikation sind von Verzweiflung und Rache geprägt, eine gemeinsame Verantwortung existiert nicht. Die Familie ist ein Scherbenhaufen. Wenn man die einzelnen Scherben betrachtet, ist zu erkennen, dass sie einmal Teil einer Schüssel waren – aber sie sind es nicht mehr.

Doch manchmal haben Schüsseln schon zahlreiche Sprünge, halten aber durch irgendeine Besonderheit der Statik zusammen. Entweder werden diese Schüsseln durch eine Klammer zusammengehalten (ein Familienmitglied will nicht wahrhaben, dass die Familie auseinandergebrochen ist und hält und hält, mit manchmal übermenschlichen Anstrengungen) oder sie sind so labil, dass sie bei der erstbesten Belastung auseinander fallen. Solche zerbrochenen Familien, die noch so tun, als wären sie eine Familie, können wir Schein-Familien nennen. In ihnen ist der Prozess des Zerbrechens schon abgeschlossen, es wird nur der Schein nach außen (oder innen) aufrecht erhalten.

Familienbindung
In der Bindungsforschung wurde anfangs zwischen sicherem und unsicherem Bindungsverhalten von Kindern unterschieden. Dann betrachtete man

die Kinder, deren Bindung nicht in eine dieser Kategorien passte, genauer und entdeckte, dass es noch eine weitere Kategorie gibt: die desorganisierte Bindung. Innerhalb der unsicheren Bindung finden sich Differenzierungen, vor allem zwischen der unsicher-vermeidenden und der unsicher-ambivalenten Bindung. Doch das desorganisierte Bindungsverhalten bedeutet in der Praxis, dass gar kein Bindungsverhalten feststellbar ist. Es ist weder sicher noch unsicher, sondern beinhaltet im Grunde eine Unfähigkeit zur Bindung. (Deswegen ist der Begriff der desorganisierten Bindung meiner Meinung nach unglücklich gewählt. Passender wäre, von Bindungslosigkeit oder weitgehender Bindungsunfähigkeit zu sprechen.)

Das desorganisierte Bindungsverhalten – um im üblichen Sprachgebrauch zu bleiben –, die Bindungslosigkeit, zeigt sich vor allem zwischen Kindern und Erwachsenen, aber auch zwischen Partner/innen. Bei beiden Beziehungen können wir zwei Ebenen feststellen.

Die erste Ebene ist die „Eigentlich"-Ebene. Auf dieser Ebene sollten Verbindungen existieren, die „üblicherweise" mit Bindungsqualitäten einhergehen: „Eigentlich" leben Partner einer Ehe oder Liebesbeziehung in Bindungsqualitäten; „eigentlich" sollten zwischen Mutter bzw. Vater und Kind Bindungen bestehen – man ist doch verwandt, verheiratet, lebt zusammen usw.

Doch nach jedem „eigentlich" folgt ein „aber" oder „doch": „Eigentlich" sollte eine Bindung bestehen, aber die Bindung ist nicht gelungen. „Eigentlich" sollte Bindung gelebt werden, doch eine Bindungsfähigkeit konnte sich nicht entwickeln. Die zweite Ebene ist also die gelebte Ebene, die der Bindungslosigkeit und Bindungsunfähigkeit.

Wenn wir diese Unterscheidungen aus der Bindungsforschung auf Familienqualitäten übertragen, dann können wir sagen, dass es bei intakten wie bei gestörten Familien eine grundlegende Bindung und Bindungsfähigkeit in der Familie gibt. Diese kann unterschiedlich ausgeprägt sein, mit großen Unsicherheiten, mit „schwarzen Schafen" usw. Doch bei allen Problemen geht es um das *Wie* der familiären Verbindung und Bindung, nicht um das *Ob*.

Zerbrochene Familien ähneln in diesem Vergleich desorganisierten Bindungen. Auf der „Eigentlich"-Ebene sollten doch „eigentlich" familiäre Bindungen existieren, auf der gelebten Ebene sind diese Familien zerbrochen.

Erfahrungen und Studien zeigen, dass Ehen und damit Familiengründungen von Partner/innen mit desorganisiertem Bindungsverhalten eine sehr kurze Haltbarkeitsdauer haben. Der Grund liegt v. a. darin, dass sich Partner/innen mit einem bestimmten Bindungsverhalten zumeist Partner/innen mit dem gleichen Bindungsverhalten suchen. Das Bindungsverhalten und die Bindungsfähigkeit der Eltern prägen entscheidend die Familienbindung. Dementsprechend gelingt dann oft die Bindung zu den Kindern nicht, und die brüchige Bindung der Eltern und damit die Familienbindung gehen auseinander.

Kontaktqualitäten in zerbrochenen Familien

Dass eine Familie sich im Prozess des Zerbrechens befindet oder zerbrochen ist, bedeutet nicht, dass es zwischen den ehemaligen Familienmitgliedern keine Kontakte mehr geben muss. Diese Kontakte sind jedoch geprägt durch die Bindungslosigkeit, durch desorganisiertes Bindungsverhalten. Es fehlen:
» Vertrauen und andere Gefühle als Beziehungsregulator
» Wärme als Atmosphäre und wenigstens zeitweiliger Stimmungsraum zwischen den Familienmitgliedern
» Zuhören und zuschauen können
» Streitfähigkeit und Einigungsfähigkeit

Stattdessen finden wir:
» Machtkampf und Kontrolle (wenn die Begegnungen nicht mehr durch Gefühle gesteuert werden, dann bleibt nur Oben oder Unten, dann werden Begegnungen nur noch durch Macht oder Kontrolle reguliert, dann heißt es: Täter oder Opfer).
» Die Leere in den Primären Leibbewegungen (s. Baer 2012): die meisten Familienmitglieder fühlen sich nicht gesehen oder gehört, finden keinen Halt und können sich nicht anlehnen, werden nicht gedrückt, sondern allenfalls erdrückt.
» Eine Atmosphäre der Feindseligkeit, vor allem der Erwartungen von Feindseligkeit.
» Extreme Selbstverunsicherung, vertuscht oft durch Alkohol, Drogen und/oder Aufgeplustertheit.
» Auch Schreckstarre ist häufig anzutreffen, Menschen, die vor Schreck erstarrt wirken.

» Kindern in solchen Familien leiden oft unter Alpträumen oder Alptraumfantasien.
» Auf Außenstehende wirkt die Stimmung in einer solchen Familie oft aufgesetzt. In ihrer Resonanz spüren sie manchmal, dass „nichts stimmt".
» Bei bindungslosen Familien, die zerbrochen sind, aber noch den Schein familiären Zusammenhalts zu wahren versuchen, herrscht oft eine starke Anspannung. Ohne diese Spannung wäre der Schein nicht zu wahren. Sie kann sich in Gewalttaten entladen.

Zerbrochene Familien und das Loslassen

Was tun, wenn eine Familie zerbricht? Dann können wir Therapeut/innen und Begleiter/innen, wenn dies von Familienangehörigen gewünscht wird, versuchen, das Zerbrechen aufzuhalten.

Was tun, wenn dies nicht gelingt oder eine Familie zerbrochen ist? Dann müssen wir dies anerkennen und loslassen.

Dies ist wesentlich, um zu würdigen, was ist. Den Mitgliedern einer zerbrochenen Familie vorzumachen, man könne wieder zusammenkommen und eine „richtige Familie" werden, mag den Sehnsüchten einzelner Familienmitglieder entsprechen oder den Gaukelungen von RTL 2 oder anderen Sendern. Die Menschen aus der ehemaligen Familie setzt es nur unter einen Druck, der nicht auszuhalten ist. Familientherapeut/innen unterstützen nicht immer und nicht unter jeder Bedingung den Zusammenhalt einer Familie. Wenn eine Familie nicht gestört und nicht zerbrechend, sondern zerbrochen ist, gilt unsere Grundhaltung, anzuerkennen, was ist.

Nur dann können wir versuchen, die „Überbleibsel" der ehemaligen Familie darin zu unterstützen, mit anderen Menschen neue Familien zu suchen und aufzubauen. Nur dann kann man sich von den alten Scherben abwenden und Neuem zuwenden. Wie dies unterstützt werden kann, damit werden wir uns in Kap. 3.17 beschäftigen.

Familienähnliche Gemeinschaften

Eine Besonderheit von Familienverhältnissen, die nicht mit zerbrochenen Familien gleichgesetzt werden sollten, sind familienähnliche Gemeinschaften. Sie haben sich aus und neben den klassischen Familienstrukturen herausgebildet.

Was sind Familien?

Zu einer „klassischen" blutsverwandten Familie gehören drei Generationen:

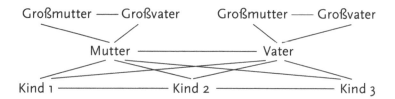

Historisch betrachtet haben sich die Großeltern bei vielen Menschen allmählich aus dem inneren familiären Bereich entfernt. Drei Generationen leben nur noch selten in einer gemeinsamen Wohnung oder einem gemeinsamen Haus. Auch die Notwendigkeit, dass Großeltern sich um die Enkel kümmern, wird oft durch Kindertagesstätten und Kitas geringer, auch die Bereitschaft dazu aufgrund ihrer eigenen Berufstätigkeit und Lebensweise. Solche sozialen Veränderungen beeinflussen auch das Familiengefühl, also das Erleben, wer zu einer Familie zählt und was sie für die Familienmitglieder bedeutet.

Kernelement der Familie ist die Partnerschaft zwischen Vater und Mutter. Doch auch hier gilt: Wenn eine solche Partnerschaft zerbricht, muss nicht die Familie zerbrechen. Oft gelingt es, die gemeinsame Verantwortlichkeit gegenüber den Kindern weiterhin zu leben und so einen Grundstock an Bindung aufrecht zu erhalten. In anderen Fällen zerbricht die Familie und Machtkampf, Rache und andere beschriebene Verhaltensweisen treten an die Stelle der Bindung. Werden neue Paarbeziehungen eingegangen, können die neuen Partner/innen bzw. deren Kinder in das vorhandene Bindungsgeflecht einbezogen werden oder Teil des Krieges werden bzw. eine neue Familienbindung begründen, ohne dass nennenswerter Kontakt zu den alten Familienresten besteht.

Manchmal entstehen dann familienähnliche Gemeinschaften. Ein Beispiel:

Herr und Frau Maas gehen auseinander. Herr Maas zieht in eine andere Stadt und bricht jeden Kontakt ab, auch zu der gemeinsamen Tochter. Die ehemalige Frau Maas heißt nach der Scheidung Frau Lenau. Sie sagt: „Eine neue Partnerschaft will ich erstmal nicht, davon bin ich bedient." Aber sie baut sich ein neues Netzwerk auf. Zu ihrer Mutter wird die Beziehung enger, beide kümmern sich um die Tochter. Zwei Freundinnen und ein Arbeitskol-

lege werden immer wichtiger, so dass Frau Lenau, ihre Mutter, ihre Tochter, die Freundinnen und der Kollege ein enges Netzwerk bilden. Es entsteht eine gemeinsame Aufgabenstellung: der Einsamkeit entgegenzuwirken und die Freizeit häufig miteinander zu verbringen.

Dieses Netzwerk hat familienähnliche Züge und hat als solches für alle eine große Bedeutung. Es ist aber insofern nicht mit einer Familie gleichzusetzen, als die Verantwortlichkeit für die Tochter auf Mutter und Großmutter beschränkt bleibt.

2.3 Was Familien mit kleinen sozialen Gemeinschaften gemeinsam haben

Wenn wir Familien betrachten, dann sehen wir häufig Ähnlichkeiten mit anderen sozialen Gruppen. Und wenn wir in der Supervision Teams analysieren, begegnen wir oft Strukturen, die wir von Familien kennen. Die Atmosphäre in einer Fußballmannschaft kann der in der Abteilung einer Firma oder einer Wohngemeinschaft alter Menschen gleichen. Oder einer Familie. Wir bezeichnen mit „Team" sowohl eine Sport-Mannschaft als auch eine berufliche Arbeitsgruppe. Im Alt-Englischen war „Team" das Wort für „Familie".

Solche Erfahrungen legen nahe, nach Gemeinsamkeiten zwischen Familien und anderen kleinen sozialen Gemeinschaften (= KSG) zu suchen. Ich habe einige dieser Gemeinsamkeiten aus unseren Erfahrungen herausdestilliert und in einem Achteck (= Oktagon) zusammengefügt. Ich nutze das KSG-Oktagon als Meta-Modell solcher Gemeinsamkeiten, um einen gemeinsamen theoretischen Bezugsrahmen zur Verfügung zu haben und zu stellen, der auch für die phänomenologische Untersuchung von Familien nützlich ist. Dabei können einige der im Oktagon beschriebenen Phänomene für die eine Familie bedeutsam sein, andere für eine andere Familie besondere Wichtigkeit haben. Das KSG-Oktagon gibt keine diagnostischen Antworten, es ermöglicht Fragen.

Doch der Reihe nach. Zuerst einmal: Was sind „kleine soziale Gemeinschaften"?

Was sind Familien?

Unter kleinen sozialen Gemeinschaften (KSG) verstehe ich Gruppen,
» die einen Lebenszusammenhalt haben (im Alltagsleben, im Sport, in beruflichen Tätigkeiten usw.) und sich als wie auch immer geartete Gemeinschaft erleben,
» die über einen so langen Zeitraum existieren, dass sich gemeinsame Gewohnheiten, Muster und andere innere und äußere Zusammenhänge herausgebildet haben,
» die „klein" sind im Sinne von „überschaubar" (meist kennen sich die Beteiligten und begegnen sich mehr oder weniger regelmäßig),
» die einen gemeinsamen Lebensraum haben bzw. in denen sich die Lebensräume der einzelnen Gruppenmitglieder überschneiden.

Interessant bei der Betrachtung solcher KSG sind immer auch objektiv zu beschreibende Faktoren, z. B. ob die Mitglieder einer Familie zusammen oder getrennt leben. Doch noch wichtiger ist für uns entsprechend unseres leibphänomenologischen Ansatzes, wie die Beteiligten diese Lebenssituation erleben. Für die einen kann der Umstand, dass der Vater die meiste Zeit des Jahres in Dubai auf dem Bau arbeitet, als Erleichterung erlebt werden, für andere als eine überfordernde Bedrohung des familiären Zusammenhalts. Das Modell der KSG ist insofern nicht identisch mit anderen Modellen sozialer Gruppen, es betont das Erleben und setzt deshalb zumindest andere Akzente.

Ich werde im Folgenden acht wesentliche Faktoren zusammentragen, die mir bei der phänomenologischen Untersuchung des Erlebens kleiner sozialer Gemeinschaften deutlich wurden. Damit sind nicht alle Faktoren erfasst, die in irgendeiner Weise für das Verständnis von KSG hilfreich sein können. Ich habe diejenigen ausgewählt, die für das Erfassen von KSG in Familientherapie, Supervision und anderen praktischen Interventionen besonders relevant sind. Ich habe sie zu einer achteckigen Figur zusammengestellt, einem Oktagon. Die im Oktagon zusammengestellten Aspekte können und sollen als Anhaltspunkte dienen, die Familien, mit denen wir uns befassen, konkret zu analysieren.

Was sind Familien?

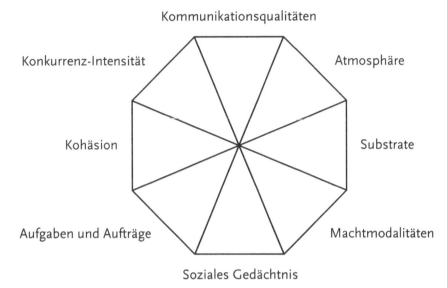

Die einzelnen Aspekte des Oktagons sind nicht scharf voneinander getrennt. Sie beleuchten aus unterschiedlichen Richtungen eine KSG, so wie Scheinwerfer eine Bühne beleuchten und jeweils unterschiedliche Personen und Kulissen erhellen.

Veränderungen eines der Oktagon-Aspekte geschehen fast immer unter Einbeziehung anderer Oktagon-Aspekte, manchmal des gesamten Oktagons.

Ich werde hier die meisten Elemente des Oktagons nur kurz skizzieren, da ich in späteren Kapiteln genauer darauf eingehe.

Kommunikationsqualitäten

Dass in sozialen Gemeinschaften kommuniziert wird, ist selbstverständlich. Wie dies geschieht und welche Qualitäten dabei erlebt werden, ist immer in jeder Familie und in kleinen sozialen Gemeinschaften sehr unterschiedlich.

Auf das Wie und die Möglichkeiten, mit Störungen in der Kommunikation von Familien zu arbeiten, gehe ich in Kapitel 3.12 ein.

Atmosphäre

In kleinen sozialen Gemeinschaften herrschen immer eigene Atmosphären. Diese können schnell oder langsam wechseln oder Familien und andere KSG über längere Phasen prägen. Wie sie erkannt werden und einen Ausdruck finden können, wie damit familientherapeutisch gearbeitet werden kann, beschreibe ich in Kapitel 3.2.

Substrate

M. Jahoda und andere untersuchten Anfang der 1990er Jahre ein Dorf, das ich hier als Beispiel für eine KSG anführen möchte, nach dem Wegfall von dessen Hauptarbeitgeber. Die einzelnen Mitglieder dieses Dorfes gingen mit dem Verlust des Hauptarbeitgebers und dessen Folgen unterschiedlich um. Manche resignierten, manche taten so, als wäre nichts geschehen, andere formulierten Durchhalteparolen und hofften auf ein Wunder ... Die Forscher brachten das Ergebnis ihrer Untersuchung mit der Leitformel von der „müden Gemeinschaft" auf eine griffige Formulierung. Die „verdichtete Charakterisierung des Lebensgefühls und der alltäglichen Handlungsabläufe" (Flick 2005), als „müde Gemeinschaft", traf den Kern, wie das kleine Dorf erlebt wurde, den Boden, auf dem die Alltagsangelegenheiten vollzogen wurden. Für diesen charakteristischen Boden, diese Bodenschicht oder diesen Bodensatz einer kleinen sozialen Gemeinschaft einschließlich einer Familie verwende ich den Begriff Substrat.

Bezeichnungen solcher Substrate ähneln oft den Beschreibungen einzelner Personen, so als wäre eine KSG bzw. eine Familie ein einzelner Mensch. So kann eine Ausbildungsgruppe „depressiv", „einsam" oder „fordernd" wirken. Eine Familie kann sich als ein „Gewinner-Typ" erleben oder so erlebt werden. In einer anderen mag das Substrat „Märtyrer" vorherrschen. Es ist dann selbstverständliche Norm, sich für andere aufzuopfern, das Leiden ist statusfördernd, ja es wird um den Status der Höchst-Leidenden konkurriert. Ein Team in einer Behörde, um noch ein Beispiel zu nennen, hatte eine offenbar sehr chaotische und dadurch überfordernde Chefin überlebt und wurde nun durch einen Mitarbeiter aus den eigenen Reihen geleitet. Es bezeichnete sich nun als „Wellness-Team" und hatte als oberste Maxime, dass sich ja nichts an der Struktur, an der Atmosphäre, am Umgang miteinander ändern dürfe, weil es ja nun allen „gut gehe".

Solche Substrate können Atmosphären bestimmen, sind aber mehr als Atmosphären. Sie prägen Aufgaben ebenso wie Konkurrenzbeziehungen, bestimmen Kommunikationstabus, Gewinn und Erfolg, Bewertungen der Vergangenheit und Zukunftsentwürfe und viele andere Faktoren. Gelingt es, ein solches Substrat zu erfassen, hilft dies sehr beim Verständnis der KSG und beim Erkennen von möglichen Wegen der Veränderung, auch und gerade bei Familien. Wenn wir als Therapeut/innen oder Begleiter/innen die Ausstrahlung einer Familie so auf uns wirken lassen, als wäre sie eine Person, dann kommen wir oft Substraten auf die Spur. Ich nenne das: „Familien-Personalisierung". Es folgt ein Beispiel aus einer Supervision, das verdeutlicht, wie mit der Methode der Familien-Personalisierung Leibsubstrate erfasst werden können, die der familientherapeutischen Arbeit dienlich sind.

Die Mitarbeiterin eines Jugendhilfevereins war überwiegend in zwei unterschiedlichen Familien tätig. In der Supervision erzählte sie: „Wenn ich in der Familie A bin, bin ich immer in Habacht-Stellung, aber das ist nicht schlimm. Ich habe irgendwie das Gefühl, als müsse ich bei jedem Schritt, den ich angehe, achtgeben. Aber irgendwie komme ich da auch vorwärts. Bei der Familie B dagegen trete ich auf der Stelle. Ich bin auch vorsichtig und achtsam, aber es bewegt sich gar nichts."

Der Supervisor schlug vor, sie möge sich vorstellen, die Familie A wäre ein Person: „Was für eine Person ist das, männlich oder weiblich, alt oder jung, welchen Charakter hat sie?"

Die Mitarbeiterin überlegte und sagte relativ schnell: „Das ist ein Mann, ein junger Mann, der sehr verletzt wurde. Er ist überaus misstrauisch und überprüft alles dreimal, viermal, fünfmal, bevor er sich auf etwas Neues einlässt. Aber dann geht es voran."

„Und die Familie B?"

Hier war es schwieriger, ein Substrat herauszukristallisieren. Die Mitarbeiterin überlegte lange und sagte dann: „Das ist kein Mensch, da fällt mir keine Person ein. Eher ein Tier."

„Welches Tier?"

Wieder langes Sinnieren. „Das ist wie eine Krake, die am Grunde des Meeres lauert."

Der Supervisor fragte konkretisierend nach: „Wie alt ist die Krake?", „Warum ist sie da am Meeresboden?", „Was hat sie für Absichten?", „Wovor fürchtet sie sich?" „Wovon ernährt sie sich?", ...

Durch dieses Fragen und Herantasten entstand nach und nach ein Bild der Familie, ein Substrat „erstarrter Schrecken und lauernde Gewalt", das der Mitarbeiterin zum einen ihr Erleben und ihr Verhalten erklärlich machte und andererseits den Weg öffnete, um eine andere Herangehensweise an die Familie zu überlegen.

Machtmodalitäten

In jeder KSG und damit in jeder Familie herrschen Machtverhältnisse. Diese zu leugnen, ist entweder eine liebgewordene Illusion oder dient dazu, Macht zu verschleiern. Entscheidend ist nicht, ob Macht ausgeübt wird, sondern *wie*, in welcher Modalität.

In Kapitel 3.14 werde ich die Bedeutung von Machtverhältnissen in Familien und den Umgang mit ihnen beschreiben.

Soziales Gedächtnis

Kleine soziale Gemeinschaften haben ein Gedächtnis. Nicht nur ihre einzelnen Mitglieder, sondern auch die Gemeinschaft als Ganze. Dieses soziale Gedächtnis kann bewusst sein, aber es ist immer zumindest unbewusst vorhanden. In jedem Fall ist es ein Leibgedächtnis, ein Gedächtnis, wie soziale Bezüge in der Familie oder einer anderen kleinen sozialen Gemeinschaft erlebt wurden. Eine Familie kann durch traumatische Erfahrungen geprägt sein oder durch die Erinnerung an die Bedrohung ihres Zusammenhalts. Eine Sport-Mannschaft kann durch eine Niederlagen-Serie, eine knapp verpasste Meisterschaft oder die schwere Verletzung eines Teammitglieds (oder gar dessen Suizid) lange Zeit beeinflusst werden. Offiziell und öffentlich wird vielleicht gesagt: „Das spielt alles keine Rolle mehr." Doch die erlebte Realität, ob gewollt oder nicht, ist eine andere.

Ähnliches gilt für betriebliche Teams. In einer großen Firma wurden zwei Jahre lang alle drei, vier Monate Umorganisationen mit Veränderungen von Aufgaben und mit Umbesetzungen durchgeführt. In der Supervision des Teams ging es um das Vertrauen in der Zusammenarbeit. Ihr Leibgedächtnis der Zerrüttungserfahrungen war lange Zeit stärker als neue Erfahrungen, die sich erst durch Kontinuität zu neuen Trampelpfaden des Leibgedächtnisses der Einzelnen und der KSG als Ganzer entwickeln konnten.

In der Familientherapie begegnen wir dem Leibgedächtnis von Familien in der Beschäftigung mit Atmosphären, Tabus und Trauma (siehe Kapitel 3.2 bis 3.6) und den Nachwirkungen der Erfahrungen früherer Generationen auf gegenwärtige Familien, die ich vor allem in Kapitel 3.7 im Zusammenhang mit den therapeutischen Möglichkeiten des Umgangs damit beschreibe.

Aufgaben und Aufträge

Kleine soziale Gemeinschaften leben in einer Umwelt, mit der sie in wechselseitigen Verbindungen stehen. Manchmal ist die Abgrenzung sehr starr („Unsere Familie hat mit den Nachbarn nichts zu tun") und die Umwelt wird wie ein Feind behandelt. Bei anderen KSG ist die Wechselbeziehung durch Austausch und Kooperation geprägt.

Wichtig für diese Wechselbeziehung sind vor allem Aufgaben und Aufträge, und dies in beide Richtungen.

» Das zweijährige Kind einer Familie erkrankt schwer und bleibt schwerstbehindert. Die Familie stellt sich die Aufgabe, die Tochter in der Familie zu behalten, zu pflegen und zu begleiten. Dafür erhält sie finanzielle Zuwendungen, so dass die innerfamiliäre Aufgabe auch ein Auftrag von außen wird.
» Das Team eines Jugendamtes kann sich nicht selbst nach Gutdünken definieren, sondern hat Aufgaben zu erfüllen, die durch den gesetzlichen Auftrag und durch Vorgaben der Vorgesetzten und der Politik definiert werden. Solche Aufträge bestimmen und beeinflussen die KSG. Daneben gibt es selbstgesetzte Aufgaben, Ziele, die man erreichen möchte.
» Schwierig wird es, wenn die von außen gesetzten Aufgaben und Ziele von Macht ausübenden Personen genutzt werden, um eigene Interessen und Bedürfnisse von Mitgliedern der KSG zu knebeln.
» Schwierig wird es auch dann, wenn *diffuse* Aufgaben eine KSG prägen. Diese Aufgaben sind oft nicht klar ausgesprochen, werden aber leiblich gespürt. Der Auftrag „Die Familie muss immer zusammenhalten, egal, was ist" kann z. B. enormen Druck verursachen und eine Familie bestimmen.
» Manchmal werden Aufträge über Generationen weitergegeben. Solche Aufgaben in Familien zu identifizieren, ist meist Voraussetzung für das Gelingen von Veränderungen.
» Wichtig ist, ob Aufgaben als sinnvoll erlebt werden oder nicht. Sinnlosigkeit oder immer wiederkehrende Zweifel am Sinn gemeinsamer Tätigkeiten können KSG brüchig werden lassen, können Familienbindungen zerstören.

In Kapitel 2.1 wurde ein Beispiel beschrieben, wie eine Familie durch die gemeinsame Aufgabe der Existenzsicherung nach der Flucht aus der damaligen DDR zusammengehalten wurde. Solche Aufgaben sind nie „ewig", sondern gelten für bestimmte Zeiträume. Wird an ihnen festgehalten, wenn ihr Sinn nicht mehr existiert, dann hat dies negative Folgen für den Zusammenhalt der Familie bzw. KSG.

Kohäsion

Kohäsion bezeichnet den inneren Zusammenhalt einer Familie bzw. einer anderen Gemeinschaft. Dieser Zusammenhalt ist immer das Ergebnis des Verhältnisses von zwei unterschiedlichen Kräften: solchen, die zusammenhalten, und solchen, die auseinanderstreben. Im Kapitel über Geborgenheit und Zugehörigkeit (3.16) gehe ich weiter darauf ein. Auch in den Überlegungen zum Verhältnis zwischen Einzelnen und Familien (2.4) werde ich darauf Bezug nehmen.

Konkurrenz-Intensität

Konkurrenz ist ein normaler Aspekt sozialen Zusammenlebens. Dass sich Mitglieder einer Familie oder z. B. Mitarbeiter/innen eines Büros miteinander vergleichen und wetteifern, ist Teil der menschlichen Entwicklung. Manche KSG sind von lebhafter Konkurrenz so sehr geprägt, dass diese zum Substrat (s. o.) wird, z. B. wenn sich eine betriebliche Abteilung vor allem über den ständigen Konkurrenzkampf definiert. Ein anderes Extrem besteht darin, in einer KSG jede Art von Konkurrenz zu leugnen. Mag die Konkurrenz z. B. in einer Familie auch nicht stark sein, so existiert sie doch. Ich werde deshalb später der Konkurrenz im Familienerleben ein Kapitel widmen (3.10).

Auf die acht vorgestellten Aspekte kleiner sozialer Gruppen werde ich in späteren Kapiteln zurückkommen und sie ausführlicher und deutlicher im Kontext der Familientherapie erörtern.

2.4 Der Einzelne und die Familie

Nachdem in den 1970er und 80er Jahren der therapeutische Blick in besonderem Maße auf den einzelnen Menschen gelenkt wurde, um seine Befreiung und die Entfaltung seiner Möglichkeiten therapeutisch zu unterstützen, war die Strömung der systemischen Therapie eine polarisierende Antwort darauf. Die Gruppe und das System gerieten in den Blick – und das war im ersten Schritt eine wichtige Korrektur zu der Haltung, den Fokus fast ausschließlich auf den Einzelnen und seine Bedürfnisse zu richten. Doch allzu oft schlug das Pendel zu weit in das Gegenteil um, bis dahin, dass sogar behauptet wurde und z. T. immer noch wird, dass der Einzelne in der Therapie keine Rolle mehr spielen dürfe, dass weder seine Gefühle noch seine biografische Entwicklung, sondern nur noch „die Systeme" von Belang seien. Prominente Vertreter der systemischen Therapie verfechten zum Beispiel: "Das entscheidende System, um das es in der Therapie geht, besteht nicht aus Personen, sondern aus Information und Kommunikation." (v. Schlippe/Schweitzer 2012a, S. 31) Die Einzelnen seien austauschbar, was zähle, sei das System. Man brauche sich deshalb mit den einzelnen Personen kaum noch zu beschäftigen: „Die an der Systemorganisation orientierten Familientherapieformen – die strukturellen und paradoxalen Ansätze – haben das Problem so angepackt, dass sie ausschließlich auf die Struktur achten und an ihr ansetzen. Welche Dynamik sich inhaltlich in der Familie abspielt, welche Gefühle die einzelnen Mitglieder bewegen, ist von sekundärem Interesse." (v. Schlippe 2012b, S. 54)

Diese Position ist einseitig, wir teilen sie nicht. Wir vertreten ein anderes Menschenbild. Der einzelne Mensch wird geprägt durch familiäre und andere nahe soziale Erfahrungen. Sie beeinflussen seine Lebenswelt und sie prägen sein Leibgedächtnis, das immer auch ein soziales Gedächtnis ist. Sie schaffen Vertrautheit und Geborgenheit bzw. verursachen deren Störungen. Und umgekehrt setzt sich eine Familie wie jede Gruppe aus mehreren einzelnen Menschen zusammen. Deren Beziehungen untereinander können durchaus eine eigene Kraft als System entfalten, aber sie werden geschaffen und beeinflusst durch das Erleben und Verhalten der einzelnen Menschen. Die Familie prägt den Einzelnen, der Einzelne prägt die Familie – von dieser dialektischen Wechselwirkung geht leiborientierte Familientherapie aus.

Schon der Begriff „Leib" enthält die Aufhebung der Trennung zwischen Innen und Außen, zwischen Einzelnem und Lebenswelt. Die Leiblichkeit wird von Thomas Fuchs beschrieben als Pulsieren, als Vermittlung „zwischen den Polen Leib und Welt" (Fuchs 2000a, S. 90). Jedes Erleben eines einzelnen Menschen ist immer auch ein zwischenleibliches, also Erleben der Verbindung zu anderen Menschen und damit zur Familie. Uns ist deshalb das Bemühen einzelner Menschen wichtig, ihre Eigenständigkeit, ihre Meinhaftigkeit, ihre Selbstständigkeit gegenüber anderen und insbesondere innerhalb von Familien zu behaupten. Insofern geht es in Familien immer auch um die Betonung der Meinhaftigkeit, der Selbstverständlichkeit also, mit der mein Erleben zu mir gehört. Menschen sind nicht unabhängig und aus sich selbst heraus meinhaftig. Sie werden immer beeinflusst durch ihre sozialen Erfahrungen, in ihrem zwischenleiblichen Erleben. Nicht die Tatsache einer Beeinflussung durch die soziale Lebenswelt und insbesondere die Familie ist das Problem, unter dem Menschen leiden können, sondern die Störung der Balance zwischen dem einzelnen Menschen und der Familie. Wenn der Einzelne erdrückt wird, leidet er.

Wenn also die einzelnen Menschen unabhängig von der Familie betrachtet werden oder die Familie unabhängig von den einzelnen Menschen, aus denen sie besteht, dann ist dies eine einseitige Verkürzung der Betrachtung der Wirklichkeit. Die Spaltung zwischen den Einzelnen und der Familie beschreibt allenfalls Störungen. Ein Beispiel:

Eine 38jährige Frau befindet sich in einer Einzeltherapie wegen Angststörungen. Ihre Ängste verstärken sich, wenn sie anderen Menschen „nah" kommt. Dann bekommt sie Angst, als würde ihr gleich „etwas Schlimmes" geschehen. Erfahrungen mit traumatischen Ereignissen sind nicht feststellbar. Der Therapeut fragt nach den Erfahrungen von Nähe in ihrer Herkunftsfamilie. Sie erzählt: „Das gab es nicht. Bei uns war das Motto, dass jeder alleine zurechtkommen muss. Kuscheln gab es nicht, das war nur was für Waschlappen. Das war ja auch nicht schlimm – das hat uns stark gemacht."
  „Und ängstlich", denkt der Therapeut.

Ein gegensätzliches Beispiel:
  Der Therapeutin fällt auf, dass ihre Klientin immer von „wir" redet, wenn sie nach ihrer Meinung oder ihren Wünschen gefragt wird. Sie fragt ihre Klientin, wer denn mit „wir" gemeint sei. Diese antwortet: „Meine Familie". Für die Klientin ist dies „normal". Auch bei den anderen gäbe es nur „wir" statt „ich". Die Familie wird durch solche Schilderungen von der Therapeutin personalisiert erlebt und wie ein Soldat, der im Gleichschritt marschiert ...

Hier, in dieser Familie, zählt die einzelne Person nur am Rande, das Familiensystem dominiert. Die Meinhaftigkeit der Einzelnen bleibt dabei auf der Strecke und dies führt zu Leiden.

3 Familien-Erleben – Spurensuche und Veränderung

3.1 Erleben, Zwischenleiblichkeit und Familie

Wenn wir in der Familientherapie nur das *Verhalten* der Familienmitglieder untereinander betrachteten, dann würde eine wesentliche Dimension fehlen: das *Erleben*. Mit Leib oder Erleben bezeichnen wir die präreflexive Lebendigkeit des Menschen, die Summe der menschlichen leiblichen Regungen. Dazu zählen unsere Erregungen wie unsere Gefühle, das Greifen nach der Mutter wie die Stimmung, die Atmosphäre im Raum, das Lachen oder Weinen, der Hunger wie der Schmerz, die Müdigkeit wie die Behaglichkeit, unser Körpererleben wie die Fantasie. „Der Leib ist das selbstverständliche Medium unserer Existenz." (Fuchs 2008b, S. 217)

Das Verhalten der Menschen innerhalb wie außerhalb von Familien ist Ausdruck des Erlebens. Würden wir es vom Erleben abtrennen, würden wir es seiner wesentlichen Quelle berauben und die Ganzheitlichkeit menschlichen Seins aufspalten.

Dies gilt auch für jede isolierte Betrachtung des Denkens. Familienmitglieder erleben sich und ihre Lebenswelt und damit auch ihre Familie, ihre Beziehungen, die Stimmungen, die Gefühle füreinander, die Aufgeregtheit wie die Anspannung und dergleichen mehr. Das Denken der Menschen ist *eingebettet* in das Erleben. „Geistige Akte der Person gibt es nur, sofern sie erlebt werden, also seelische Ereignisse sind." (Spaemann 2006, S. 170) Selbstverständlich kennen Menschen Situationen, in denen sich das Denken vom Erleben abgespalten hat. Dies aber ist Ausdruck einer Störung bzw. eines Leidens. Wenn ein Schrecken, eine Angst oder eine Trauer zu groß werden, können sie sich so „abspalten", dass sie nicht mehr gespürt werden. Dann denken solche Menschen über den Verlust z. B. eines Familienmitgliedes nach, ohne die Trauer darüber zu empfinden. Das Denken dem Erleben gegenüberzustellen, wäre die Verallgemeinerung einer pathologischen Sondersituation und nicht der Ausdruck alltäglicher Erfahrung (vgl. Baer 2012, S. 28).

Dass das Menschenbild nicht nur eine abstrakte theoretische Kategorie ist, sondern unmittelbar praktische Relevanz für die Betrachtung von Familien und die Arbeit mit ihnen besitzt, wird deutlich in der Zwischenleiblichkeit. Dass unser Menschenbild sich am Leib (nicht zu verwechseln mit „Körper"!) als wesentliche Bezugsgröße für das Verständnis des Menschen orientiert, hat wesentliche Bedeutung für das Verständnis von Familie. Die Leibphänomenologie und somit die kreative Leibtherapie betrachten das Erleben eines Menschen niemals nur isoliert und auf sich bezogen. Wenn ein Mensch auf die Welt kommt, ist der Säugling im ständigen leiblichen Austausch mit der Mutter und anderen Nahestehenden. Sie sind im fortwährenden Kontakt, in intensiver Begegnung und wechselseitigem Austausch der Blicke und Gefühle, der Berührungen und Stimmungen. In der Leibphänomenologie bezeichnen wir dies nach Merleau-Pontys (1966) Begriff der „intercorporéite" als Zwischenleiblichkeit. Die „Zwischenleiblichkeit bildet ein übergreifendes, intersubjektives System, in dem sich von Kindheit an leibliche Interaktionsformen bilden und immer neu aktualisieren." (Fuchs 2008b, S. 89)

Diese Zwischenleiblichkeit ist nicht nur eine frühkindliche Erfahrung, sondern in jedem Alter ein konstituierender Teil leiblicher Begegnungen. Der Klang einer Stimme kann das Herz berühren oder abschrecken. Begegnungen erfolgen über zarte Berührungen wie oder über verstehende Blicke, Zwischenleiblichkeit wird lebendig in intensiver Sexualität wie auch in gegenseitiger Abneigung zweier Menschen. Waldenfels bezeichnet die „Zwischenleiblichkeit als Verschränkung von eigenem und fremdem Leib" (Waldenfels 2000, S. 284).
Der Leib befindet sich also in immerwährender zwischenleiblicher Kommunikation. Selbst wenn diese gestört oder verweigert wird, bleibt sie Kommunikation, wie Merleau-Ponty schon 1945 aus der Analyse der Zwischenleiblichkeit ableitete (vgl. Merleau-Ponty 1966, S. 413)

Daraus folgt, dass aus leibphänomenologischer Sicht jede Gegenüberstellung zwischen der inneren Entwicklung einer Person und dem System einer Familie absurd wäre. Leibtherapie bewegt sich nicht entweder an der Person oder am System entlang, sondern genau in der Verbindung zwischen beiden.

Wir unterscheiden im Erleben nicht prinzipiell zwischen dem Innen und dem Außen eines Menschen, auch wenn sich die Richtung des Interesses und der Aufmerksamkeit mal auf das eine oder das andere konzentriert, sondern gehen davon aus, dass das Erleben immer zwischen dem inneren Kern eines Menschen und seiner Lebenswelt pulsiert. Leibphänomenologie und Kreative Leibtherapie lenken den Blick auf die besondere Qualität der Verbindungen zwischen Innen und Außen, zwischen Person und Lebenswelt und damit auch Familie, und sie bieten dafür ein theoretisches und methodisches Rüstzeug.

Um einen kleinen Einblick zu geben, wie sich diese Haltung in der familientherapeutischen Praxis ausdrückt, möchte ich zwei methodische Anregungen geben. Die erste zielt auf die Wahrnehmung der Balance zwischen Person und Familie:

Bitten Sie Ihre Klient/innen, ein Blatt Papier zu nehmen, und machen Sie ihnen folgenden Vorschlag:
„Bitte schreiben Sie in einer Höhe links ICH und ganz rechts FAMILIE. Dann überlegen Sie, wie stark Sie die Familie beeinflussen und wie stark die Familie Sie beeinflusst. Für Ihren Einfluss zeichnen Sie einen Balken vom ICH nach rechts. Für den Ihrer Familie einen von FAMILIE nach links."
Die beiden Balken werden selten gleich stark sein. Aber auf ihre Stärke kommt es auch gar nicht an. Die Balance ist weder objektiv messbar noch objektiv darstellbar. Es geht darum, <u>wie</u> sie subjektiv erlebt wird. Wie wird der Einfluss der Familie erlebt: stärkend und stützend oder einengend und fesselnd? Ist der eigene Einfluss so groß, dass er den Menschen überfordert? Oder fühlt sich jemand „zu kurz gekommen" oder überhört?
Manche Klient/innen sind nicht in der Lage, solche allgemeinen Einschätzungen zu treffen, auch wenn Sie darauf hinweisen, dass es kein „Richtig" und kein „Falsch" gibt. Um dem spontanen Eindruck eine Ausdrucksmöglichkeit zu geben, ist es hilfreich, die Einfluss-Balken anhand einer konkreten Entscheidungssituation zu erfragen. Zum Beispiel: Wie wurde oder wird über den nächsten Urlaub entschieden? Wie wird entschieden, wo Sie die Weihnachtstage verbringen?
Wenn Sie mit einer Familie arbeiten, eröffnen sich interessante Einsichten und Diskussionen, wenn die Familienmitglieder diese Einschätzungen jeweils für sich vornehmen und dann vergleichen.

Der „Familien-Ring" ist eine gestalterische Methode, die sowohl die Bedeutung der Familie als Gesamtsystem als auch der einzelnen Familienmitglieder ausdrückt:

Die fünf Mitglieder einer Familie sitzen an einem Tisch. Der Therapeut/ die Therapeutin hat einen großen flachen Ring aus Papier vorbereitet. Er misst ungefähr einen Meter im Durchmesser und ist ca. 10 cm breit. (Sie können den Ring einfach herstellen, indem Sie ein großes Blatt Papier einmal falten und aus dem, was dadurch entstanden ist, einen Halbkreis schneiden. Dann schneiden Sie noch einen Halbkreis aus dem gefalteten Blatt heraus, aber einen mit einem engeren Radius. Wenn Sie dann das Blatt wieder auseinander falten, haben Sie einen großen Ring aus Papier.)

Der Therapeut/die Therapeutin schneidet den Ring in fünf Teile und übergibt jedem Familienmitglied einen Streifen.
  Jedes Familienmitglied malt in seinen Ausschnitt des Ringes „das Eigene". Der Therapeut/die Therapeutin kann durch Fragen unterstützen: Was ist einzigartig an Ihnen? Was unterscheidet Sie von den anderen Familienmitgliedern? Welchen besonderen Beitrag leisten Sie zum Familienleben? Was können sie besonders gut? ... (Die Fragestellung richtet sich auch nach den jeweiligen Umständen der therapeutischen Situation.)
  Danach werden die fünf Teile zu einem Ring zusammengefügt, indem auf der Rückseite Papierstücke als Verbindungselemente verklebt werden. Der Familien-Ring ist fertig. Nun kann jedes Mitglied seinen Beitrag zum Ring auch in Worten vorstellen, die Familie kommt ins Gespräch und hat die Chance, sich neu zu entdecken. Die Bedeutung jedes einzelnen Familienmitglieds für sich und die Familie als Ganzes liegt im wörtlichen Sinn auf dem Tisch.
  Meine Erfahrung ist, dass dieser Familienring oft mit einem Platz an einer Wand in der Wohnung gewürdigt wird – als ein Objekt, auf das sich die Familienmitglieder immer wieder beziehen können.

Anknüpfend an den Gedanken, dass das Erleben eines Menschen zwischen seinem inneren Kern und seiner Lebenswelt pulsiert und dass die Familie zumeist das erste und wichtigste Feld zwischenleiblicher Erfahrungen ist, möchte ich *die Familie als einen besonderen Raum der Zwischenleiblichkeit* bezeichnen, als einen besonderen erlebten Raum. Die Lebenswelt eines jeden Menschen geht darüber hinaus, Schule, Arbeit, Freundschaften und andere

Aspekte der erlebten Welt existieren neben der Familie und können für manche Menschen aktuell größere Bedeutung als das Familienleben und Erleben haben. Doch die frühen Erfahrungen in einer Familie sind für die meisten Menschen musterbildend. Sie beeinflussen bzw. prägen die Art und Weise, wie sie sich und ihre Welt erleben. In den ersten Lebensmonaten und Lebensjahren benötigen die Menschen die Umgebung der Familie, um zu überleben, und deshalb sind die zwischenleiblichen Erfahrungen in der Familie solche, die nicht *allein* das weitere Leben bestimmen, aber doch viele grundlegende Weichen stellen.

In der Familientherapie ist es deshalb in besonderer Weise wichtig, die zwischenleiblichen Aspekte der Familie zu betrachten. Ich werde deshalb in den folgenden Unterkapiteln dieses Kapitels 3 einige wesentliche Aspekte familiärer Zwischenleiblichkeit herausarbeiten und Hinweise zu praktischen Umgangsmöglichkeiten in Therapie und Beratung geben.

3.2 Atmosphären

Jede Familie hat eine Atmosphäre. Diese ist in unterschiedlichem Maße veränderbar; zu unterscheiden sind wechselnde und lang anhaltende Atmosphären.

Wechselnde Atmosphären sind Ausdruck von Momentaufnahmen und können Indikator für Veränderungen sein, z. B. wenn nach einer längeren Phase atmosphärischer Spannungen sich Atmosphären der Heiterkeit, der Konzentration, der Spannung usw. abzuwechseln beginnen.

Lang anhaltende Atmosphären sind wie stabile Wetterlagen. Sie bestimmen das Klima in einer Familie. Für die Familienmitglieder sind sie oft selbstverständlich, Außenstehenden oder Neuankömmlingen können sie allerdings leichter auffallen.

Die Mitarbeiterin eines Jugendamtes besucht eine Familie. Der Vater ist nicht anwesend. Im Wohnzimmer versammeln sich die Mutter, die Großmutter mütterlicherseits sowie die drei Kinder. Die Mitarbeiterin erzählt anschließend:

„Die Atmosphäre in der Familie war geladen und feindselig. Aber das konnte nichts mit mir zu tun haben. Ich war schon mehrmals in der Familie gewesen, aber nie war die Großmutter dabei. Da war es immer relativ entspannt. Aber diesmal war eine derartige Feindseligkeit im Raum, man hätte die Luft schneiden können."

Atmosphären zählen zu den „Affektiven Leibregungen" (Baer 2012, S. 158), also zu emotionalen Regungen des Erlebens, die nicht nur zwischenleiblich zwischen zwei Personen spürbar sind, sondern einen Raum erfüllen. Gefühle und Stimmungen einer oder mehrerer Personen strahlen in einen Raum aus, so wie hier die Gefühle und Stimmungen der anwesenden Familienmitglieder die Atmosphäre prägten. Solche Atmosphären sind spürbar, wenn Menschen Familien oder einzelnen Familienmitgliedern begegnen.

Die Atmosphären in jeder Familie können wechseln. Je nach Situation können sie heiter sein oder friedlich, geladen, gewalttätig oder angestrengt. Solche wechselnden Familienatmosphären sind nicht unbedingt Gegenstand von Familientherapie, sie gehören zum Alltag des Familienlebens. Zu einem Problem für die Familie bzw. für die Familienmitglieder kann es werden, wenn eine bestimmte Atmosphäre in einer Familie so vorherrschend ist, dass sie die Erlebensspielräume der Familienmitglieder einengt und zumindest einige von ihnen darunter leiden. Wenn solche Atmosphären über einen langen Zeitraum das „Wetter" in einer Familie bestimmen, dann können sie für die Familienmitglieder zur Selbstverständlichkeit werden. Die Atmosphäre ist ihnen so vertraut, so von ihnen „einverleibt" und sie fühlen sich in dieser Familie so zu Hause, dass sie anderes gar nicht kennen oder sich vorstellen können. Wichtig ist deshalb, Wege anzubieten, damit die Atmosphäre identifiziert und Veränderungswünsche artikuliert werden können. Dabei haben sich einige Methoden bewährt, die über das Wort hinaus gehen oder, wenn Sie verbal arbeiten, die Chancen nutzen, die inneren Bildern innewohnen.

Eine davon ist die Wetterkarte:

Sie bitten jedes Familienmitglied, unabhängig voneinander aufzuschreiben, wie sie die Atmosphäre bzw. das Wetter in ihrer Familie wahrnehmen. „Ist es eher ein Sturmtief oder ein sommerliches Hoch? Sie kennen aus der Wetterkarte Bezeichnungen wie ‚heiter bis wolkig' oder ‚Vorsicht Glatteisgefahr', ‚kalt' oder ‚warm', ‚Gewitterneigung' usw. – viele solcher Bezeich-

nungen sind möglich, um die Atmosphäre in einer Familie zu beschreiben. Welche von den vielen möglichen Bezeichnungen trifft Ihrer Meinung nach am ehesten für die atmosphärische Wetterlage in Ihrer Familie zu?" Das Familienmitglied oder alle Familienmitglieder erhalten jeweils ein Blatt Papier und schreiben ihre Einschätzungen, ihre Wetterkarte, auf. Es ist auch möglich, sie zu bitten, das „Wetter" in der Familie zu malen – stattdessen oder ergänzend.

Dann wird darüber gesprochen, die Familienangehörigen tauschen sich aus. Dabei werden oft Veränderungswünsche sichtbar und hörbar. Sollte dies nicht der Fall sein, können Sie die Familienmitglieder auffordern, sich auf einem zweiten Blatt eine Wetterlage zu notieren oder zu malen, die sie sich wünschen, eine „Wettervorhersage" ihres Wunsches.

Diese Arbeit mit der Wetterkarte kann auch günstig sein, wenn Sie mit einer Einzelklientin oder einem Einzelklienten an einem Familienthema arbeiten.

Da Atmosphären nur schwer in Worte zu fassen sind, bieten sich die „Atmosphärenklänge" an:

Eine Einzelklientin möchte die Atmosphäre in ihrer Familie bearbeiten, findet dafür aber keine Worte: „Ich weiß nicht, wie ich das beschreiben soll, das ist so ..., so ..." Die Therapeutin bittet sie, ein Instrument zu nehmen und die Atmosphäre in ihrer Familie erklingen zu lassen. Die Klientin geht zum Klavier und probiert einige Töne aus. Dann sagt sie: „Das ist es." Und sie spielt mit einem Finger einen hohen, hellen Ton, stakkato schnell hintereinander, aggressiv und aufgeregt. „Ja, so ist das, so ist das immer zwischen uns. Ich komme kaum zum Luftholen, die anderen bestimmt auch nicht."

Dadurch dass die Atmosphäre als Ton erklungen ist, findet sie auch Worte. Und noch etwas anderes geschieht. Die Atmosphäre ist nun hörbar im Raum und sie kann sie bewerten, eine Haltung zu ihr einnehmen: „Ich finde die schrecklich, diese Klänge. Ich bin total angespannt – das will ich nicht."

Die Therapeutin fragt: „Wie würden Sie es denn gerne anders haben?"

Die Klientin probiert und spielt im tieferen Bereich des Klaviers auf den schwarzen Tasten eine kleine Tonfolge von drei Tönen, die sie langsam mehrmals wiederholt: „So hätte ich es gerne. So wünsche ich mir das. Ruhiger und leichter, harmonischer, ohne dass man Angst haben muss, dass gleich ein Krieg ausbricht."

Damit ist ein großer Schritt getan. Die Ohnmacht, die Familienatmosphäre nur erdulden zu müssen, ist der aktiven Haltung gewichen, eine gewünschte Atmosphäre erklingen zu lassen und dafür Worte zu finden. Die Arbeit geht damit weiter zu überlegen, ob es überhaupt Möglichkeiten gibt, die Familienatmosphäre zu ändern, und was die Klientin dazu beitragen kann.

Wenn Sie mit Paaren oder einer ganzen Familie arbeiten, bitten Sie die einzelnen Familienmitglieder, die Familienatmosphäre jeweils mit einem Klang darzustellen. Die Klänge werden nacheinander vorgestellt, manchmal auch gemeinsam gespielt, was spannende Symphonien oder Kakophonien ergeben kann. Sehr bewegend ist oft „die Symphonie der Wünsche", in der jedes Familienmitglied einen Klang spielt, in dem die gewünschte und ersehnte Atmosphäre hörbar wird.

Ein weiterer fruchtbarer Zugang zur Familienatmosphäre besteht darin, die Familie als ein Lebewesen zu identifizieren. Wir haben dies schon unter dem Fachbegriff Familien-Personalisierung in Kapitel 2 erwähnt:

„Wenn Ihre Familie ein Tier wäre, welches Tier wäre es?" Die Antworten sind unterschiedlich und gewinnen ihre Aussagekraft, wenn nicht von den Therapeut/innen gedeutet wird, sondern die Familienmitglieder gefragt werden, welche Bedeutungen <u>sie</u> mit jeweils ihren Lebewesen verbinden. Da charakterisierte z. B. der „schnatternde Hühnerhof" die Familienatmosphäre einer Einzelklientin als oberflächlich und geschäftig, die „schleichende Schlange" die eines anderen als intrigant und gefährlich oder der „brüllende Löwe" eines dritten als die Außenwelt von Einblicken in die Familie abschreckend.

Wenn mit einer ganzen Familie gearbeitet wird und die Tiere oder Lebewesen, die von den einzelnen Familienmitgliedern ausgesucht wurden, zusammentreffen, dann ist bei aller Ernsthaftigkeit auch Platz für Humor. Manchmal erscheinen die unterschiedlichen Lebenswelten der Tiere unvereinbar, wenn der eine die Familienatmosphäre mit einem Wurm bezeichnet und der andere als spähenden Adler sieht. In jedem Fall gibt es fruchtbare Gespräche.

Das gleiche Potenzial liegt in der musiktherapeutischen Anregung, die Tiere oder Lebewesen ertönen zu lassen, mit Musikinstrumenten, Stimme oder Körperpercussion. Und schon wird die Atmosphäre, die in einer Familie herrscht, hörbar.

Sie können auch die Frage stellen: „Wenn Ihre Familie eine Fantasiefigur wäre, eine Figur aus Comics oder Filmen, aus Romanen oder Märchen, welche Figur wäre sie?" Auch hier werden Sie Antworten erhalten, die so überraschend und unterschiedlich sind wie die Familien. Sie reichen vom „Gartenzwerg" bis zum „schlafenden Riesen", vom „Räuber Hotzenplotz" bis zu „Dornröschen" oder „Alien". Auch hier können Sie die Verklanglichung anregen.

In beiden Methoden kann mit der Frage nach dem gewünschten oder ersehnten Gegenteil weitergearbeitet werden.

Diese Anregungen, mit Familien und Einzelnen, die sich ihren Familienthemen stellen wollen, kreativtherapeutisch zu arbeiten, haben die wichtige Eigenschaft, dass sie nicht mit den Kategorien richtig und falsch, schuldig oder nicht-schuldig arbeiten. Sie machen den Weg frei für Überraschungen. So stimmig sie das Erleben wiederspiegeln, so „ver-rückt" sind oft die Ergebnisse. Sie verrücken den Blick auf die Personen und die Familie und die Beziehungen usw. – und machen den Blick frei für Veränderungen.

3.3 Tabus

Tabus sind Ereignisse und Erfahrungen, die unberührbar und unaussprechbar sind. Solche Tabus müssen nicht unbedingt negative Auswirkungen auf Familien bzw. die Beziehung der Familienmitglieder untereinander haben. In den meisten europäischen Familien sprechen z. B. die Eltern nicht mit den Kindern oder den Großeltern über ihre Sexualität. Dies schützt die Intimität der Eltern und bewahrt die Kinder vor Überforderung. Ein solches Tabu ist keineswegs schädlich.

Deswegen gibt es in unserer therapeutischen Haltung kein Gebot der Transparenz in jeder Hinsicht und gegenüber jedem. Im Leben eines jeden Einzelnen und auch in jeder Familie darf und sollte es Unausgesprochenes und Unaussprechbares geben, sollte es Geheimnisse geben dürfen, denn dies kann Menschen schützen, vor allem ihre Intimität.

Doch es gibt Tabus, die eine belastende, ja, zerstörerische Kraft entfalten.

Familie Batic war vor dem Krieg im heutigen Kroatien nach Deutschland geflohen. Kurz vor der Flucht war die jüngste Tochter der Familie von einer verirrten Kugel getroffen worden und gestorben. Sie war damals ein Jahr alt. Die Eltern wären daran beinahe zerbrochen. Der damals zweijährige Bruder erinnerte sich nicht mehr an das Ereignis. Doch dessen Spuren wirkten nach.

Die Eltern bewältigten ihren Schmerz mit einer unbewussten Doppelstrategie. Auf der einen Seite wurde nie mehr über den Tod der Tochter gesprochen, auf der anderen Seite wurde so getan, als wäre die Tochter doch in der Familie präsent. Am Esstisch blieb immer ein Stuhl für die Tochter frei. Sie bestimmte als Phantom die Familienatmosphäre.

Als einmal ein Besucher sich arglos auf den der Tochter zugewiesenen Stuhl setzte, erstarrten alle Familienmitglieder, so dass der Besucher erschrak. Der Vater wies ihm mit zusammengebissenen Zähnen einen anderen Platz zu, ohne Erklärung. Der mittlerweile 13jährige Sohn, der bei diesem Vorfall anwesend war, erstarrte ebenfalls – ohne zu wissen, warum. Das Tabu hing als Belastung in der Familie, unsichtbar und unaussprechbar.

Solche Belastungen können eine gewaltige Kraft entwickeln. Unter der Kraft dieses Druckes können einzelne Familienmitglieder zusammenbrechen oder Beziehungen zwischen Familienmitgliedern zerstört werden. Besonders, wenn über sie nicht gesprochen wird, wenn der Schmerz nicht geteilt wird, wenn nicht getrauert wird. Tabus können ausstrahlen und die Atmosphären prägen, durch Tabus können Gefühle verboten werden oder das Körpererleben der Familienmitglieder beeinflusst sein.

Tabus haben nicht nur Wirkung nach innen, sondern auch nach außen. Der Alkoholismus oder die Depression eines Familienmitglieds wird vor der Außenwelt verborgen. „Die Familie hält zusammen" – die anderen dürfen nichts merken. Damit wird der Druck auf die Familie erhöht. Innerhalb der Familie können solche Erkrankungen wie Alkoholismus oder Depression nicht unsichtbar bleiben. Die Familienmitglieder merken dies, aber oft darf nicht darüber geredet werden und erst recht darf das Verhalten nicht problematisiert werden. Es gibt zumeist Verniedlichungen und Entschuldigungen („Der Papa meint das ja nicht so."). Das Tabu, das vor allem nach außen gilt, legt sich wie ein Ascheschleier auch über die Innenbeziehungen der Familie.

Die absolute Verschwiegenheit und Unsichtbarkeit eines Tabus wird oft durch Gewalt und Gewaltandrohungen erzwungen. Ein Beispiel:

Familie Hainbucher litt unter der Aggressivität des Vaters. Wenn er betrunken war, schrie er vor allem seine Frau zusammen und prügelte sie. Die Frau rannte mehrmals weg, flüchtete einmal sogar mit den Kindern in ein Frauenhaus. Sie kehrte aber immer wieder zurück. Der Vater drohte allen Gewalt an, sollten sie nach außen darüber erzählen. Als eine Tochter einmal ihrer Schulfreundin gegenüber eine Andeutung machte, dass der Vater gegenüber der Mutter aggressiv gewesen sei, und die Mutter das Gespräch im Spiel der beiden Grundschülerinnen mithörte, verbot die Mutter ihrer Tochter, diese Freundin weiter außerhalb der Schule zu treffen. Sie durfte sogar in der Schule nicht mehr mit ihr reden und sie hielt sich daran.

Das Mädchen nimmt die Aggressivität und Gewalttätigkeit des Vaters wahr und es nimmt wahr, dass darüber nicht geredet werden kann und darf. Das Familientabu (Gewalttätigkeit) wird ergänzt durch unmittelbare Gewaltdrohungen ihr selbst gegenüber und durch das Schweigegebot der Mutter.

Tabus – welcher Art auch immer, sind ein häufiger Faktor, der das Zerbrechen von Familien fördern kann. Wenn Familien derart unter Tabus leiden, brauchen sie und zumindest einzelne Familienmitglieder Unterstützung, die tabuisierten Geschehnisse aus dem Dunkel des Verschweigens und des Unsichtbaren herauszuholen. Dies ist die Voraussetzung dafür, dass Hilfe erfolgen kann und dies allein schon vermindert den Druck und die Belastung. Jedoch sitzen die Ängste vor den Folgen der Enttabuisierung oft tief. Sie sind verständlich und dürfen nicht diskriminiert werden.

Zugänge zu Familientabus ergeben sich manchmal aus dem Gespräch mit Familien, zumeist aber in der Kommunikation mit einzelnen Familienmitgliedern. Wenn alle Familienmitglieder zusammen sind, ist meist die Einhaltung des Tabus so selbstverständlich und das Gesprächsverbot so stark, dass es nicht gebrochen werden kann. Im Kontakt mit Einzelnen ergeben sich häufiger Gelegenheiten, im Rahmen einer vertrauensvollen therapeutischen Beziehung ein Tabu allmählich zu lüften.

Häufig besteht der erste Anlass, die Existenz eines Tabus in einer Familie zumindest zu vermuten, in unserer Resonanz als Therapeut/innen. Wir merken, dass „etwas in der Luft liegt", wir fühlen uns selbst unter Druck und unbehaglich und meinen, da „sei etwas nicht zu greifen". Solche Resonanzen sind ernst zu nehmen. In ihnen strahlt die Tabuatmosphäre einer Familie über die Zwischenleiblichkeit zu uns aus. Ein solches Resonanzerleben gibt nie eine Sicherheit und darf mit einer solchen nicht verwechselt werden. Es ist aber immer ein wichtiger Hinweis, der nicht übergangen werden sollte, ein Anlass, der Spur eines Tabus nachzugehen.

In kreativtherapeutischen Wegen haben sich vor allem folgende Methoden bewährt:

Das Jokerbild.
In der Arbeit mit einer Einzelklientin bzw. einem Einzelklienten, bei dem ein Familientabu „in der Luft" liegt, bitte ich, auf je ein Blatt zu zeichnen, wie es die jeweils anderen Familienmitglieder erlebt. Hinzu kommt ein Blatt von sich selbst. Diese Blätter werden zueinander gelegt, betrachtet und besprochen. Dann bittet der Therapeut bzw. die Therapeutin: „Und nun bitte ich Sie, noch ein leeres Blatt als Joker hinzuzufügen. Der Joker kann für einen Geist in Ihrer Familie stehen, für ein nicht anwesendes oder verstorbenes Familienmitglied, für ein Geheimnis, das innerhalb der Familie bleibt und bleiben soll, für ein Gefühl, das nicht gelebt werden darf, eine Trauer, einen Schmerz oder Ähnliches. Der Joker kann für alles stehen. Nehmen Sie also bitte das weiße Blatt, das Jokerblatt, und fügen Sie es den verschiedenen Bildern zu."

Wichtig ist, dass zunächst einmal nur dieses weiße und leere Jokerblatt hinzugefügt wird, das ihm innewohnende Geheimnis aber nicht „aufgedeckt" werden muss, ja es muss noch nicht einmal bewusst sein, wofür der Joker steht. Wenn eine Klientin oder ein Klient diese Erfahrung zum Anlass nimmt, über das Tabu zu erzählen, ist es gut. Aber das ist keine Pflicht. Das Geheimnis kann und darf gewahrt bleiben, solange die Klientin oder der Klient dies möchten. Zumeist ergibt sich aus dem Jokerbild allmählich eine Annäherung an Familientabus.

In einer Familiensitzung lege ich weiße Blätter auf den Tisch und bitte jedes Familienmitglied wie bei einem Kartenspiel einen Joker zu ziehen. Wenn das getan ist, sage ich: „Bitte schauen Sie auf Ihren Joker. Er steht für ein Geheimnis in Ihrer Familie. Was wäre darauf gemalt oder geschrieben, wenn das ein Familiengeheimnis darstellen würde?" Nach einigen

Atemzügen bitte ich sie, nun das Geheimnis, das Tabu ... (vgl. die Worte, die ich vorhin gebraucht habe) zu malen, zu skizzieren, zu schreiben – jede und jeder für sich, so dass es die andern nicht sehen können. Dann bitte ich jedes Familienmitglied, den Joker umgedreht vor sich hinzulegen, so dass das Gemalte oder Geschriebene nicht sichtbar ist.

Das Gespräch eröffne ich zumeist mit der Frage an jede/n in der Familienrunde: „Was könnte passieren, wenn der Joker gezogen oder dieses Geheimnis aufgedeckt wird?" Hier werden zumeist Befürchtungen laut, dass ein Familienmitglied überfordert ist oder die Familie auseinander bricht. Wenn es nicht möglich ist, schon in dieser Sitzung die Befürchtungen soweit zurückzustellen, dass über das Familiengeheimnis gesprochen wird, bitte ich die Mitglieder der Familie, auf die Rückseite des Jokers ein Wunschbild zu malen. Dadurch kommen Prozesse in Gang, die in der Regel zur Enttabuisierung und in der Konsequenz zu Entlastung und Befreiung beitragen.

Eine andere, sehr effektive Möglichkeit kreativtherapeutisch mit Familiengeheimnissen umzugehen, habe ich in meinem kunsttherapeutischen Lehrbuch beschrieben (Baer 2008, S.180):

„Wenn es bei Seminaren oder Einzelarbeiten um Familiengeheimnisse geht, erzähle ich oft meine Geschichte von Ubat:
   ‚Im Norden Finnlands', behaupte ich, ‚gibt es eine Märchenfigur mit Namen Ubat. Ubat ist ein Gespenst, ein Geist, aber kein Schlossgeist, sondern ein Familiengeist. Ubat ist ein Familiengeist, der über mehrere Generationen in einer Familie wohnt. Nur den Familienangehörigen ist Ubat bekannt. Außenstehende nehmen Ubat nicht wahr. Es mag bei Nachbarn und Außenstehenden einzelne Gerüchte über Ubat geben, an nie mehr als das. Ubat erscheint manchmal zum Mittagstisch am Sonntag ganz unverhofft, dann wieder abends in der Dämmerung. Manchmal erscheint Ubat zehn Jahre lang nicht und dann wieder ganz häufig hintereinander. Wie Ubat wahrgenommen wird und von wem, ist ganz unberechenbar, auch innerhalb der Familie. Ubat wird von dem einen Familienmitglied wahrgenommen und von dem anderen nicht. Ubat ist für den einen oder die eine geschlechtslos, für den anderen oder die andere weiblich, für den Dritten oder die Dritte männlich. Ubat ist für manche groß, für andere klein, für manche weiß, für andere bunt. Für manche in der Familie ist Ubat sehr

deutlich und hat klare Konturen. Für andere ist er verschwommen und diffus, wie es sich eigentlich auch für Gespenster gehört.

Auch Ubat braucht Nahrung und Energie. Manchmal ist Ubat sehr dünn und mager, manchmal aber ist er rund und fett, so dass er über Diäten nachdenkt. Wovon ernährt sich Ubat? Er – oder sie – ernährt sich von den Geheimnissen in der Familie, von all den Dingen, über die nicht gesprochen wird ...

Wenn ihr eine Vorstellung von Ubat habt, dann gestaltet euren Ubat, den Ubat eurer Familie nach diesen Vorstellungen. Wenn ihr keine Vorstellung habt, dann lasst sie bei der Gestaltung entstehen.'

Ich habe vorher viel Papier bereitgelegt, farbiges und weißes Papier, buntes Tonpapier, Zeitungspapier, braunes Packpapier, damit die Klient/innen den Ubat aus Papier gestalten können. Scheren liegen bereit, aber die Klient/innen entscheiden selbst, ob sie das Papier reißen oder schneiden, ob sie Klebstoff oder Kreppband verwenden. Wenn Ubat gestaltet ist, bitte ich die Klient/innen, dem Ubat einen Platz zu geben, auf dem Boden, auf dem Stuhl, an der Wand, an der Decke oder wo auch immer der Platz von Ubat ist.

Immer berichten Klient/innen, dass schon, während ich die Geschichte erzählt habe, Vorstellungen von Ubat entstanden sind. Die Figuren sind skurril, vielfältig, sehr eigenwillig und eigenartig. (...)

Der Familiengeist bekam von mir den Name Ubat. Ubat von hinten nach vorne gelesen heißt: Tabu." (Baer 2008, S. 231f)

3.4 Traumata

Ein Trauma ist eine Wunde. Ein seelisches Trauma ist die Wunde, die durch eine Verletzung zugefügt wurde, die die Bewältigungsmöglichkeiten der jeweiligen Person übersteigt (vgl.: Fischer/Riedesser 2003, Frick-Baer 2009). Traumatische Erfahrungen können sexuelle Gewalt oder andere Gewalterfahrungen, ein Unfall oder z. B. der plötzliche und unbetrauerte Verlust eines nahen Familienangehörigen sein. Die häufigsten traumatischen Erfahrungen, denen wir in Familien begegnen, sind Erfahrungen von Gewalt, vor allem sexueller Gewalt. Um die soll es hier vor allem gehen. Am Ende dieses Kapitels werde ich dann auf andere traumatische Erfahrungen eingehen.

Wenn (sexuelle) Gewalt innerhalb einer Familie, die von Familientherapeut/innen begleitet wird, ausgeübt wurde oder wird, dann hat hier das Engagement der Therapeut/innen für den Erhalt und die Entwicklung der Familie seine Grenzen. Wenn Mitglieder einer Familie (sexuelle) Gewalt erfahren haben, zumeist sind dies Kinder oder Partnerinnen, dann brauchen sie Parteilichkeit, klare, konsequente Parteilichkeit. Es muss deutlich unterschieden werden zwischen Opfern und Tätern, nur dann können Schutz und Hilfen für die Opfer gegeben, nur dann kann dem entgegen gewirkt werden, dass Opfer sexueller Gewalt Schuldgefühle entwickeln oder sich diese Schuldgefühle verfestigen.

Eine Haltung der „Allparteilichkeit", wie sie in der systemischen Familientherapie gefordert wird, mag in Umgang mit manchen Störungen in Familien sinnvoll sein. Sobald traumatische Erfahrungen und insbesondere (sexuelle) Gewalt Thema werden, ist sie kontraindiziert, schadet den Opfern und hilft den Tätern.

Opfer sexueller Gewalt können nur dann in Heilungsprozessen gesunden, wenn es keinen Täterkontakt gibt, was auch für die meisten Opfer anderer Gewaltformen gilt. Das kann, wenn der Täter Familienmitglied ist, in der Konsequenz bedeuten, dass Familientherapeut/innen, dazu beitragen, dass die Familie auseinanderfällt. Auch hier gilt, dass jede biologisch begründete oder ideologische Bemühung, den „Familienzusammenhalt" zu retten, auf Kosten der Opfer sexueller Gewalt erfolgt. Opferschutz geht vor Familienschutz.

Diese Haltung muss meines Erachtens für Familientherapeut/innen grundlegend sein und außer Frage stehen. Dass diese Haltung oft mit schwierigen, manchmal selbstzweiflerischen Entscheidungsprozessen der Therapeut/innen verbunden ist, steht außer Zweifel. Der Austausch und die Unterstützung von professionell und persönlich gleichgesinnten Menschen sind dabei dringend notwendig. Wie dann den Opfern sexueller Gewalt therapeutisch geholfen werden kann und sollte, hat Gabriele Frick-Baer an anderer Stelle ausführlich beschrieben (Frick-Baer 2009 und 2013). Hier werde ich einige Hinweise geben, welche Bedeutung und Wirkung Traumata im familientherapeutischen Kontext haben, auch in der sozialpädagogischen Begleitung von Familien und insbesondere von misshandelten Kindern. Dabei wird es nicht um besondere Methoden gehen, sondern in erster Linie um das Verständnis der Auswirkungen von Traumata auf die Familie und die entsprechenden familientherapeutischen Zugänge. Vier wesentliche Aspekte sind mir vor allem wichtig:

Erstens ist jede Erfahrung sexueller und anderer Gewalt eine zwischenleibliche, eine soziale, eine Beziehungserfahrung. Das Beziehungserleben zwischen Täter und Opfer wird dadurch entscheidend verändert, aber auch das Beziehungserleben der Familie. Ist der Täter Teil der Familie, erhält das Familiengefüge Brüche, der Prozess des Zerbrechens ist darin mit angelegt.

Zumeist verpflichten Täter die Opfer zum Schweigen und häufig nehmen andere Familienmitglieder Hinweise auf sexuelle Gewalt nicht wahr oder ernst oder verschließen bewusst die Augen davor, um den Familienzusammenhalt nicht zu gefährden oder weil sie Schreckliches nicht wahrhaben wollen Kommen Täter aus dem weiteren Verwandtschaftskreis, aus der Nachbarschaft oder aus dem weiteren sozialen Umfeld, sind ebenfalls Veränderungen im Familienklima wahrscheinlich. Bleibt die sexuelle Gewalt ein Geheimnis, dann hat dies die in Kapitel 2 beschriebenen Tabu-Auswirkungen zur Folge.

Wird die Erfahrung sexueller Gewalt von Tätern außerhalb des Familienkreises bekannt, dann beobachten wir oft, dass die Familien ähnlich wie die Opfer „vor Schreck erstarrt" sind und in Hilflosigkeit, Angst und Fassungslosigkeit längere Zeit stecken bleiben. Sie brauchen ähnliche Begleitung und Hilfestellungen wie die unmittelbaren Opfer.

Zweitens ist wichtig zu wissen, dass Opfer sexueller Gewalt, die diese Erfahrung nicht öffentlich machen können und niemanden haben, dem sie sich anvertrauen können, zumeist ein durch die traumatische Erfahrung verändertes Verhalten zeigen. Manche reagieren mit Krankheit, andere mit Rückzug und Sprachlosigkeit, wieder andere mit Schlafstörungen, hoher Erregung oder Aggressivität. Manche mit alledem. Jede einzelne solcher Verhaltensweisen oder Auffälligkeiten muss nicht die Ursache in traumatischen Erfahrungen haben, kann dies aber. Verändern sich Menschen, vor allem Kinder, innerhalb einer Familie und bleibt dieses Verhalten stabil, also über einen längeren Zeitraum unverändert, dann ist wichtig, dass das verstörende Verhalten auffällt und dass ihm nachgegangen wird. Viele dieser Verhaltensweisen oder Erkrankungen sind oft verzweifelte Versuche der Opfer sexueller Gewalt, das zu sagen, was sie mit Worten nicht sagen dürfen oder können. Auffällige Verhaltensänderungen müssen auffallen, sie brauchen Aufmerksamkeit und Interesse.

Drittens ist mir der Aspekt des Leere-Erlebens wichtig. Untersuchungen haben gezeigt (Frick-Baer 2013), dass die meisten Opfer sexueller Gewalt in der Zeit danach mit ihrem Erleben ins Leere gehen. Wenn eine Wunde wie das

Trauma sexueller Gewalt in der Zeit danach Schutz, Wärme, Solidarität, Parteilichkeit, Unterstützung und andere Hilfen erfährt, dann kann diese Wunde heilen und vernarben. Wenn die Opfer sexueller Gewalt aber weder gehört noch gesehen werden, wenn sie anstatt Unterstützung sogar noch Unglauben und Beschämung erfahren, wenn sie, statt Trost zu erhalten, ins Leere gehen, dann bleibt die Wunde offen und kann das ganze weitere Leben schmerzvoll bestimmen. Opfer sexueller Gewalt, die über die Erfahrungen in der Zeit danach befragt wurden, haben zumeist beschrieben, dass sie auch vorher schon in der Familie „nicht gehört" oder „nicht gesehen" wurden. Wenn sie schon vorher „nichts zu sagen" hatten, wie sollen sie dann den Mut fassen, von der sexuellen Gewalt zu erzählen? Wenn ihnen vorher schon nie geglaubt wurde, wie sollen sie dann erwarten, dass ihren Schilderungen der sexuellen Gewalterfahrungen Vertrauen geschenkt wird? Wie Menschen in einer Familie miteinander umgehen, ob sie einander ernst nehmen oder aber ins Leere gehen lassen, muss deshalb ein wesentliches Element der Aufmerksamkeit der Familientherapeut/innen bilden.

Und viertens ergibt sich als Schlussfolgerung aus dem Gesagten, dass für die Arbeit mit Familien, in denen ein oder mehrere Mitglieder sexuelle Gewalt erfahren haben, eine beziehungsfördernde und vertrauensvolle Beziehungsarbeit notwendig ist. Sie ist von zentraler Bedeutung. Nur wenn Familientherapeut/innen selbst eine vertrauensvolle Beziehung zu den betroffenen Familienmitgliedern bzw. zur gesamten Familie aufgebaut haben und weiter festigen, können sie Prozesse der Heilung unterstützen, in denen über die traumatischen Erfahrungen und deren Folgen gesprochen werden kann, über das Körpererleben ebenso wie die mannigfaltigen Gefühle von Angst, Scham, Hilflosigkeit und Leere. Opfer wie ihre Familien und Teilfamilien brauchen die Ermutigung zur Parteilichkeit und zum gemeinsamen Trauern, gemeinsamen Zürnen. Es ist zu einem Zeitpunkt gut, sich abzulenken, und es ist zu einem anderen Zeitpunkt gut, über das Thema zu sprechen. Alles, was die Beziehungen innerhalb der Familie fördert, kann ein Schritt zu Wärme und Geborgenheit sein.

Aus der therapeutischen Arbeit mit erwachsenen Menschen, die als Kinder Opfer (sexueller) Gewalt geworden sind, ist mir bekannt, wie wichtig die Geschwister, so wie es sie gab und gibt, für das Trauma-Erleben und seine Folgen waren und sind. Ich möchte hier dazu einige Hinweise geben mit der Absicht und dem Wunsch, dass sich die Aufmerksamkeit von uns Familientherapeut/innen auch auf diesen Aspekt richten möge. Der Vielzahl an erschütternden Erscheinungsformen und Auswirkungen auf das subjektive Erleben jedes Kindes kann ich dabei nicht gerecht werden.

Wir wissen, dass Menschen, die Zeugen von Gewalttaten geworden sind, ebenso traumatisiert sein können wie die Opfer selbst. Dies gilt in besonderem Maße für Kinder, die die Fähigkeiten des Mitgefühls und des Mitleidens unmittelbar leben und noch nicht verloren haben. Kinder wollen schützen, die älteren oft die jüngeren Geschwister. Sie – und nicht die erwachsenen Täter/innen – fühlen sich verantwortlich für sie und nehmen sich oft ein Leben lang als schuldig wahr, wenn es ihnen nicht gelungen ist, die Gewalttätigkeit von ihren Geschwistern abzuwenden.

Kinder schämen sich für ihre Angst, in der sie erstarren, und bezichtigen sich oft der Feigheit und des Verrats. Sie verzweifeln an sich selbst und können sich nicht verzeihen, dass sie in ihrer Angst „gebetet haben, nicht selbst dran zu sein". Oder sie nehmen wie selbstverständlich lieber die Gewalterfahrung auf *sich*, als dass es die anderen Geschwister betreffen darf. Und scheitern dann doch oft daran, weil sie das Böse nicht verhindern können.

Kinder spüren ihre Machtlosigkeit, aber nicht als die Tatsache, die sie ist, sondern als eigenes Versagen.

Oft hat nur die unausgesprochene Solidarität der Geschwister untereinander jedem einzelnen Kind das Überleben in den perfiden Machtstrukturen der Familie gerettet. Wobei hier nicht auszuschließen ist, dass auch ein Geschwisterkind sich irgendwann gegenüber der Not der oder des Anderen kalt stellt und auf die Seite der Täter/innen wechselt oder gar selbst als Älteres zur Täterin oder zum Täter wird.

Über all dies können Kinder nicht reden. Wir Familientherapeut/innen müssen darum wissen, wie Kinder fühlen (s. a. Baer/Frick-Baer 2008b), um ihnen behutsam und konsequent den Weg zu ebnen, der sie aus dem Alleinsein herausführt, und sie auf diesem Weg zu begleiten.

Auch traumatische Erfahrungen, die nicht mit sexueller Gewalt zu tun haben, sind in ihren Auswirkungen auf die Familie und die einzelnen Familienmitglieder nicht zu unterschätzen.

Der Familienvater der Familie Dubczak war an einem Verkehrsunfall beteiligt. Er wurde durch den Aufprall am Nacken verletzt und musste nach einem zweiwöchigen Krankenhausaufenthalt lange Zeit eine Halskrause tragen. Dieser Verkehrsunfall war für ihn ein Trauma. Er war danach seelisch gelähmt, fühlte sich hilflos und entwickelte Schlafstörungen. Er hatte die Unbekümmertheit, mit der er durch das Leben gegangen war, verloren.

Obwohl er von Seiten der Polizei und später des Verkehrsgerichtes von jeder Schuld am Unfall freigesprochen worden war, plagten ihn Schuldgefühle: „Wäre ich doch etwas langsamer gefahren ... Hätte ich doch eher nach links geschaut ..." Solche Schuldgefühle sind typische Reaktionen von Opfern traumatischer Erfahrungen. Sie haben mit Schuld nichts zu tun, sind Schuldgefühle ohne Schuld.

Der Unfall und insbesondere die Verletzung des Familienvaters schockte auch die gesamte Familie. Die Angst und der Schrecken waren ihnen in die Glieder gefahren, die Sorge um den Vater war groß. In den Wochen der Heilung der Unfallfolgen geschah etwas Eigenartiges: Die Kinder und die Ehefrau versuchten auf der einen Seite, dem Vater alle Wünsche von den Lippen abzulesen, und auf der anderen Seite behandelten sie ihn wie einen Unberührbaren, vielleicht um ihn in seiner Nackenverletzung nicht zu gefährden, vielleicht aus Hilflosigkeit im Umgang mit der Situation und den Folgen, die das Trauma für ihn hatte. Dadurch veränderte sich die gesamte Atmosphäre innerhalb der Familie. Alle hielten sich untereinander mehr zurück, sie gingen miteinander um „wie auf rohen Eiern", wie es der älteste Sohn der Familie später formulierte.

Der Vater hatte auf Empfehlung seines Hausarztes therapeutische Hilfe gesucht, da er sehr unter seinen Schlafstörungen litt. In seine Therapie wurde dreimal die Familie einbezogen. Dabei stellte sich heraus, dass für alle das Drama nicht allein im Unfallereignis, sondern besonders in den damit verknüpften Beziehungserfahrungen lag. Der Vater schilderte, wie – in seinen Augen – vorwurfsvoll und abwertend zwei Polizisten ihn unmittelbar nach dem Unfall angeschaut hätten: „Die beiden Rettungssanitäter waren in Ordnung, aber den Blick der Polizisten werde ich nie vergessen, der hieß: ‚Was haben Sie denn da angestellt?'." Die Mutter war geschockt von der Art und Weise, wie ihr die Unfallnachricht überbracht worden war: „Nach dem Anruf war ich wie gelähmt, das war so kühl und sachlich, als würde es gar nicht um einen Menschen gehen." Die Kinder erkannten ihren Vater beim ersten Besuch im Krankenhaus kaum wieder. Es lag nicht nur an den Verbänden und der Umgebung, sondern auch an dem, was der Vater in seinem Schock ausstrahlte. Die Tochter sagte: „Der Vater war da und doch nicht da. So ganz anders als vorher."

Hier zeigte sich wie in vielen anderen nicht-sexuellen traumatischen Erfahrungen, dass die Beziehungserfahrungen ein wesentliches Element der traumatischen Überforderung waren und die Nachwirkungen des Traumas prägten. Deswegen ist es für Familientherapeut/innen wichtig, auch bei solchen traumatischen Ereignissen insbesondere auf die Beziehungsaspekte und die Erfahrungen in der Zeit nach dem Ereignis zu achten und in ihren Interventionen die Beziehungsarbeit und deren heilende Wirkung zu betonen.

3.5 Mehrgenerationen-Perspektive: gewichtete Genogramme

Jede Familie hat eine Tradition. Die Tradition mag in der Familie bewusst oder unbewusst wirken – in jedem Fall beeinflusst sie das aktuelle Familienleben und -Erleben. Schon in den 50er Jahren wurden aus psychoanalytischer Sicht Ähnlichkeiten von Konflikten und Verhaltensweisen in Familien über mehrere Generationen hin beschrieben. *Dass* Erfahrungen früherer Generationen in aktuellen Familien nachwirken, ist mittlerweile unbestritten. Doch *wie* dies geschieht und wie wir dem auf die Spur kommen können, muss uns beschäftigen, denn in dem Wie lassen sich sowohl Quellen des Leidens als auch stärkende Ressourcen identifizieren. In vielen familientherapeutischen Veröffentlichungen wird die Auseinandersetzung mit der Familiengeschichte häufig „Familien-Rekonstruktion" oder „Mehrgenerationen-Perspektive" genannt.

Dabei wird als häufigster Weg, sich der Familiengeschichte anzunähern, die Arbeit mit dem Genogramm genutzt. Was ein Genogramm ist und wie es erstellt werden kann, hat das Bundesministerium für Familie, Senioren, Frauen und Jugend beschrieben:

„Das Genogramm sollte günstigerweise schon bei den ersten Kontakten mit der Familie erstellt werden, meist wird es aber dann noch nach und nach ergänzt. Es ist ein sehr sinnvolles methodisches Mittel, um zu erfahren, wer alles zur Familie im engeren und weiteren Sinn gehört, um etwas von den verschiedenen Generationen der Familien und Geschichten über sie zu hören. Man vernimmt damit auch etwas über die Besonderheit einer Familie, über ihr (historisches) Selbstverständnis und darüber, was den Kindern von den Eltern über Generationen vermittelt wurde. Es ist ein Teil einer Mehrgenerationenperspektive (...).

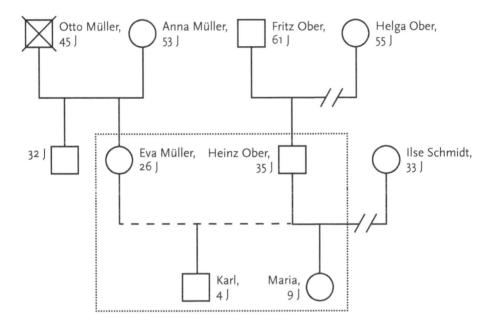

In der Regel stellen Erwachsene und Kinder gerne das Genogramm ihrer Familie auf, sie schätzen das Interesse, das man ihrer Familie (auch ihrer Familiengeschichte) entgegenbringt. Bei der Erarbeitung von Genogrammen können alle Familienmitglieder einbezogen werden. Es ist damit auch in der Regel ein geeignetes Mittel des ‚Joinens', des Anschlussfindens an die gesamte Familie. Dabei entsteht nicht nur ein Austausch zwischen den Familienmitgliedern und den Fachkräften, sondern die Familien kommen untereinander über ihre Geschichte ins Gespräch. Wenn Eltern über ihre Jugend oder ihre Eltern und sonstige Verwandten berichten, dann ist das für Kinder in der Regel von besonderem Interesse.

Die üblicherweise beim Genogramm verwendeten Ordnungsprinzipien und Zeichen sind (vgl. Simon/Stierlin 1984, S. 126):
» Personen einer Generation werden auf einer Ebene angeordnet

» ein Kreis kennzeichnet Personen weiblichen, ein Quadrat Personen männlichen Geschlechts
» neben den Personen kann man das Geburts- und evtl. Todesdatum vermerken, man kann aber auch das Lebensalter in die Symbole (Kreis, Quadrat) schreiben
» verheiratete Personen werden mit einer Linie verbunden
» bei einer Trennung wird die Linie mit einem Schrägstrich unterbrochen
» bei einer Scheidung wird die Linie mit zwei parallelen Schrägstrichen unterbrochen
» nicht verheiratete Paare werden mit einer gestrichelten Linie verbunden
» bei Personen, die außerhalb des Haushaltes leben, zeichnet man neben das Personensymbol einen Pfeil
» bei verstorbenen Person zeichnet man in das Personensymbol ein diagonales Kreuz
» sonstige wesentliche Gegebenheiten werden in Stichworten neben den Personensymbolen vermerkt (etwa eine akute schwere Erkrankung).

Genogramme können sehr phantasievoll gestaltet werden, besonders wenn Kinder dabei sind, die in der Regel sehr gerne etwas von den Geschichten ihrer Familie hören. Man kann fragen, was man der Großmutter im Genogramm aufsetzen soll, ob der Großvater einen Bart gezeichnet haben soll usw. Dabei können auch Fotoalben oder Bilder hinzugezogen werden.

(zum obigen Genogramm:)
Eva Müller, Heinz Ober, Karl und Maria sind eine Stieffamilie. Eva Müller und Heinz Ober sind nicht miteinander verheiratet. Eva Müller ist die Stiefmutter von Maria, Karl ist das gemeinsame Kind von Frau Müller und Herrn Ober. Ilse Schmidt ist die außerhalb der Stieffamilie lebende Mutter von Maria.
Die Eltern von Heinz Ober – Fritz Ober und Helga Ober – sind geschieden. Eva Müller hat einen Bruder im Alter von 32 Jahren. Der Vater von beiden, Otto Müller, ist im Alter von 45 Jahren gestorben."

(Aus: Bundesministerium für Familie, Senioren, Frauen und Jugend, Sozialpädagogische Familienhilfe in der Bundesrepublik Deutschland. Online-Publikation 2012)

Die Stellung eines Genogramms ist auf dieser Ebene vor allem eine Feststellung von Verwandtschaftsgraden. Auch wenn in fast allen familientherapeutischen, vor allem in systemischen Veröffentlichungen, das Genogramm und die Genogrammarbeit als Entdeckung der 1980er-Jahre proklamiert wurde und wird, reicht sie viel weiter zurück. Das Genogramm, das zum Zweck der Familienforschung entwickelt wurde, fand vor allem in der Rassenzuordnung bei den Nationalsozialisten weite Verwendung. Diese Tradition darf nicht einfach verschwiegen werden. Denn schließlich entschieden die Genogramm-Ergebnisse für viele Menschen darüber, ob sie leben durften oder ermordet wurden.

Insofern ist das Genogramm kein heilendes Wundermittel an sich, sondern eine Technik, die wie z. B. eine Spritze Heilung oder Tod bringen kann. Trotz dieser Vorgeschichte bzw. mit dem Bewusstsein darüber kann die Technik der Genogrammerstellung ein guter Einstieg in die Diskussion über die Familiengeschichte sein. Meine Erfahrungen zeigen, dass vor allem viele Therapie ungewohnte Familienangehörige sie gern als Möglichkeit nutzen, sich mit der eigenen Familie zu beschäftigen. Auch Kinder sind neugierig auf die Familiengeschichte; sie freuen sich und sind dankbar, dass sich andere Menschen für ihre Familie interessieren.

Dass jedes Familienmitglied Vorfahren hat, ist banal. Auch die jeweiligen Verwandtschaftsgrade haben im familientherapeutischen Zusammenhang keine große Bedeutung. Wichtig ist vor allem die Frage, wie und in welcher Weise diese Vorfahren Einfluss oder gar Macht auf die aktuellen Familiensituationen ausüben. Dazu ist es notwendig, die Genogramme zu gewichten. Man kann die bislang vorgestellten Genogramme um zahlreiche Elemente erweitern, wie dies in manchen Veröffentlichungen geschieht. Da werden Haustiere hinzugefügt, eineiige und zweieiige Zwillinge unterschieden, Nachbarn und Freundschaften hinzugenommen und dergleichen mehr. All diese Differenzierungen können im Einzelfall sinnvoll sein, um Aktuelles aus seiner Vorgeschichte heraus zu verstehen. Oft führen die endlosen Kataloge von differenzierenden Zeichen nur zu einer verkopften und pseudowissenschaftlichen Genogrammanalyse, in der viele – und vor allem die Familienmitglieder, um deren Therapie es aktuell geht – vor lauter Bäumen den Wald nicht mehr sehen. Die zahlreichen Zeichen und Querverweise erzeugen ein „Rauschen" und schaffen somit eher Verwirrung als Klarheit.

Ich empfehle deshalb, sich auf die Gewichtungen im Genogramm zu konzentrieren, die sich im Gespräch mit der Familie als vermutlich bedeutsam herausgestellt haben. Ich kenne eine Familie, bei der über mehrere Generationen hinweg das Familienoberhaupt immer von einem scharfen Schäferhund begleitet wurde. Er war ein Symbol der Macht und insofern war es bedeutsam, den Schäferhund im Genogramm aufzuführen. Doch für die meisten anderen Familien wird die Kennzeichnung aller Haustiere über mehrere Generationen hinweg belanglos sein. Es geht folglich immer um Gewichtungen, die für jede Familie vorgenommen werden müssen. Nach meinen Erfahrungen und denen meiner Kolleg/innen können zu solchen Gewichtungen, die im Genogramm festgehalten werden, folgende zählen, die uns besonders häufig begegnet sind und vor allem bedeutsam für die familiäre Lebenswelt waren:

» Frühe Tode. Der frühe Tod eines Familienmitglieds, vor allem eines Kindes oder eines Elternteils, während die Nachkommen noch Kinder waren, hat oft gravierende oder auch traumatische Auswirkungen auf das Erleben in der Familie. Kinder geben ein solches Erleben an die nächste Generation weiter, insbesondere dann, wenn es tabuisiert wurde und der Verlust unbetrauert blieb (siehe dazu Kapitel 3.6 und 3.7).

» Sexuelle Gewalt. In den meisten Familien wird über sexuelle Gewalterfahrungen in früheren Generationen nichts bekannt sein. Manchmal aber gibt es Ausnahmen oder zumindest Vermutungen. Existieren solche Vermutungen, ist es sinnvoll, diese festzuhalten und ihnen nachzugehen.

» Alkoholismus oder andere Süchte. Unter einer Mehrgenerationen-Perspektive gilt, dass Kinder alkoholkranker Eltern ein erhöhtes Risiko haben, ebenfalls alkoholkrank zu werden. Dies gilt besonders für Jungen, während Mädchen eher mit Essstörungen reagieren (Zobel 2006). Doch nicht allein deshalb ist eine Gewichtung im Genogramm sinnvoll und notwendig, der Grund liegt vor allem in den Auswirkungen einer Suchterkrankung auf die gesamte Familienatmosphäre und das Familienverhalten. Kinder müssen oft zu früh und zu viel Verantwortung übernehmen (Parentisierung), die Atmosphäre ist druckvoll und angespannt, die Suchterkrankung wird tabuisiert, zumindest nach außen hin gilt das Schweigegebot ...

» Ähnliches gilt für schwere psychische Erkrankungen, die das Erleben in einer Familie prägen und belasten.

» Suizid und gewaltsame Todesfälle. Wenn ein Familienmitglied sich selbst tötet, ist dies ein Gewaltakt, dessen Schockwellen die gesamte Familie erschüttern und oft über Generationen nachwirken. Ähnliches gilt für Morde und andere gewaltsame Todesfälle.

» Kriegserfahrungen. Wenn Eltern oder Großeltern in den Jahren 1939 bis 1945 gelebt haben oder z. B. in den Nachfolgestaaten des ehemaligen Jugoslawien Krieg und Bürgerkrieg erdulden mussten, ist es immer sinnvoll, nach solchen Erfahrungen zu fragen und die Nachwirkungen zu erspüren.

» Schatten der Jahre des Nationalsozialismus, die in vielen Familien jahrzehntelang nachwirken: Nazi-Großeltern, verschwiegene jüdische Verwandte, Familienangehörige, die von anderen Familienangehörigen an die Nazis verraten wurden, politische Verfolgungen und anderes mehr.

» Flucht und Vertreibung. In den letzten Jahren des zweiten Weltkrieges und unmittelbar danach haben mehr als zwölf Millionen Menschen in Deutschland ihre Heimat verlassen müssen, zwei Millionen davon wurden getötet. Auch in den folgenden Jahren gab es Millionen von Flüchtlingen aus der ehemaligen DDR. Hinzu kamen Zuwanderer aus Süd- und Osteuropa. Der Verlust von Heimat ist immer auch eine Bedrohung der Identität als Einzelperson und als Familie, eine Bedrohung, die Spuren in den nächsten Generationen hinterlassen kann.

» Abtreibungen. Bei Abtreibungen gilt auch, dass mit hoher Wahrscheinlichkeit darüber in den meisten Familien nichts bekannt ist. Doch auch hier habe ich Ausnahmen erlebt und Genogramme gesehen, in denen mehr Abtreibungen eingetragen waren als lebende Menschen.

Um es noch einmal zu betonen: Diese Aufzählungen sind Hinweise für Gewichtungen, keine Liste, die irgendwie abzuarbeiten ist. Die Aufzählungen erheben keinen Anspruch auf Vollständigkeit, es sind Erfahrungswerte von Gewichtungen, nach denen wir gefragt haben und fragen und aus denen sich transgenerative Zusammenhänge erschließen.

Ich arbeite nicht mit festgelegten Symbolen für solche Gewichtungen, sondern frage die Familienmitglieder oder die Familien, welches Symbol sie vorschlagen, und bitte sie dann, dieses Symbol jeweils in die Genogramme einzutragen. Wenn ich mit einem einzelnen Familienmitglied arbeite, gestaltet sich das unkompliziert. Bei der Arbeit mit Paaren oder bei einer größeren Familie wird ein gemeinsames Genogramm erstellt. Folglich wird über die Gewichtungen und Symbolisierungen gemeinsam entschieden. Die dabei geführten Diskussionen und Entscheidungsfindungen sind wichtige Bestandteile des familientherapeutischen Prozesses.

Entscheidend sind in der Arbeit mit gewichteten Genogrammen nicht so sehr die Ansammlung von Fakten, sondern deren Wirkung auf das Erleben der beteiligten Familienmitglieder. Ich beobachte, bei welchen Fragen der Atem stockt oder der Blick flackert und nehme wahr, bei welchen Themen sich wie die Atmosphäre verändert. Dies spiegele ich und so entsteht zumeist ein fruchtbarer Dialog. Ein Beispiel mag dies verdeutlichen:

Herr und Frau Baumgart liebten sich, konnten aber ihre Liebe nur unter großen Schwierigkeiten und Belastungen leben. Sie waren kinderlos, obwohl sich beide ein Kind wünschten. Dieser Wunsch nach einem Kind, das sie in ihrem Selbstverständnis „zu einer Familie" machen würde, ließ sie ausdrücklich nach „Familientherapie" und nicht nach „Paartherapie" fragen. In ihrer Ehe standen sie alle paar Monate kurz vor der Trennung, wofür sie ihre Kinderlosigkeit verantwortlich machten, konnten aber nicht voneinander lassen. Sie suchten in der Therapie Hilfe.

Ich bat beide, mit Seilen jeweils einen „eigenen Raum" auf den Boden zu legen und dazwischen einen „gemeinsamen Raum" zu definieren. Beide legten zuerst ihren eigenen Raum. Die Frau einen etwas kleineren als der Partner, der gemeinsame Raum war dreimal so groß wie beide Eigenräume zusammen. Ich forderte sie dann auf, sich in diesen drei Räumen zu bewegen und dabei auf ihren Kontakt zu achten und wahrzunehmen, was geschehen und wie sie sich und ihre Begegnung erleben würden.
Der Mann begab sich sofort in den gemeinsamen Raum, die Frau in ihren eigenen Raum. Als die Frau den gemeinsamen Raum betrat, verließ der Mann ihn so schnell, dass es auf mich „fluchtartig" wirkte. Die Frau ging nun in dem gemeinsamen Raum ruhelos umher, sie näherte sich dem Raum des Mannes, entfernte sich wieder davon, näherte sich ihm wieder und hielt schließlich in dem gemeinsamen Raum inne, als würde sie auf den Partner warten. Als der nach einiger Zeit den gemeinsamen Raum betrat, wiederholte sich das gleiche Geschehen wie vorhin. Nur verließ jetzt die Frau den

gemeinsamen Raum ... Im Gespräch beschrieben beide das Verhalten in dieser Verraumungsarbeit als "typisch" für ihre Beziehung. Sie konnten sich kurz aufeinander einlassen, aber dann verließ wenigstens einer von beiden schnell die Begegnung in der Nähe, als müsse er flüchten. Die Ruhelosigkeit zog sich durch ihr gesamtes Leben, häufige Wohnort- und Arbeitsplatzwechsel waren bei beiden ebenso anzutreffen wie kurzlebige Partnerschaften, bevor sie sich gefunden hatten.

Ich schlug ihnen vor, ein Genogramm zu erstellen, um nach Quellen dieses Verhaltens, dass beide sich nicht erklären konnten, zu suchen. Dabei zeigte sich, dass beide eine Fluchtgeschichte und dadurch ein gemeinsames Thema hatten. Der Mann erzählte: "Meine Großmutter ist zweimal geflohen. Zuerst aus Ostpommern nach Brandenburg, dann von dort aus nach Niedersachsen in den Westen. Bei der zweiten Flucht war der Opa schon aus der Kriegsgefangenschaft zurück, das war 1949. Und seitdem waren die immer auf dem Sprung. Sie wollten zurück und sie konnten nicht, sie wollten nicht zurück, aber sie konnten auch nicht wirklich bleiben und sich einrichten. Diese Ungewissheit, diese Unruhe hat auch meine Eltern geprägt. Wenn die Großeltern und meine Eltern sich über ihr Zuhause unterhielten, wusste ich nie, ob dieses Zuhause bei uns in Celle war oder in Pommern, in der alten Heimat. Meine Großmutter und meine Mutter hatten immer Nahrungsmittelvorräte im Haus, ein Lieblingsspruch hieß: ‚Man weiß nie, was kommt. Man muss immer auf alles vorbereitet sein.' Mir wird jetzt deutlich, dass sie immer auf dem Sprung waren, immer bereit wieder wegzugehen – und das mache ich ja auch."

Die Ehefrau fand zahlreiche Ähnlichkeiten. Bei ihr waren die Eltern Ende der 80er-Jahre über Ungarn und Österreich aus der ehemaligen DDR geflohen. Mit hohem Risiko hatten sie die Flucht auf sich genommen, um dann zu erleben, dass ein dreiviertel Jahr später die Grenzen geöffnet wurden. Es zog sie teilweise zurück in die alte Heimat, nach der sie viel Sehnsucht hatten, und gleichzeitig wollten sie sich und den anderen zeigen, dass die Flucht richtig gewesen war und dass sie eine neue Heimat schaffen konnten. Sie arbeiteten viel, um sich ihre neue Welt aufzubauen, doch der Zwiespalt und die Unsicherheit blieben. "Vielleicht auch in mir", sagte die Frau.

Beiden wurde deutlich, dass in dieser Familiengeschichte eine wichtige Quelle ihrer Bindungsangst lag, ihrer Unruhe, ihres Fluchtverhaltens. Dies war nicht die einzige Quelle, aber eine wichtige, die den Zugang zu weiteren

Quellen eröffnete. Ich fragte: „Was haben Sie sich voneinander versprochen, als Sie sich kennenlernten und verliebten?"

Die Antwort von beiden war, dass sie in dem bzw. der jeweils anderen einen Ort der Stabilität, der Festigkeit und des Haltes gesehen hatten. Sie hatten im jeweiligen Gegenüber eine ähnliche Sehnsucht nach Geborgenheit und einer Familie gespürt, nach einem Zu-Hause-Sein, und sich Unterstützung für ihre eigene Sehnsucht versprochen.

Gefunden hatten sie danach die ähnliche Ruhelosigkeit und Unsicherheit wie bei sich selbst, doch die Erwartung der Festigkeit im Anderen, die Versprechen und Sehnsucht zugleich war, bildete auch ein Bindemittel ihrer Ehe und einen Boden ihrer Liebe. Daran anknüpfend konnten Begegnungen im gemeinsamen Raum häufiger möglich werden, zumal auch der Schatten der Flucht und des Fluchtverhaltens bewusst geworden war und damit einen Teil seiner Macht verloren hatte. Sie begannen, um die „verlorene Zeit" zu trauern, und hofften auf eine gemeinsame Zukunft, in der Kinder eine Bedeutung haben konnten, aber nicht zum Sinnträger von Geborgenheit und Zu-Hause-Sein werden mussten.

3.6 Mehrgenerationen-Perspektive: Aufträge und Leid-Sätze

In zahlreichen Familien existieren, ja, herrschen Leitsätze, die die Kommunikation und das Verhalten der Familienmitglieder untereinander und nach außen bestimmen.

Eine Mutter erzählt: „Bei uns gilt immer: Wenn etwas leicht ist, ist das nichts wert. Als ich von meiner ältesten Tochter entbunden wurde und das eine ganz glatte und schöne Geburt war, sagte meine Mutter nur abfällig und bitter: ‚Das war ja nichts. Du hast ja wieder mal unverschämtes Glück gehabt. Wart doch mal ab, bis du eine richtige Geburt hast. Dann kannst du erst mitreden.' So ist das immer und so war das auch in meiner Familie und anscheinend vorher bei den Großeltern auch schon. Wenn etwas leicht ist, dann ist es nichts wert. Das Leben ist nur dann etwas wert, wenn etwas mit Mühsal und Kampf und Not und Anstrengung erkauft worden ist."

Solche Leitsätze werden von Generation zu Generation weitergegeben. Für manche Familienmitglieder werden sie zu einer selbstverständlichen Norm des Verhaltens, ja, auch des Denkens. Sie werden nicht in Frage gestellt und bewusst oder unbewusst an die nächste Generation weitergegeben.

Und diese Leitsätze können zu Leidsätzen werden, wenn wie bei der zitierten Mutter alles, was schön ist und glücklich macht, abgewertet wird. Dass solche Leidsätze die Atmosphäre und die Qualität eines Familienlebens bestimmen können, sollte das Interesse von Familientherapeut/innen herausfordern und Beachtung finden. Kaum jemand wird in eine Therapie kommen und vortragen, dass solche Leitsätze problematisch sind. Zumeist werden sie erst im Zuge des therapeutischen Prozesses hörbar und sichtbar. Es ist Aufgabe der Therapeut/innen, in dieser Hinsicht sehr achtsam zu sein und diese Leitsätze bzw. Leidsätze zu thematisieren. Ein Praxisbeispiel, das methodische Möglichkeiten der Arbeit mit Leidsätzen zeigt:

Eine Familie – Eltern mit zwei Kindern – suchte therapeutische Hilfe, weil „die Freude am Leben in der Familie verschüttet zu gehen droht", wie die Mutter es ausdrückte. „An der Liebe", da stimmten ihr alle anderen Familienmitglieder mit Kopfnicken zu, „liegt's nicht, oder? Aber wir laufen so oft so bedrückt herum und immer ist einer krank. Ich mache mir Sorgen, ich will das nicht."

In einer der familientherapeutischen Treffen beklagten sich die Kinder – sehr vorsichtig –, dass ihre guten Schulnoten nicht genug gelobt würden und dass sie trotz ihrer guten Leistungen immer neu und immer stärker Druck erfahren würden, damit sie bessere Schulleistungen erbrächten. Ich fragte die Eltern, wie es ihnen denn in ihrer eigenen Schulzeit ergangen sei und wie deren Eltern mit den Noten umgegangen seien.

Die Mutter erzählte: „Zu meinen Noten haben die gar nicht so viel gesagt. Aber ich bin in einer armen Familie groß geworden und es gab ganz viel Druck, dass ich es mal besser haben sollte. Und es war klar, das ging nur über gute Bildung und Ausbildung. Auf dem Gymnasium konnten mir meine Eltern bei den Hausaufgaben gar nicht helfen, aber gute Noten waren da Pflicht. Dass die vielleicht auch stolz auf mich sind, dass ich das geschafft habe, das habe ich als Kind nicht gehört, erst viel später von Nachbarn, denen meine Eltern das gesagt hatten."

Der Vater erzählte mit zunehmend trauriger Stimme: „Da habe ich noch nie so richtig drüber nachgedacht, vielleicht, weil ich mich nicht so gerne daran erinnere. Bei mir war das so, dass ich immer gute Noten hatte, aber die waren nie gut genug. Mein Satz hieß: ‚Wer nicht der Beste ist, geht un-

ter.' Wenn ich eine Zwei hatte, war das schlecht. Es wurde gefragt, warum ich denn nicht eine Eins hätte. Und wenn ich dann eine Eins hatte, bekam ich zu hören, dass eine Eins Plus ja besser wäre. Und wenn ich eine Eins Plus hatte hieß es: ‚Na, dann muss die Arbeit ja einfach gewesen sein.' Das war schlimm, ich war nie gut genug."

Beide Eltern erkannten und bedauerten, dass sie den Druck dieser Leitsätze, die sie von ihren Eltern erfahren hatten, unbewusst an ihre Kinder weitergegeben hatten. Doch das zu wissen und das verändern zu wollen, konnte noch nicht ausreichen, diese Veränderung auch wirklich umzusetzen. Es galt, den Leitsätzen ihre Kraft zu nehmen. Ich bat deshalb beide Eltern, die Leitsätze, so wie sie sie gehört hatten, noch einmal auszusprechen und sich selbst zuzuhören, wie sie sie jetzt erlebten. Der Vater begann und sagte mehrmals hintereinander: „Wer nicht an der Spitze ist, wird untergehen."

Ich fragte ihn: „Stimmt das so? Oder was wäre Ihr Gegen-Satz?" Der Vater schüttelte den Kopf und sagte: „Dieser Satz ist Unfug. Glauben Sie mir, den lehne ich ab, den will ich nicht und den will ich auch nicht an meine Kinder weitergeben. Das fände ich ganz schrecklich."

„Was wäre Ihr Alternativ-Satz?"

Der Vater überlegte und sagte schließlich: „Ich will so gut sein und so viel Leistung bringen, wie ich kann und wie es mein Glück verträgt."

Auch die Mutter wiederholte den Satz mehrere Male: „Du sollst es einmal besser haben." Dabei merkte sie: „Es ist gar nicht so sehr der Satz, sondern es ist die Stimme und der Tonfall, mit der dieser Satz gesagt wird, so pressend, so fordernd, so druckvoll, das ist es. Als ob ich allein dafür verantwortlich wäre, als ob ich allein das in der Hand hätte!" Und sie weinte ein bisschen. „Vor Traurigkeit und vor Erschöpfung", wie sie sagte: „So viele Jahre so viel Anstrengung."

Ich schlug vor, dass sie den Satz einmal so sagt, wie sie ihn als <u>ihren</u> Satz ausdrücken würde. Sie sagte: „Ihr sollt es so gut haben, wie es geht, und es in vielem besser haben, als ich es hatte. Ja, ich wünsche mir von Herzen, dass ihr es besser habt als ich."

Der Tonfall machte den Unterschied. Der unterschiedliche Klang der Stimme bewirkte, dass der gleiche Satz, der ursprünglich als druckvolle und zwanghafte Forderung Eingang in die Atmosphäre der Familie gefunden hatte, danach als ein liebevoller Wunsch einer Mutter erklang.

Die Kinder staunten über ihre Eltern, über deren Offenheit und Bereitwilligkeit, sich den „wunden Punkten" zu stellen. Sie hatten sich für die belastende Atmosphäre (mit) schuldig gefühlt. Den Eltern und den Kindern eröffneten sich neue Möglichkeiten des Dialogs, sowohl in den nächsten familientherapeutischen Treffen als auch – was am wichtigsten war – im Familienalltag.

Um die methodischen Abläufe noch einmal zu verdeutlichen: Der erste Schritt in der familientherapeutischen Arbeit besteht darin, solche Leitsätze zu identifizieren und zu erkunden, welche davon Leidsätze sind. Dann geht es darum, den Prozess der transgenerativen Weitergabe zu unterbrechen. Manche Leitsätze verlieren ihre leidschaffende Kraft, indem sie abgelehnt und durch Gegen-Sätze ersetzt werden, bei anderen ist es der Tonfall oder der Klang der Stimme, der den Unterschied ausmacht. In jedem Fall ist es notwendig, dies nicht nur als Denksportaufgabe zu praktizieren, sondern den Klient/innen die Möglichkeit zu geben, diese Leidsätze zu *erleben* und auch im Erleben nach Alternativen und Wegen der Veränderung zu suchen. Dies kann im Gespräch erfolgen, z. B. indem Familientherapeut/innen anregen, sich über Erinnerungen und Identifikationen mit der eigenen Situation als Kind auseinanderzusetzen, wie in diesem Beispiel. Dies kann auch über Rollenspiele, über ein Bild und anderen gestalterischen oder tänzerischen Ausdruck der Leidsätze gelingen oder durch deren Verklanglichung. Immer sind die Leidsätze in der transgenerativen Weitergabe nicht nur eine kognitive Angelegenheit der Worte, sondern verbunden mit Klängen und Atmosphären, Körperhaltungen, Blicken und weiteren zwischenleiblichen Qualitäten in der Familie.

Manchmal kommen solche Leidsätze auch als Du-Botschaften daher, die zunächst gegenüber einzelnen Familienmitgliedern ausgesprochen wurden, sich dann aber zu familiären Leidsätzen ausweiten können.

Eine 52-jährige Frau erzählt: „Ich habe als Kind immer gehört: ‚Du darfst nicht im Mittelpunkt stehen'. Das war mir schon ganz selbstverständlich. Ich sollte mich nie so sehr hervortun, nicht so sehr freuen, nicht so sehr weinen, nicht so laut sein, nicht so viel reden, wenn andere dabei waren, mich eben zurückhalten. Als Kind war das ganz normal für mich, aber später als erwachsene Frau habe ich gemerkt, wie sehr mich das gebremst hatte. Ich hatte große Schwierigkeiten, mal meine Meinung zu sagen. Mein Selbstbe-

wusstsein war immer sehr wackelig. Und jetzt hat es mich sehr erschrocken, dass ich den gleichen Satz, den meine Mutter immer zu mir sagte, auch von meiner Tochter gehört habe, im Gespräch mit meiner Enkelin. Das hat mich erschüttert.

Ein Leitsatz, der als Du-Botschaft auf diese Frau gemünzt war, wurde über die nächste Generation weitergegeben und ist somit zu einem familiären Leidsatz zumindest für den weiblichen Teil der Familie geworden. Solche Sätze, die sich zunächst auf einzelne Personen beziehen, haben oft über die einzelne Person hinaus Bedeutung für die ganzen Familie und üben entsprechende Macht aus.

3.7 Mehrgenerationen-Perspektive: Transgenerative Traumata

Die Folgen traumatischer Erfahrungen von einzelnen Familienmitgliedern oder gar ganzen Familien sind schwerwiegend und nachhaltig. Forschungen zur Transgenerativen Weitergabe traumatischen Erlebens (Baer/Frick-Baer 2010b, Bar-On 1997, Opher-Cohn u.a. 2000, Radebold u. a. 2008) haben eindeutig ergeben: Je mehr das Erleben traumatischer Erfahrungen innerhalb und außerhalb einer Familie verbal und emotional *verschwiegen* wird, desto mehr wird es den nächsten Generationen weitergegeben. Kinder spüren das Leid des Vaters oder der Mutter, das in Folge von Traumata vorhanden ist – aber sie wissen nicht warum. Umso mehr bemühen sie sich, dorthin zu spüren. Umso eher fühlen sie sich selbst verantwortlich, dass es Vater oder Mutter besser geht, und umso offener sind sie dafür, traumatisches Erleben von den Eltern zu übernehmen. Und immer: ohne zu wissen, warum.

Diese Erfahrung – „ohne zu wissen, warum" – ist auch der Hauptanhaltspunkt, den Familientherapeut/innen haben können, wenn sie in und mit Familien tätig sind, in denen Traumata über mindestens eine Generation weitergegeben wurde. Sie werden dort zahlreichen Folgen von traumatischen Erfahrungen begegnen, ohne dass unmittelbare traumatische Ereignisse feststellbar sind. Die Menschen, die Trauma-Folgen übernommen haben, ohne zu wissen, warum, tragen dies in der nächsten Generation weiter, unbewusst und oft unbenennbar. So sind Eltern dann die „zweite Generation" in Bezug auf die „erste Generation" ihrer Eltern – und zugleich die „erste Generation", die die unbewussten und ungewussten traumatischen Erfahrungen an ihre Kinder weiter gibt. Spürbar ist das Leiden, aber es ist ein besonderes Leiden: eines, das die Menschen umso mehr belastet, als sie keine Erklärung dafür finden. In Ergebnissen unseres Forschungsprojektes „Wie Traumata in die nächste Generation wirken" (Baer/Frick-Baer 2010b) haben wir dies neben vielen anderen Phänomenen in den „vier großen Leeren" der zweiten Generation zusammengefasst. Diese Leere-Erfahrungen sind:

» Die nächste Generation spürt den Schrecken, aber hört keine Worte davon. Sie nimmt das Schweigen wahr und spürt, dass das Schweigen wichtig ist und große Bedeutung für die Eltern- oder Großelterngeneration hat, aber sie erfährt dies als Leerstelle in der Kommunikation, in der gesamten zwischenleiblichen Begegnung mit den älteren Generationen.
  Das Schweigen kann sich auch in vielen Worten, in immer gleichen Erzählungen ohne emotionalen Gehalt verbergen. Auch da entfaltet es seine volle Kraft.

» Verluste ohne Trauer. Die traumatisierten Menschen haben durch die Erfahrungen sexueller oder anderer Gewalt, durch Kriegserfahrungen, durch Heimatverlust, Sinn- und Werteverlust und anderes schmerzliche Verluste erlitten. Sie waren damit zumeist allein und konnten nicht trauern. Die unausgesprochene Botschaft für die nächste Generation besteht dann darin, dass Verluste nicht betrauert werden können, dass Trauer kein Gefühl ist, dem man nachgehen darf. Die Folge ist eine emotionale Leere, zumindest was die Trauergefühle betrifft. Doch meist geht die emotionale Leere über die Trauer hinaus, denn ein Gefühl, das nicht leben darf, zieht andere mit in das Nichts.

» Schmerz ohne Trost. Die meisten Menschen früherer Generationen, die als Opfer traumatische Erfahrungen erleiden mussten, blieben damit allein. Sie wurden nicht getröstet, im Gegenteil, oft noch beschämt oder beschuldigt. Das Alleinsein mit dem Schrecken, das Alleinsein mit Schmerz, Selbstbeschuldigung, Kränkung und tiefer Verletzung führte oft dazu, dass sie die Zähne zusammenbissen und sich durchkämpften. An die Stelle des Trostes tritt die Leere. Auch dies ist eine Bürde der nächsten Generation.

» Oft verfestigen sich diese Leere-Erfahrungen zu einer psychischen Leere, zu einer inneren Leerstelle des Erlebens. Das, was als Leere in der Begegnung, in der zwischenleiblichen Erfahrung mit der älteren Generation erfahren wurde, wird gleichsam zu einem Zustand des eigenen Erlebens, zu einer inneren Leerstelle.

Die Leere wird in Familien dann zu einem Kraftfeld, das das gesamte Familiengefüge verändern kann.

Diese innere Leere wird oft als psychische Leere bezeichnet (im Folgenden nach Baer/Frick-Baer 2010b). Sie ist beides, sie ist die Erfahrung von Leere im Außen und sie ist das Erleben von Leere, das sich zu einer inneren Leere verfestigen kann. Doch ist dies mehr als eine Leerstelle, es entwickelt vielmehr die Qualität eines schwarzen Lochs. „Das psychische Loch, von dem hier die Rede ist, gleicht dem Phänomen des schwarzen Lochs, von dem in der Physik die Rede ist. Das schwarze Loch ist ein Körper, der in der Folge der Gravitationskraft alles ansaugt, was in seine Nähe kommt. Das psychische Loch kann ebenfalls als Körper gesehen werden, als Verdichtung der Fantasien über die traumatische Vergangenheit der Eltern, die das gesamte Leben des Patienten beeinflusst. (…) Das Kind erlebt den fehlenden Teil der Lebensgeschichte der Eltern als eine ständige Verletzung seiner Psyche, als Lücke in seinem emotionalen Empfinden." (Opher-Cohn 2000, S. 166f)

Das schwarze Loch des Schweigens und Verschweigens hat etwas Anziehendes, es saugt wie in der Physik alles auf. Angehörige der zweiten Generation beschäftigen sich mit dem schwarzen Loch, verausgaben sich in ihrer Energie, ohne wirklich Erfüllung und Selbstgewissheit erreichen zu können. Manche ziehen sich dann zurück, geben auf und verstummen selbst, ebenso wie die Eltern verstummt sind. Andere versuchen sich dagegen aufzurichten oder aufzulehnen. Beides hat Konsequenzen in den sozialen Beziehungen, auf die wir noch zurückkommen. Das Tabu wird zu einem Kraftfeld, ist also noch viel mehr als eine Leerstelle.

„Die Gefühlswelt verabscheut ein Vakuum", schreibt Gina Wardi (Wardi 1997, S. 17), und sie erklärt damit, dass sich die riesigen Leerstellen des Schweigens zwangsläufig mit Fantasien füllen, die eine Verbindung zwischen dem Innenleben und der noch entsetzlicheren Realität suchen.

In unseren Interviews wird dies bestätigt, wenn z. B. eine Befragte erzählt:

„Ich habe mir ständig Gedanken über meinen Vater gemacht. Mir war wichtig, wie es ihm geht, was er denkt, was er fühlt, wie er drauf ist, und ich wusste das auch meistens. Ich wusste das manchmal eher als er selber, und darin bin ich heute noch gut bei anderen Menschen. Ich arbeite im Büro, und ich bin aber sowas wie die Seelsorgestelle, manche sagen auch Mutter Theresa zu mir, weil ich bei allen immer alles mitbekomme und nichts einfach so stehen lassen kann."

Das Kraftfeld wirkt und es hat Auswirkungen auf die sozialen Beziehungen. Diese sind einer näheren Betrachtung wert.

Der Begründer der Sozialpsychologie Kurt Lewin hat mit seinem Modell des topologischen Feldes eine Methodik geliefert, die die Wirkungskräfte des Tabus und der Leere verständlich machen kann.

Wenn Sie Skizze 1 betrachten, sehen Sie in dem unteren Kreis das Selbstbewusstsein eines 11-jährigen Mädchens dargestellt. Für ihr Selbstbewusstsein sind im gegenwärtigen Zeitraum vier Faktoren besonders wichtig:

Skizze 1

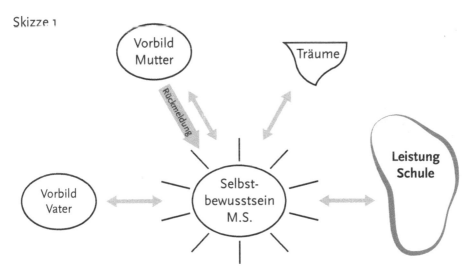

» die Wechselbeziehung zur Mutter, insbesondere deren Vorbildfunktion und deren Rückmeldungen, die ihr für ihr Selbstbewusstsein als Mädchen am wichtigsten waren,
» die Wechselbeziehung zum Vater und dessen Vorbildrolle als tatkräftiger und erfolgreicher Mann,
» ihre Träume und Sehnsüchte, die ihre Zukunft betreffen,
» ihre Erfahrungen und Erfolge in der Schule, was die Kontakte und Zugehörigkeiten zu den Freund/innen und die schulischen Leistungen umfasst.

Skizze 2

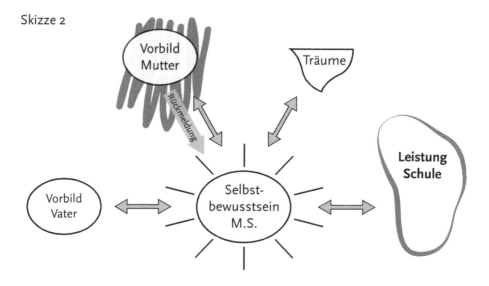

Nun wechseln wir die Szene und stellen uns vor, dass die Mutter durch Trigger ausgelöst zunehmend von ihren traumatischen Erfahrungen sexueller Gewalt eingeholt und überwältigt wird. Infolgedessen zieht sie sich zurück, ist überwiegend mit sich beschäftigt, meidet Kontakte, wird immer ängstlicher und unsicherer. Ihre Vorbildfunktion für das Mädchen geht verloren, Rückmeldungen werden nicht mehr gegeben. Die Tochter versteht die Veränderung nicht. Sie beschäftigt sich innerlich sehr mit der Mutter, ohne zu verstehen, was los ist. (Skizze 2)

Skizze 3

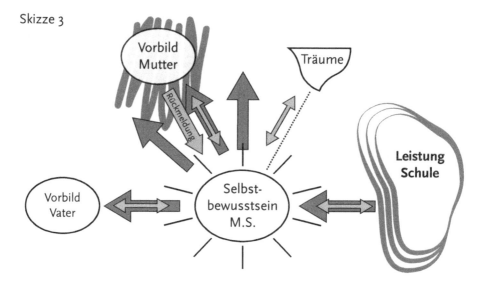

Die Folgen sind eindeutig (Skizze 3):
» Die Energie der Tochter konzentriert sich zunehmend auf die Mutter, sie geht aber damit ins Leere.
» Der Vater wird als Ersatzfunktion für die Mutter genutzt, was aber nur beschränkt möglich ist, da er kein Spiegel für die weibliche Identitätsentwicklung sein kann.
» Die Schule gewinnt an Bedeutung. Manche dieser Kinder sinken in ihrer Leistungsfähigkeit ab, andere, wie dieses Mädchen, kompensieren die entstandene Mutterleere durch bessere schulische Leistungen, um daraus einen Teil des Selbstbewusstseins zu holen.
» Doch das Selbstbewusstsein insgesamt sinkt. Die Ersatzbemühungen reichen nicht und das Nicht-Erreichen der Mutter wird als persönliches Versagen erlebt. Eine Folge ist, dass die Träume und Visionen verblassen.

Wie Menschen sich in der Leere, im Nichts, verlieren und welche Auswirkungen dies auf das Familiensystem hat, konnte hoffentlich an diesem Beispiel über die transgenerativen Traumafolgen deutlich werden.

Wie kann mit transgenerativen Traumafolgen gearbeitet werden? Dafür gibt es keine generell anwendbaren spezifischen Methoden. Einige methodische Anregungen und Erfahrungen haben wir in unserem Forschungsbericht (Baer/Frick-Baer 2010b) beschrieben. Entscheidend nach unseren Erfahrungen ist, dass transgenerative Traumaweitergabe überhaupt als solche identifiziert wird. Damit das geschehen kann, sind Familientherapeut/innen notwendig, die „von außen" kommen und gleichzeitig in das Beziehungsgeflecht einer Familie eingebunden sind. Nur in dieser doppelten Haltung können sie in die Familie hineinspüren. Dabei müssen sie für ihre Resonanzen und Vermutungen achtsam sein und Leere und nicht zu greifende Not ernst nehmen. Die Beteiligung ermöglicht, solche Phänomene zu spüren, der Blick von außen ermöglicht, sie zu identifizieren und zu reflektieren.

In der Familie, an der soeben die Auswirkungen des „schwarzen Loches" beschrieben wurden, lebte die Mutter (die traumatisierte Person) mit der Tochter (an der vor allem die Folgen sichtbar wurden) innerhalb einer Familie. In anderen Familien sind es die Großeltern, die durch Krieg und andere Gewalterfahrungen traumatisiert wurden, dies an die Eltern weitergegeben haben und so das Familienleben der nächsten Generation beeinflussen. In beiden Situationen gilt es vor allem, der Leere und den Leerstellen nachzuspüren und nachzugehen, die innerhalb einer Familie bzw. bei einzelnen

Familienmitgliedern vorhanden sind. Wenn etwas „nicht greifbar" scheint und sich immer wieder „entzieht", dann sollte dies ein Hinweis darauf sein, der Spur der transgenerativen Weitergabe von Traumata nachzugehen. Wie gesagt: Das sind Hinweise, nie Sicherheiten. Aber solche Hinweise sind gewichtig und können Veränderungsprozesse in Gang setzen.

Das Erkennen von Zusammenhängen eigenen Leidens mit transgenerativer Traumaweitergabe ist nicht nur ein kognitives Ereignis, sondern hat zumeist tiefgreifende Auswirkungen auf das Erleben der Familienmitglieder, für jedes einzelne und für die Familie als ganze. Wer an Traumafolgen leidet, ohne traumatische Erfahrungen zu haben, also „ohne zu wissen, warum", neigt oft dazu, sich selbst für psychisch krank zu erklären, mit sich zu hadern oder gar zu kämpfen.

Transgenerativen Zusammenhänge zu erfahren, bedeutet dann auch oft, Verständnis für sich selbst zu bekommen und eine wohlwollendere Haltung sich selbst gegenüber einzunehmen. Dasselbe gilt für die Haltung den von Traumata betroffenen Menschen gegenüber. Wer erkennt, dass das Verhalten eines Elternteils in traumatischen Erfahrungen, in denen diese Person allein gelassen wurde, wurzelt, dessen Haltung wird sich diesem Elternteil gegenüber verändern. Und wenn diese Zusammenhänge in einem familientherapeutischen Prozess deutlich werden, dann ändern sich Beziehungs- und Kommunikationsstruktur in hohem Ausmaß. Es geht nicht darum, dadurch alles zu verzeihen und zu vergeben und das eigene Leid, was von diesem Elternteil erfahren wurde, abzuwerten und zu beschönigen. Wer von einem traumatisierten Elternteil Leere und andere Verletzungen erfahren hat, leidet darunter: Vorwürfe, kritische Auseinandersetzungen und dergleichen mehr sind daher sinnvoll und notwendig. UND es kann ein Verständnis geben, warum dieser Elternteil so geworden ist wie er ist. Darüber kann sich eine weitere Ebene der Begegnung eröffnen, eine Begegnung des Verstehens, die Raum für neue zwischenleibliche Entwicklungen und aktive Gestaltungen lässt.

3.8 Familien-Erleben und Partnerschaft

Der Kern der meisten Familien ist eine Partnerschaft zwischen Mann und Frau bzw. zwei gleichgeschlechtlichen Partner/innen. Bricht die Partnerschaft des Kernpaares auseinander, sind der Zusammenhalt und die Existenz der Familie gefährdet. Den Phänomenen dieser Paarbeziehung ist deshalb von Familientherapeut/innen besondere Aufmerksamkeit zu schenken.

Oft beeinflussen unbewusste oder versteckte Konflikte des Paares das gesamte Familien-Erleben.
Möchte eine Familie, z. B. wegen der Probleme eines Kindes, eine Familientherapie beginnen, und stellt sich heraus, dass der Kern der Probleme in der Paarbeziehung liegt, ist zunächst einmal eine Paartherapie angesagt, die später in eine Familientherapie übergehen kann.
Wird deutlich, dass der Kern der Probleme in der Paarbeziehung in den Folgen traumatischer Erfahrungen eines Familienmitglieds liegt, so ist oft zuerst einmal eine traumatherapeutische Begleitung dieses Familienmitglieds angezeigt. Dazu bedarf es eines besonderen geschützten Raums zwischen Therapeut/innen und dem Opfer traumatischer Erfahrungen. Bei Bedarf können andere Familienmitglieder hinzugezogen werden. Eine erfolgversprechende Arbeit mit dem Trauma würde aber durch kontinuierliche Anwesenheit des Partners oder der Partnerin sowie weitere Familienmitglieder beeinträchtigt, sie würde die traumatisierte Person behindern und andere Familienmitglieder möglicherweise überfordern.

Nun können im Rahmen dieses Buches die theoretischen Modelle und die Methodik leiborientierter und kreativer Paartherapie, wie wir sie in unseren Fortbildungen vermitteln, nicht vorgestellt werden. Ich werde aber drei Zugänge anbieten, in denen mit Paaren so gearbeitet werden kann, dass Hinweise auf familientherapeutische Diagnostik und die weitere therapeutische Arbeit herauskristallisiert werden. Solche diagnostischen Einsichten sind, wie schon erläutert, immer zugleich Angebote, Veränderungen auszuprobieren.

Die erste Methodik, das *Beziehungsverraumen*, kennen Sie schon aus dem Praxisauszug des Kapitels 3.5 über gewichtete Genogramme. Sie ist Fachkräften mit therapeutischer Ausbildung vorbehalten, nicht wegen der Grundidee oder Grundkonstellation, sondern wegen der Unwägbarkeiten des Erlebens der Klient/innen während des therapeutischen Prozesses.
Die Methodik sei hier noch einmal kurz skizziert:

Beziehungsverraumen. Die jeweiligen Partner/innen legen mit Seilen einen Raum, der für sie selbst steht, einen Eigenraum, so groß und so ge-

staltet, wie sie ihn jeweils erleben. Danach wird ein gemeinsamer Raum ebenfalls mit Seilen auf dem Boden abgetrennt.

In der zweiten Phase, dem Gestalten des gemeinsamen Raumes, kann es schon zu Differenzen und Auseinandersetzungen zwischen den Partner/innen kommen. Auch die größere Gestaltung oder die Lage des jeweiligen Eigenraums kann konfliktträchtig kommentiert werden (wenn z. B. eine Frau zu ihrem Mann sagt: „Tu doch nicht so, als hättest du nur so einen kleinen Raum. In Wirklichkeit nimmst du dir viel mehr!").

Im nächsten Schritt werden die Beteiligten aufgefordert, sich in den Räumen zu bewegen, so wie sie wollen, und dabei darauf zu achten, wie sie den Kontakt mit ihrem Partner oder ihrer Partnerin wahrnehmen und wie es ihnen selbst währenddessen geht.

Hier sind so viele unterschiedliche Verhaltensweisen zu beobachten, wie es Paare bzw. Klient/innen gibt. Manche halten sich nur im gemeinsamen Raum auf, ohne den Eigenraum überhaupt zu betreten oder als Rückzugsraum oder anderweitig bedeutsamen Raum zu nutzen. Andere betreten die Eigenräume des jeweils anderen, ohne auf Hinweise zu achten, ob sie sich von der anderen Person eingeladen fühlen können, und verletzen damit eventuell die Intimität des Partners oder der Partnerin. Andere sind blind für die Einladungsgesten und -blicke. Wieder bei anderen wirken die Begegnungen wie ein Machtkampf, andere „schleichen umeinander herum" oder vermeiden jeden Kontakt.

Diese einfach scheinende Übung gibt zahlreiche diagnostische Hinweise, wie es um die Partnerschaft bestellt ist und wie sie vom Partner bzw. von der Partnerin erlebt wird. Diese Hinweise werden sowohl für die Therapeut/innen sichtbar als auch für die Beteiligten selbst, so dass sich meist lebhafte Diskussionen daraus ergeben.

In einem nächsten Schritt können dazu von den Therapeut/innen weitere Experimente vorgeschlagen werden, z. B.: „Ich schlage Ihnen vor, sich noch einmal in die drei Räume zu begeben. Sie haben eben gesagt, dass es Ihnen manchmal im Kontakt zu viel wurde. Also schlage ich Ihnen vor, sich immer, wenn Sie dies spüren, in Ihren Eigenraum zurückzuziehen, um dann wieder neuen Kontakt zu suchen. Probieren Sie einfach einmal aus, ob das geht und wie das geht und wie Sie sich dabei fühlen. Nehmen Sie es als Experiment. Gehen Sie es mutig an." Je nach Thema können unterschiedliche Experimente vorgeschlagen werden.

Manchmal zeigt dieses kleine Experiment des Verraumens (vgl. Baer 2012) auch, dass Partnerschaften schon zu Ende sind und nur noch als Scheinbeziehungen aufrecht erhalten werden. Dann ist es nicht mehr Thema, *wie* die Partnerschaft sich innerhalb der Familienkonstellation entwickelt, sondern *ob* sie überhaupt bestehen bleibt bzw. wie sie auseinander gehen kann. Da gelten alle Hinweise, wie ich sie schon in Kapitel 2.2 über gestörte, zerbrechende und zerbrochene Familien gegeben habe.

Die nächste Methode, die ich vorstellen möchte, ist der *Familienkreis*. Sie können mit ihr sowohl mit einzelnen als auch mit mehreren Familienmitgliedern arbeiten. Da sich diese Methode besonders für die Arbeit mit Paaren bewährt hat, stelle ich sie an dieser Stelle vor.

Jede und jeder Beteiligte wird aufgefordert, für sich die eigene Familie aus dem eigenen Erleben, der eigenen Sichtweise, in einen jeweils eigenen Familienkreis hineinzumalen (siehe Anhang, Arbeitsblatt 1: Familienkreis).

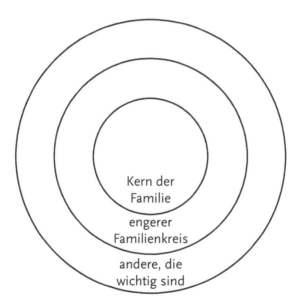

Ich erläutere, dass jede Familie einen Kern hat, dass es darum einen engeren Familienkreis gibt, zu dem eine besondere Nähe und Vertrautheit besteht und dem gegenüber man sich in besonderer Weise verbunden und verantwortlich fühlt, und dass es im dritten Kreis weitere Familienangehörige gibt und andere wichtige Menschen. Dann bitte ich die jeweilige Klient/

innen, ihre Sicht auf die Familie in diese drei Kreise einzutragen, indem jedes Familienmitglied mit einem Punkt oder anderem Zeichen in der Vorlage platziert wird: Wo gehöre ich hin, wo meine Mutter, ...?

Gegenüber dem offenen Familienstellen mit Figuren und anderen Materialien gibt die Methode des Familienkreises geordnete Strukturen vor und eröffnet so Möglichkeiten, Strukturverletzungen und Störungen zu erkennen.

Im nächsten Schritt werden dann, wenn mehrere Familienmitglieder anwesend sind, die Familienkreise betrachtet und verglichen. In einem einzeltherapeutischen Setting betrachten und besprechen Klient/in und Therapeut/in gemeinsam.

In den meisten Familien, in denen nur vereinzelte oder leichte Störungen vorliegen, die aber nicht zu zerbrechen drohen, werden im Kernkreis die Eltern eingezeichnet sein, im nächsten Kreis deren Kinder und manchmal auch die Großeltern, während im weiteren Kreis andere wichtige Familienmitglieder, eventuell die Großeltern, sofern sie nicht dem zweiten Kreis zugerechnet werden, sowie andere nahestehende Personen zu finden sein werden. (Wenn die Kinder gemeinsam mit den Eltern in den Kernkreis eingetragen werden, gehe ich meist der Frage nach, ob und welche Unterscheidungen zwischen der Rolle der Eltern und der der Kinder im Familienleben gemacht werden.) In Einzelheiten wird es auch bei diesen Familien große Unterschiede geben, doch vorherrschend wird eine relativ klare Struktur sein, eine greifbare, klare, lebbare, der Bedeutung und Kompetenz angemessene Struktur, wie sie für das Gelingen der meisten Familien auch sinnvoll und notwendig ist.

Hier wird es thematisch vor allem darum gehen, wie die Beziehungen innerhalb der Kreise, also vor allem zwischen den Partnern, und an den Grenzen zwischen den Kreisen erlebt und gestaltet werden. Oft haben die Familienmitglieder, hier das Paar, damit zu kämpfen, wie sie Prioritäten setzen, z. B. zwischen dem Wunsch nach Kontakt mit guten Freunden im dritten Kreis und dem Gefühl der Verpflichtung gegenüber Großeltern im zweiten Kreis. Manchmal wird auch der Kern in seiner bestimmenden Rolle für die Erziehung übergangen, indem Großeltern die Erziehung der Kinder stark beeinflussen oder gar in die Hand nehmen. Hier können die Therapeut/innen anhand der Familienkreise mit dem Paar daran arbeiten, dass und welche „Umbesetzungen" vorgenommen werden, wem gegenüber in welcher Deutlichkeit Grenzen gezogen werden sollen und müssen und was der Konsequenzen mehr sein mögen.

Bei zerbrechenden Familien ist meist zu beobachten, dass die Struktur nicht angenommen werden kann. Sie wird deutlich verändert oder ist gar auseinandergefallen. Ein Beispiel:

Eine Klientin teilte den Kern in zwei Hälften und sagte dazu: „Hier links, das bin ich mit meiner Tochter, und da rechts in dem Kern, das ist mein Mann mit den beiden Söhnen und seiner Mutter. Die weiß sowieso immer besser Bescheid und auf die hört er auch mehr als auf mich. Drumherum gibt es nur noch einen Kreis und da sind die anderen Verwandten drin, meine Eltern, auch unsere älteste Tochter, die schon weggezogen ist und studiert und enge Freunde von mir. Mein Mann hat keine Freunde, der hat mit seiner eigenen Mutter genug zu tun. Mit dem dritten Kreis kann ich ehrlich gesagt nichts anfangen."

Ein weiteres Beispiel:

Ein Mann zeichnete als Kern der Familie seine Frau und seine beiden Kinder, er selbst zeichnete sich in den nächsten Kreis hinein, zusammen mit zwei nahestehenden Arbeitskollegen und den Großeltern. Im äußeren Kreis fanden sich die Eltern seiner Frau. Er sagte dazu: „Meine Frau hängt immer mit den Kindern zusammen. Auch wenn wir allein sind, geht es nur um die Kinder, ich komme gar nicht mehr dazwischen. Sie macht sich Sorgen und sie kümmert sich, und sie will, glaube ich, insbesondere ihren Eltern zeigen, dass sie eine gute Mutter ist, und es denen beweisen. In diesem Kampf soll ich manchmal Schiedsrichter sein." Er lachte bitter auf: „Aber Schiedsrichter dürfen ja beim Fußball den Ball nicht berühren ..."

An den beiden Beispielen wird deutlich, wie über die Gestaltung der Familienkreise die Bruchstellen in den jeweiligen Familien sichtbar werden. Aus solchen Einsichten können Veränderungswünsche entspringen, zu denen wir die Klientinnen und Klienten auffordern: „Bitte zeichnen Sie den Familienkreis so, wie Sie ihn sich wünschen." Solche Wünsche können dem therapeutischen Prozess Ziel und Richtung geben. Sie können viel Energie freisetzen und eine aktive Haltung der Veränderung unterstützen. Wichtig ist dann, in der weiteren Arbeit mit den Beteiligten nach deren nächsten Schritt zu suchen, der eine Veränderung in Gang setzen kann, bzw. die dafür notwendige Unterstützung zu mobilisieren.

Familien-Erleben

In manchen Familientherapien oder -beratungen wird gleich zu Beginn deutlich, dass die Partnerschaft des Kernpaares sehr belastet und brüchig ist. In der Arbeit mit anderen Familien offenbaren sich ihre Bruchstellen erst später. In solchen Fällen bilden am Anfang die Eltern ein Bündnis, z. B. in gemeinsamer Sorge um die Krankheit eines Kindes. Die Schwierigkeiten treten dann erst zu einem späteren Zeitpunkt des therapeutischen Prozesses zu Tage, wenn die Sorge um das Kind nachlässt oder sich die Aufmerksamkeit aus anderen Gründen im Zuge des weiteren Prozesses auf die Beziehung zwischen den Eltern richtet. Wann oder wie auch immer – oft entsteht im Zuge einer familientherapeutischen Arbeit die Frage danach, wie stark die Verbundenheit des Kernpaares und wie haltbar die Partnerschaftsbeziehung noch ist. Bewährt hat sich in solchen Momenten die Anregung, sich mit einer Selbsteinschätzung der Beziehungsfallen zu beschäftigen.

Wir legen dem Paar für jede Person ein großes Blatt vor, das acht Felder enthält, in die sie jeweils etwas hineinschreiben oder hineinmalen können (vgl. Anhang, Arbeitsblatt 5: Beziehungsfallen).

Macht	
Verachtung	
Leere	
Tabu	

„Das Blatt, das Sie hier sehen, heißt: Die Beziehungsfallen und ihr Gegenteil.

Ich werde Sie gleich bitten, etwas in die Felder hineinzuschreiben oder zu malen. Doch zuerst einmal möchte ich Ihnen etwas Genaueres sagen. Die vier Stichworte in den linken Feldern bezeichnen die häufigsten Be-

ziehungsfallen, die mir in der Arbeit mit Paaren begegnet sind. Dazu zählen einseitige Machtverhältnisse, außerdem Verachtung und Missachtung. Und Leere. Damit meine ich, dass ein Partner, eine Partnerin den anderen oder die andere ins Leere gehen lässt, nicht zuhört, nicht hinschaut, sich entzieht. Und Tabus. Damit sind die Themen und Ereignisse gemeint, die nicht ansprechbar sind, die unsichtbar bleiben müssen, die tabuisiert sind. Bitte sinnieren Sie ein wenig und tragen in die jeweiligen linken Felder das ein, was Ihnen in Ihrer Paarbeziehung zu diesen Beziehungskillern einfällt. Es können selbstverständlich Felder frei bleiben. Die Felder sollen nur Ansatzpunkte sein zum Überlegen, zum Sinnieren, für Stichworte von Situationen usw. und um sich später darüber auszutauschen. In die rechten Felder tragen Sie bitte das ein, was Ihnen als Gegenteil dazu einfällt. Neben Erfahrungen, ins Leere zu gehen, kann es zum Beispiel auch Erfahrungen geben, dass Sie und Ihr Partner, Ihre Partnerin sich unterstützen, halten, zuhören, anschauen und auf andere Art zeigen, dass Sie sich ernst nehmen. Dann tragen Sie solche Erfahrungen ein. Wenn Ihnen keine guten Erfahrungen einfallen, dann schreiben Sie ein großes W und beschreiben Sie, was Sie sich wünschen."

Im Austausch danach zeigt es sich, ob die Paarbeziehungen ähnlich eingeschätzt werden. Oft gibt es Ähnlichkeiten, oft aber frappierende Unterschiede, wie die jeweiligen Partner oder Partnerinnen die Partnerschaft erleben. Sind Beziehungskiller identifiziert und ist das Paar zu Veränderungen bereit, wird die therapeutische Weiterarbeit meist sehr wirksam. Ob diese im Rahmen einer Paartherapie oder unter Einbeziehung anderer Familienmitglieder geschieht, hängt von den jeweiligen Gegebenheiten ab.

3.9 Familien-Erleben und Kinder

Der Anlass, warum Familien als Familie therapeutische Hilfe suchen, liegt oft in Problemen, unter denen Kinder und Jugendliche leiden und mit denen sich Familienangehörige überfordert fühlen. Manchmal sind auch die Familienverhältnisse so zerrüttet, dass das Weiterleben als Familie unerträglich wird und deshalb Hilfe gesucht wird. Doch auch da sind die Kinder zumeist diejenigen, die am meisten leiden und bei denen sich die Auswirkungen des Leidens am ehesten zeigen.

Warum ist das so?
- » Weil Kinder meist die Schwächsten in der Familie sind.
- » Weil Kinder ihre Familie nicht wechseln können, wie dies Erwachsenen möglich ist. Erwachsene können das nicht leicht, sondern zumeist mit großen Schwierigkeiten – aber sie können es, haben grundsätzlich eine Wahl. Kinder nicht.
- » Weil Kinder oft keine Sprache haben außer der Sprache des Leidens.

Das Leiden der Kinder äußert sich dann in unterschiedlicher Weise: Die Schule wird nicht mehr besucht, Kinder werden aggressiv oder wirken verstört, sie haben Schlaf- oder Essstörungen ... Diese und andere Symptome sind immer auch Ausdruck der Art und Weise, wie Kinder ihre familiäre Lebenswelt erleben. Die kindliche Entwicklung und das kindliche Erleben sind nicht voneinander zu trennen. Kindliche Entwicklung und die sozialen zwischenleiblichen Erfahrungen der Kinder, vor allem in der Familie (nicht nur!), sind *ein* Erlebensprozess.

Deswegen ist es gut und wichtig, solche Symptome möglichst nicht nur individuell zu behandeln, sondern auch die Familie, in jedem Fall aber die Familienthematik mit einzubeziehen. Dabei geht es vor allem um eine familientherapeutische *Haltung*, die auch in der Einzeltherapie mit einem Kind oder Jugendlichen zum Tragen kommen sollte, da auch dort die familiären Zusammenhänge und das Familienerleben einbezogen werden müssen.

Kinder haben meines Erachtens mit der Zeugung das Recht, dass die Eltern Verantwortung für sie übernehmen. Doch manche Eltern können oder wollen dies nicht. Andere bemühen sich, haben aber große Schwierigkeiten, dieses Bemühen erfolgreich umzusetzen. Kinder brauchen von Geburt an Wärme, Nähe, Fürsorge und vieles andere mehr. Doch manche Väter oder Mütter können oft diese Wärme, Nähe, Fürsorge nicht geben, vielleicht, weil sie sie selbst nicht erfahren haben oder aus anderen Gründen dazu nicht in der Lage sind. Das hat Folgen, für das Kind und für die Familie.

Kinder werden von Familien beeinflusst und sie können Familien beeinflussen, sehr oft positiv. Sie sind oft Anlass oder Sinn einer Familiengründung bzw. der Entwicklung zu einer Familie. Paare entscheiden: Wir wollen gemeinsam leben und wir wollen in unserem gemeinsamen Leben zusammen

Kinder groß ziehen. Schwirig wird es, wenn aus diesem gemeinsamen Wollen und Wünschen Druck entsteht, z. B.:

» *„Nur wegen der Kinder bin ich noch bei meiner Frau", erzählt der Familienvater, „sonst wäre ich schon lange weg."*
» *Eine Tochter meint: „Der häufigste Satz, den ich von meinen Eltern gehört habe, hieß: Du bringst mich noch ins Grab."*
» *Eine andere sagt: „Von meiner Mutter habe ich immer gehört, dass mit meiner Geburt ihr Leben endete. Irgendwie konnte sie nicht mehr so leben wie vorher und anscheinend hat sie sich das mit mir auch alles anders vorgestellt. Das war schon eine schwere Hypothek ..."*

Solche Belastungen werden von Kindern gespürt. Sie tragen eine Last, unter der sie leiden und manchmal zusammenbrechen. Doch auch aus vielen anderen Gründen und in vielen anderen Zusammenhängen können Kinder in besonderer Weise „Blitzableiter", „Mülleimer", „Spannungsmelder" in einer Familie werden. Sie sind deshalb immer unserer besonderen Beachtung wert.

Für uns Familientherapeut/innen gilt es also zu wissen, dass alle Familienmitglieder gleichwertig, aber nicht gleich stark sind. Kinder sind besonders schutzbedürftig. Wir sollen und müssen auf sie unser besonderes Augenmerk richten. *Wie* dies geschehen kann, ist wie immer äußerst unterschiedlich und hängt von den jeweiligen Personen, Themen und Gegebenheiten ab. Als Anregung einige Beispiele:

Vater und Mutter suchen Hilfe für ihren Sohn. Im Vorgespräch, nach welchem über die Art der Hilfe entschieden werden soll, berichten sie von all den Problemen des zehnjährigen Jungen: Er erzählt nichts von der Schule, er macht die Hausaufgaben nicht, er wird oft aggressiv, er treibt sich mit anderen herum, die nicht gut für ihn sind, er kümmert sich nicht um seine Haushaltspflichten, er schwänzt manchmal die Schule ...

Die Mitarbeiterin der Beratungsstelle macht Notizen. Dann blickt sie beide Eltern an und fragt: „Lieben Sie Ihren Sohn?"

Die Eltern sind verwirrt. Der Vater sagt nach einigem Zögern: „Selbstverständlich", und will die Frage etwas unwirsch abtun. Die Mitarbeiterin der Beratungsstelle sagt: „Nehmen Sie sich wirklich einen Moment Zeit und spüren nach, ob und wie Sie Ihren Sohn lieben."

Die Mutter meint schließlich nach einiger Zeit mit Tränen in den Augen: „Natürlich liebe ich ihn. Aber ich glaube, dass meine Liebe irgendwie un-

ter den ganzen Streitigkeiten und dem Kummer verloren gegangen ist, nein, nicht verloren gegangen, sondern irgendwie stumm und still geworden ist, sich versteckt hat oder so. Ich merke an Ihrer Frage, wie schade das ist."

Die Frage, ob Eltern ihre Kinder lieben, wird oft als eher „selbstverständlich" abgetan und sie ist trotzdem wichtig, ja, fundamental. Nur, weil Eltern ihr Kind bei der Geburt einmal geliebt haben, müssen sie es nicht weiter lieben. Nur, weil sie sich das Kind vielleicht einmal gewünscht haben, muss es nicht weiterhin ein Wunschkind bleiben. Liebe kann verloren gehen oder verstummen, und es ist wichtig, dass sich Eltern darüber klar werden, ob Liebe da ist und wie stark sie ist. (Die Frage nach der Liebe gilt übrigens auch für Partner untereinander oder für Eltern gegenüber ihren Eltern!)

Wenn wir Väter oder Mütter ernsthaft fragen, ob sie ihr Kind oder ihre Kinder lieben, dann kann die Antwort „Nein" lauten. Dieses Nein muss ernst genommen und respektiert werden. Denn wenn dieses Nein auch nicht ausgesprochen sein sollte, dann spüren es die Kinder doch auch ohne Worte. Ein Leben ohne die Liebe der Eltern ist für Kinder schrecklich. Vor diesen möglichen Erfahrungen dürfen wir Familientherapeut/innen nicht zurück-„schrecken". Ich stelle die Frage, ob ein Vater oder Mutter die Kinder liebt, nicht in Anwesenheit der Kinder, wenn ich die geringsten Zweifel daran habe, dass die Frage nicht mit „ja" beantwortet werden wird. Die offene Ablehnung möchte ich keinem Kind zumuten. Da ist es mir wichtig, zuerst mit den betreffenden Eltern weiter zu arbeiten.

Wie kann dies aussehen? Die Liebe zu einem Kind können wir nicht erzwingen. Wahrscheinlich wird in uns Hilflosigkeit entstehen. Dort heraus zu kommen, bedarf der Beschäftigung mit den Eltern. Ein zentraler Zugang entspringt der Vermutung, dass ein Vater oder eine Mutter, die ihr Kind nicht lieben kann, selbst nicht geliebt wurde. Deswegen ist hier die Frage wichtig: „Sind Sie als Kind geliebt worden?" (Und die vielen weiteren Fragen, die sich daraus ergeben.) Bislang habe ich immer erlebt, dass sich aus diesem Ansatz Veränderungen ergaben, gleich welcher Art. Der zweite Ansatz ist die Frage: „Was stellen Sie sich unter einem guten Leben vor? Und welches gute Leben wünschen Sie sich gemeinsam mit ihrem Kind?"

Was ein „gutes Leben" ist oder sein könnte, ist für jeden Menschen unterschiedlich. Den meisten Menschen, denen meine Kolleg/innen und ich diese Frage gestellt haben, wurde sie nie zuvor gestellt. In der Beschäftigung damit begegneten sie Hindernissen und vielem Schweren, das einem guten Leben bislang entgegen stand. Und ihnen eröffneten sich Möglichkeiten, ein gemeinsames „gutes Leben" mit dem Kind oder den Kindern zu versuchen. Vielleicht erst einmal ohne Liebe, aber doch mit Zuneigung und Wertschätzung. Immerhin.

Wenn in irgendeiner Weise die Frage nach der Liebe zum Kind bejaht werden kann, dann folgt die nächste Frage: „Wann haben Sie es ihm zuletzt gesagt oder gezeigt, wie zeigen Sie es ihm?" Solche Fragen sind wichtig, denn gerade unter dem Geröll der Probleme, der Sorgen, des Leidens und der Not geht das Zeigen der Liebe oft verloren. Und es reicht nicht, dass Liebe da ist. Sie muss konkret gezeigt werden und gespürt werden können, damit sie erlebt und gelebt werden kann.

Ein anderes Beispiel:
Eine Mutter und ihr Sohn sind bei einem Therapeuten. Die Mutter beklagt sich darüber, dass sie an ihren 13-jährigen Sohn „nicht herankommt", dass er ihr immer fremder wird und sie gar nichts mehr zusammen machen. Sie fragt ihren Sohn: „Willst du mit mir nichts mehr zu tun haben?"
Der Sohn antwortet: „Das ist doch Quatsch."
Die Mutter: „Aber du zeigst mir doch immer, dass du alles doof findest, was ich mache, wenn wir zusammen sind."
Der Sohn schüttelt den Kopf.
Die Mutter fährt fort: „Ja, dann sag es mir doch: Was willst du denn gerne mal mit mir machen?"
Der Sohn zuckt mit den Achseln.
Der Therapeut fragt nun die Mutter: „Was möchten Sie denn gemeinsam mit Ihrem Sohn unternehmen? Worauf haben Sie denn Lust?"
Diese überlegt und sagt: „Ich weiß ja gar nicht, was der will. Der hat ja seine Freunde und seinen Computer und alles. Ich weiß ja nicht, was richtig ist."
„Danach habe ich gar nicht gefragt, was richtig ist", sagt der Therapeut lächelnd. „Ich habe gefragt, was würden Sie gerne mit ihm unternehmen, worauf haben Sie Lust, was interessiert Sie, was machen Sie gerne?"
Die Mutter überlegt und sagt schließlich: „Ach, ich gehe so gerne ins Kino, aber da ist unser Geschmack ja verschieden. Früher habe ich ja selbst Handball gespielt, ich würde gerne mal wieder zu einem Handballspiel gehen."

Der Sohn blickt interessiert, das ist ihm offenbar neu.
  Der Therapeut fragt ihn: „Hättest du Lust mal mit deiner Mutter zusammen zu einem Handballspiel zu gehen? Oder mit ihr Handball zu spielen?"
  Der Sohn nickt: „Zum Handballspiel – ja." Und mit einem schiefen Lächeln: „Handball spielen, mit ihr ... na ja ...?"

Oft zermartern sich Eltern den Kopf darüber, was sie alles tun *müssen*, um für ihre Kinder das *Richtige* zu tun. Dabei vergessen sie ihre Eigenständigkeit, ihre Meinhaftigkeit, ihre eigene Lebendigkeit, ihr Wünschen und Wollen. Wenn wir danach fragen, was Eltern *selbst* gerne tun oder tun würden, dann ergeben sich häufig überraschende Angebote, die von Kindern gerne angenommen werden, manchmal auch abgewandelt, und die eine Verbindung zwischen Eltern und Kindern schaffen. Fast immer werden dabei auch eigene Erfahrungen der Eltern aus ihrer Kinder- und Jugendzeit angesprochen und wieder lebendig. Deswegen ist es häufig besonders erfolgreich, Eltern danach zu fragen, wie sie selbst die Zeit erlebt haben, als sie in dem Alter des Kindes waren, um das es gerade geht. Manchmal kann die Frage noch konkreter gestellt werden: „Was haben Sie denn in dem Alter gern gemacht?" Oder, wenn es auf diese Frage keine Antwort gibt: „Was hätten Sie damals gerne gemacht?", „Was hätten Sie in diesem Alter gebraucht?" ...

Manchmal können Eltern diese Frage nicht beantworten, da die eigenen Erlebnisse, vor allem die positiven, durch traumatische Erfahrungen überschattet wurden oder sie selbst sehr viel Leere kannten. Doch insbesondere die erwähnten Konjunktivfragen nach den Wünschen und Bedürfnissen helfen weiter: „Was hätten Sie gebraucht? Was hätten Sie gern gemacht?"

Eine Kollegin in der Jugendhilfe erzählt von einer türkischen Familie, die wegen ihres siebenjährigen Sohnes Hilfe suchte. Zuerst waren nur die Mutter und der Sohn in der Beratung, dann kam der Vater dazu. Schnell wurde deutlich, dass der Vater um seinen Sohn besorgt war und ihn irgendwie gern hatte – ein Ausdruck davon war, dass er mit zu dem Beratungsgespräch kam, wofür ihm die Beraterin auch dankte und ihn lobte. Doch wurde auch deutlich, dass der Vater mit dem Sohn kaum etwas gemeinsam tat, dass er völlig hilflos war, wie er mit seinem Sohn umgehen sollte oder könnte und sich immer wieder auf seine Rolle als Autorität und Familienoberhaupt zurückzog – die einzige ihm bekannte. Die Beraterin fragte den Vater, wo er denn gelebt hätte, als er so alt wie sein Sohn war. Dieser begann vom türki-

schen Dorf, in dem er mit seinen Eltern damals lebte, zu erzählen. Es wurde schnell sichtbar, dass auch sein Vater für ihn emotional und konkret unerreichbar fern war.

Die Beraterin fragte ihn: „Was haben Sie denn damals gespielt?"

Der Vater dachte lange nach und antwortete schließlich: „Das weiß ich gar nicht mehr. Ich war viel draußen und habe alles Mögliche gemacht."

„Was haben Sie besonders gern gemacht? Was war Ihr Lieblingsspiel?"

„Murmeln. Jetzt fällt es mir wieder ein. Ich habe gern mit Murmeln gespielt."

Der Sohn blickte erstaunt auf und schaute seinen Vater sehr interessiert an, als würde er seinen Vater gerade neu entdecken.

Die Beraterin fragte den Vater: „Könnten Sie sich vorstellen, mit Ihrem Sohn einmal Murmeln zu spielen und ihm zu zeigen, wie Sie das damals gemacht haben?"

Der Vater nickte. Der Sohn strahlte.

Die Eltern in einer Familie sind immer auch einmal Kinder gewesen und haben im Guten wie im Schlechten darin eine Vorerfahrung, die sie für den Kontakt mit ihren Kindern nutzen können. Ein gutes Mittel, diese Verknüpfung kreativ-therapeutisch erlebbar und damit auch besprechbar werden zu lassen, ist das Kind-Kindheits-Triptychon:

Das erwachsene Familienmitglied wird gebeten, sich drei DIN A4 oder DIN A3 Blätter zu nehmen und dazu Farben der Wahl.

„Bitte malen Sie auf das erste Blatt sich selbst. Keine fotografische Porträtzeichnung oder Ähnliches, sondern einfach so, wie Sie sich selbst erleben. Folgen Sie Ihren spontanen Einfällen."

Dann wird das nächste Blatt ausgewählt: „Malen Sie nun Ihr Kind. Auch hier wieder keine Abbildung, sondern so, wie Sie Ihr Kind erleben."

Und schließlich: „Nehmen Sie nun das dritte Blatt und malen Sie sich selbst als Kind. Auch hier wieder, so wie Sie sich erleben. Vielleicht als Kind in dem Alter Ihres jetzigen Kindes oder aber in dem Alter, das Ihnen gerade wichtig ist, das Ihnen gerade in den Sinn kommt."

Zumeist gibt es allein schon aufgrund des Erlebens der Erinnerungen, der Assoziationen während des Malens, zu jedem einzelnen Blatt des Triptychons, eine Menge Gesprächsstoff, der veränderte Sichtweisen und Haltungen initiieren kann.

Ich bitte in einem weiteren Schritt, diese drei Bilder einander zuzuord-

nen. Oft entsteht daraus ein „klassisches" Triptychon, so dass das Bild des Vaters oder der Mutter in der Mitte liegt, das Bild der eigenen Kindheit links und das Bild des Kindes rechts davon. „Sie können die Bilder aber auch anders einander zuordnen. Ich schlage Ihnen vor, sich überraschen zu lassen. Vielleicht entdecken Sie oder wir gemeinsam Verbindungslinien und Anregungen, die Sie für die Verbindung zu Ihrem Kind nutzen können." Es entsteht ein offener Prozess, in dem die Mehrgenerationenerfahrung sichtbar und spürbar wird und sich Menschen für Veränderungen öffnen.

Es handelt sich um drei Bilder, die jeweils für sich schon eine Bedeutung haben. Aber wie bei jedem Triptychon (vgl. Baer 2008), der Dreiform eines Bildes, ist das gesamte Bild einer besonderen Betrachtung wert. Die drei Bilder ergeben als Ganzes ein eigenständiges Bild, aus dem heraus neue Verbindungen und andere Besonderheiten sichtbar werden, welche neue Resonanzen in den Betrachter/innen entstehen lassen.

Wenn ich mit mehreren Familienmitgliedern arbeite, bitte ich sie, dass jede erwachsene Person dieses Kind-Kindheits-Triptychon für sich gestaltet. Auch hier kann der gegenseitige Austausch unter den Eltern sowohl Verständnis füreinander wecken, indem die Quellen mancher Verhaltensweisen gegenüber den Kindern deutlich werden, als auch Veränderungen einleiten. Bei dieser Methodik achte ich darauf, dass die Kinder selbst nicht dabei sind, da es sinnvoll ist, dass die Eltern ihre Vorstellungen von ihrem Kind „unzensiert" gestalten, und da manches, was dort zu Tage tritt, für Kinder überfordernd sein kann. Zu einem späteren Zeitpunkt kann dann das, was entwickelt wurde und in die Beziehung zu den Kindern gehört, mit den Kindern ausgetauscht werden.

Auch hier möchte ich darauf hinweisen, dass wegen der Komplexität dieser Prozesse die Arbeit mit dem Kind-Kindheits-Triptychon Fachkräften mit therapeutischer Ausbildung vorbehalten sein sollte.

3.10 Familien-Erleben und Konkurrenz

Die bekannteste Konkurrenz in Familien ist die Geschwisterkonkurrenz. Vor allem ältere Geschwister konkurrieren mit den jüngeren um die Liebe, die Zuneigung und die Zeit bzw. Aufmerksamkeit der Eltern und fühlen sich oft

– zu Recht oder zu Unrecht – ungerecht behandelt oder herabgesetzt. Jüngere Geschwister eifern den älteren nach, vor allem, wenn diese in der Schule, im Sport oder in anderen Freizeitaktivitäten erfolgreich sind, und leiden oft darunter, dass sie mit ihrem konkurrierenden Nacheifern nie eine Chance haben, an die älteren Geschwister heranzukommen. In manchen Familien wird das Konkurrenzgebaren der Kinder, vor allem der kleinen Kinder, milde belächelt und ist Gegenstand von Familienanekdoten, die ein Leben lang erzählt werden und im Familiengedächtnis haften bleiben. Oft werden Konkurrenzgefühle von Geschwisterkindern aber ignoriert. Wenn sie dann doch Ausdruck finden, werden sie „verboten" und im Keim erstickt. Später brechen sie sich dann oft in „umgetauschten Gefühlen" (siehe „Grammatik der Gefühle" in Baer/Frick-Baer 2008a) wie Ängsten, Selbstwertverlust und Sich-verraten-Fühlen ihre Bahn.

Konkurrenzgefühle, gelebte wie ungelebte, haben eine große Auswirkung auf das Gefüge einer Familie. Denn auch andere Konkurrenzen existieren: Da konkurrieren Vater und der heranwachsende Sohn darum, wer der bessere Tennisspieler ist, oder die Eltern konkurrieren um die Liebe der Kinder. In anderen Familien konkurrieren Mutter und Großmutter darum, wer die bessere Hausfrau ist oder am besten die Kinder versorgen kann oder wer am meisten leidet. „Stiefkinder" konkurrieren mit „leiblichen" Kindern um Liebe und Zugehörigkeit, „Stiefmütter" oder „Stiefväter" konkurrieren mit ihren Partner/innen und insbesondere mit den leiblichen Müttern oder Vätern um die Achtung der Kinder – oft, ohne konkurrieren zu wollen, und oft in verzweifeltem Bemühen. Es gibt kaum einen Bereich innerhalb von Familien, in dem es nicht Konkurrenz geben kann. Deswegen ist es wichtig, bei der Betrachtung von Familienerleben der Konkurrenz Aufmerksamkeit zu schenken. Oft findet die Konkurrenz in Familien verdeckt statt, wie das folgende Beispiel zeigt, das ich etwas ausführlicher als sonst vorstellen möchte:

Zum Vorgespräch, dem eine Familientherapie folgen sollte, kam das Ehe- und Elternpaar Kremer ohne ihre Kinder. Sie wirkten verzweifelt und gefasst zugleich. Sie schilderten, dass ihre Ehe gefährdet sei, weil die Streitereien zwischen ihren beiden Kindern, der 10jährigen Tochter und dem 12jährigen Sohn, nicht mehr auszuhalten seien. Früher seien die beiden ein Herz und eine Seele gewesen, nun aber sei die Familienatmosphäre vergiftet. Und plötzlich schreie jeder mit jedem herum: die Kinder untereinander, die Mutter mit den Kindern, weil sie deren Geschrei nicht aushalte, und dann mit dem Vater, weil der immer „Ruhe" bewahren und sich heraushalten würde und von ihr „Ruhe bewahren" verlange, bis sie ausraste – und dann er. Das sei ein teuflischer Kreislauf. Der Druck, der auf ihnen laste, sei unerträglich. Sie berichten von Krankheiten und kleineren Zusammenbrüchen, während nach außen hin „alles perfekt" sei.

Den Kern ihrer Probleme sahen sie in dem Verhalten der Kinder untereinander und in ihrer elterlichen Hilflosigkeit, die eskalierende Situation zu verändern. Dass die gesamte Familie und jedes einzelne Familienmitglied unter enormen Druck stand und die Familienatmosphäre von Spannung geladen war, wurde in der ersten familientherapeutischen Sitzung mit allen Familienmitgliedern schnell deutlich, doch die Quellen dieses Druckes blieben schwer greifbar. Auf meine Frage, wie jedes Familienmitglied seine Rolle, seine Aufgabe und seinen Stand in der Familie beschreiben würde, kamen fast ausschließlich leistungsbezogene Äußerungen. Das Wörtchen „muss" war das am häufigsten gebrauchte. Alle strengten sich an – und das jederzeit. Die beiden Kinder waren jeweils die Klassenbesten, übten, lernten, machten Hausaufgaben für die Schule und waren gleichzeitig sportlich sehr gut: das Mädchen im Fechten, der Junge als linker Verteidiger seiner Fußballmannschaft. Die Mutter war berufstätig als Arzthelferin und die perfekte Hausfrau. Der Vater war erfolgreicher Pharmavertreter, immer unter den ersten drei in den Vergleichsbewertungen seiner Firma.
Alles schien perfekt und erfolgreich.

Ich fragte die Kinder, wie sie ihr Verhältnis zueinander beschreiben würden. Sie wirkten bei den Antworten relativ hilflos: Ja, sie würden sich oft streiten; ja, eigentlich sehr oft; doch so dramatisch wie ihre Eltern fänden sie es nicht. Doch, sie könnten sich schon ganz gut leiden, aber ...

Worum es denn ginge in ihren lautstarken Auseinandersetzungen? Auf diese Frage folgten Erzählungen, wie die eine „gemein" und der andere „doof" gewesen sei. Es hätten tausende Beispiele werden können, wenn ich sie nicht gestoppt hätte.

So wie die beiden sich gerade streitend hochschaukelten, ohne genau zu wissen, um was es ging, und die Eltern zunehmend gequält zuhörten und zuschauten, entstand bei mir der Eindruck, dass das Thema Konkurrenz unter der Familiendecke schwelte. Auch wenn das niemand erwähnt hatte. Jedes einzelne Familienmitglied meinte, es würde sich aus sich heraus anstrengen und darum bemühen, zu den Besten zu gehören, das hätte mit den anderen und der Familie nichts zu tun. Gleichzeitig wurde deutlich, dass das Wissen, dass jede/r von ihnen viel, das Bestmögliche leistete, nicht im Innern als Selbstwertgefühl verankert war. Allen fehlte – nicht für die anderen Familienmitglieder, wohl aber für sich selbst – der Maßstab für die eigene Leistung. Vor allem fehlte eine Vorstellung davon, dass sich ein Selbstwertgefühl und die Bedeutung, die man für die Familie haben kann, auch nach anderen Kriterien als Leistung bemessen kann. Das galt nach meinem Eindruck in dramatischem Ausmaß für die Eltern, die bei dieser – vorsichtig formulierten – Rückmeldung fassungslos und traurig wurden, ohne genau zu wissen warum. Die Kinder jedoch wirkten eher erstaunt und interessiert. „Und was nun?", fragten die Eltern. „Was heißt das jetzt? Was sollen wir machen?"

Die Hilflosigkeit und die offensichtlichen Ohnmachtsgefühle der Eltern veranlassten mich zu der Frage nach der Eltern-Generation der Eltern: „Welche Bedeutung haben Ihre jeweiligen Eltern für das aktuelle Leben der Familie?"

Die Eltern der Ehefrau wohnten relativ weit entfernt, man sah sich alle zwei, drei Monate und hatte ein herzliches Verhältnis. Anders fiel die Einschätzung zu den Eltern des Vaters aus. Seine Mutter war kurz nach der Geburt des ersten Enkelkindes gestorben. Nach Meinung des Vater stand seine Mutter immer im Schatten des Großvaters, relativ unscheinbar. Der Großvater lebte nun in einem Pflegeheim. Der Vater erzählte: „Man kann eher sagen, dass er dort residiert, wie ein Herzog. Alle andere wirken so, als wären es seine Untergebenen. Er war schon immer so. Seit zehn Jahren ist er krank und redet davon, dass er bald stirbt, aber ..."

Ich bat jedes Familienmitglied, mit einem Instrument oder der Stimme einen Ton „für sich selbst" erklingen zu lassen. Alle Töne waren relativ leise. Als ich bat, ein Instrument zu wählen, um den Großvater erklingen zu lassen, brach ein gewaltiger Krach aus: Der Großvater übertönte alle, ein deutlicher Hinweis darauf, dass der Großvater eine mächtige Rolle in der Familie spielte. Die Familienmitglieder waren über das, was sie hörten, teils belustigt, teils irritiert. So laut und mächtig hörte sich oft der Streit der Kinder an ... Was war da geschehen? Wie konnte das geschehen? Was geschah da immer wieder neu?

Die Familie hatte sich dem Leitsatz des Großvaters unterworfen: „Kremers sind da, wo vorne ist." Und alle wetteiferten darum, „vorne" zu sein, immer die Besten, immer die Leistungsstärksten – ohne zu wissen, dass sie dabei *konkurrierten, und immer versteckt und mit enormer Anstrengung und großem Druck. Wenn die Familie den Vater bzw. Großvater besuchte, wurden sie nicht danach befragt, wie es ihnen gehe, sondern nach den Leistungen, den beruflichen, schulischen, sportlichen usw. Und dann belohnte der Großvater mit Lob und Tadel, nicht mit Geschenken oder offenkundigen Benotungen, sondern mit einem Lächeln oder einem ernsten Blick, mit einem Streichen der Hand über das Haar oder einer abweisenden Mimik. Er machte nicht viele Worte, aber er hielt durch Gesten, die sparsam und nichtsdestotrotz besonders eindrucksvoll waren, den Wettbewerb der Familienmitglieder um seine Gunst aufrecht. Die Familienmitglieder konkurrierten, „vorn" zu sein, wetteiferten unbewusst darum, am besten diesen Leitsatz zu erfüllen und so die Gunst des Großvaters zu erringen. Diese Konkurrenz erhöhte den Druck, der sich schließlich in den Konflikten innerhalb der Familie entlud.*

In der Folgezeit, so berichteten die Familienmitglieder im weiteren Verlauf der familientherapeutischen Arbeit, änderte sich kaum etwas an der Häufigkeit oder Lautstärke der Streitereien der Kinder, wohl aber an deren Qualität und die Auswirkungen auf die Eltern. Entscheidend für die Veränderung war, die beschriebene Konkurrenz und deren Auswirkungen zu erkennen. Der übermäßige Druck war entwichen, die Streitereien der Kinder nervten die Eltern weiterhin, vor allem die Mutter. Aber sie nervten nur und hatten nicht mehr die bedrohliche und zerstörerische Kraft, mit der sie vorher erlebt wurden. Auf dieser Grundlage konnte die Familie andere, eigene Leitsätze entwickeln.

Entscheidend ist, dass verdeckte Konkurrenz als Konkurrenz identifiziert wird. Für viele Familientherapeut/innen ist Konkurrenz kein „Lieblingsthema", so dass es gern übersehen wird. Deswegen ist es notwendig, dass wir Therapeut/innen uns in Selbsterfahrung und Supervision damit auseinandersetzen. Das ist die Voraussetzung, um ein Gespür dafür entwickeln zu können.

Konkurrieren z. B. Eltern um die Liebe der Kinder, bedarf es oft des Blickes „von außen", um zu erkennen, dass das Verhalten mit dem Wort „Konkurrenz" in Verbindung gebracht werden kann. Kann und darf dies auch von den Familienmitgliedern gesehen und akzeptiert werden, können die Familientherapeut/innen mit der Familie gemeinsam im nächsten Schritt auf die Spurensuche gehen, welche Bedeutung diese Konkurrenz hat: Vielleicht sind sich ja die Eltern ihrer Liebe eigentlich sicher, wissen aber nicht, ob sie bei den anderen „ankommt"? Vielleicht können sie die Kinder „einfach" nach ihrer Liebe fragen? Vielleicht verbirgt sich Unsicherheit, manchmal existenzielle Unsicherheit und Selbstabwertung hinter dem Konkurrenzverhalten? Vielleicht äußern sich andere, unausgetragene Beziehungsstörungen zwischen den Eltern in Form der Konkurrenz um die Eltern ...?

In manchen Familien ist die Konkurrenz, ob versteckt oder offensichtlich, so intensiv, dass sie die Atmosphäre der Familie bestimmt. Wenn jeder mit jedem konkurriert, ist die Konkurrenz das erwähnte Familiensubstrat, das alle weiteren Phänomene innerhalb der Familie prägt. Als Leitfaden möchte ich Familientherapeut/innen für ihre Arbeit mit dem Thema Konkurrenz folgende Fragen an die Hand geben:

» *Darf* Konkurrenz sein? Wie wird sie bewertet?
» *Wer* konkurriert vor allem? Oft ist die Konkurrenz-Intensität unter den Mitgliedern einer Familie unterschiedlich verteilt.
» *Worum* wird konkurriert? Diese Frage ist oft entscheidend für den Umgang mit Konkurrenzsituationen: Worum geht es eigentlich? Dabei begegnen wir häufig offenen und versteckten Konkurrenz-Objekten.
» *Wie* wird konkurriert? Wenn die Konkurrenzobjekte klar sind und offen konkurriert wird, können Familien oft gut mit Konkurrenz umgehen. Wenn Konkurrenz versteckt ausgeübt wird, belastet das die Einzelnen und die Atmosphäre und den Zusammenhalt der Familie.
» *Welcher Leitsatz* prägt das Konkurrenzverhalten? Dient er als akzeptierte und lebbare Orientierung oder bewirkt er Leiden?
» *Erweitert* die Konkurrenz die Spielräume für die Entwicklung der Einzelnen (und damit der Familie) oder behindert sie Kreativität und Lebendigkeit?

3.11 Familien-Erleben und Selbstwertschätzung

Ich kenne keine familientherapeutische Arbeit, in der es nicht auch und oft in bedeutendem Maße um das Selbstwertgefühl aller Beteiligten ging. Damit bestätigt sich eine Erfahrung, die schon Virginia Satir machte: „In den vielen Jahren, in denen ich Kinder unterrichtet habe, in denen ich Familien aller sozialen Schichten behandelt und Menschen der verschiedensten Lebensrichtungen ausgebildet habe – in all den alltäglichen Erfahrungen meines beruflichen und privaten Lebens gelangte ich zu der Überzeugung, dass der entscheidende Faktor für das, was sich in einem Menschen abspielt, die Vorstellung vom eigenen Wert ist, die jeder mit sich herumträgt – also sein Pott." (Satir 2011, S. 30f)

Den hier erwähnten „Pott" nutzt Virginia Satir als Bild und erzählt dazu eine Geschichte aus ihrer Kindheit: „Als kleines Mädchen lebte ich auf einer Farm in Wisconsin. Vor unserem Hintereingang stand ein großer, schwarzer Eisentopf. Er war rund und schön und stand auf drei Beinen. Meine Mutter machte unsere Seife selbst und so war einige Zeit im Jahr der Topf voller Seife. Wenn es im Herbst Dreschzeit wurde, füllten wir den Topf mit Eintopf. Und zu anderen Zeiten benutzte ihn mein Vater, um Dünger für die Blumenbeete meiner Mutter darin aufzubewahren. Im Laufe der Zeit nannten wir den Topf ‚SED-Topf' (Anm. d. Verf.: **S**eife, **E**intopf, **D**ünger). Immer wenn irgendjemand den Topf benutzten wollte, musste er sich folgenden zwei Fragen stellen:
1. *Was* ist gerade im Topf?
2. *Wie* voll ist er?
(…)
Vor ein paar Jahren saß eines Tages eine Familie in meiner Praxis. Die einzelnen Mitglieder versuchten sich gegenseitig zu erklären, wie sie sich fühlten. Ich dachte wieder an den schwarzen Pott und erzählte ihnen seine Geschichte. Bald begann jedes Familienmitglied über seinen eigenen individuellen Pott zu sprechen und darüber, was er enthielt: Gefühle des Selbstwerts oder der Schuld, Scham oder Wertlosigkeit." (Satir 2011, S. 29)

Selbstwertgefühl ist nicht einfach vorhanden, sondern es ist das Resultat sozialer Erfahrungen. Damit Menschen ein positives Selbstwertgefühl entwickeln können, brauchen sie Rückmeldungen anderer Menschen, Spiegelungen, wohlwollende Reibungen, Nahrung … Sie brauchen dies von den Menschen, die ihnen in ihrer Lebenswelt wichtig sind. Das sind über viele Jahre und manchmal für ein ganzes Leben insbesondere Familienangehörige. Dazu noch einmal Virginia Satir: „Ich bin überzeugt, dass das Gefühl des Wertes nicht angeboren ist, es ist *erlernt*. Und es ist in der Familie erlernt. Du hast dein Gefühl von Wert oder Unwert in der Familie gelernt, die deine Eltern gegründet hatten, und deine eigenen Kinder lernen es in ihrer Familie jetzt gerade. (...) Gefühle von positivem Selbstwert können nur in einer Atmosphäre gedeihen, in welcher individuelle Verschiedenheiten geschätzt sind, in welcher Fehler toleriert werden, wo man offen miteinander spricht und wo es bewegliche Regeln gibt – kurz in einer Atmosphäre, die eine ‚nährende‘, wachstumsfördernde Familie ausmacht." (Satir 2011, S. 33/35)

Die Familienatmosphäre kann geprägt sein von grundlegenden Wertlosigkeitsgefühlen und Gefühlen der Unwirksamkeit und Ohnmacht einzelner oder sogar aller Familienmitglieder. Die Quellen dafür können in Rollenverlust, Arbeitslosigkeit, körperlichen und psychischen Erkrankungen, schulischem „Versagen" der Kinder oder in offener oder subtiler Machtausübung und Abwertung durch innerfamiliäre Machthaber liegen. Oft kämpfen Familien gegen die Abwertung, aber auf eine Weise, dass einzelne Familienmitglieder mit anderen konkurrieren, sich über diese erhöhen und sie so weiter abwerten ... Ein Kreislauf von Abwertung und Hilflosigkeit. Familienatmosphären und familiäre Beziehungen können folglich das Selbstwertgefühl eines jeden Familienmitgliedes stärken oder es schwächen, ja sogar zerstören. Als Familientherapeut/innen sind wir auch Anwälte bzw. Anwältinnen des Selbstwertgefühls, eines positiven Selbstwertgefühls der Familienmitglieder. Das bedeutet: Wir treten gegen Gewalt, Beschämung und Erniedrigung auf. Wird in der familientherapeutischen Arbeit deutlich, dass eine Familie diesen Monstern, wie ich sie nenne, „von außen" ausgesetzt ist, dann unterstützen wir die Familie, sich dagegen zu wenden. Wir vertreten die Werte der Würde und Würdigung. Wenn wir mitbekommen, dass ein Familienmitglied ein anderes beschämt und erniedrigt, dann können und müssen wir dies spiegeln, darauf aufmerksam machen und auf die Folgen hinweisen. Auch hier sind wir nicht „allparteilich", sondern parteilich für die Würde und gegen die Entwürdigung. Ich bin der sicheren Überzeugung, dass Familien sich selbst zerstören oder von einzelnen Familienmitgliedern zerstört werden, wenn Gewalt, Beschämung und Erniedrigung den Alltag in einer Familie bestimmen.

Der vierte große Killer eines positiven Selbstwertgefühls neben den drei bereits erwähnten Monstern ist die Leere. Damit meine ich, dass ein Familienmitglied ein anderes ins Leere gehen lässt, und dies über einen längeren Zeitraum. Der Blick wird nicht erwidert und der Klang der Stimme überhört. Das, was der Person wichtig ist, findet keine Resonanz, sondern versickert im Nichts. Auf Bitten und Wünsche wird gar nicht eingegangen, nicht einmal ihnen widersprochen. Solche Erfahrungen von Leere hat gelegentlich jeder

Mensch. Müssen sie über einen längeren Zeitraum erduldet werden, hat dies nachhaltige Folgen: Sie zerstören die Beziehungen und Beziehungsmöglichkeiten zwischen den Menschen und sie zerstören das Selbstwertgefühl derjenigen, die ins Leere gehen. Ob sich diese dann zurückziehen und resignieren oder ob sie in ihrer Not um sich schlagen, um endlich Gehör zu finden und gesehen zu werden, ist den individuellen Unterschieden von Bewältigungsstrategien geschuldet. Entscheidend ist, dass Erfahrungen, wiederholt ins Leere zu gehen, das Selbstwertgefühl stören und zerstören.

Oft sind dann die Familientherapeut/innen diejenigen, die die innerfamiliäre Leerstelle füllen und mit denen diejenigen, die ins Leere gehen, womöglich erstmalig die positiven Erfahrungen machen, Resonanz zu finden und in ihren Impulsen erwidert zu werden. Familientherapeut/innen werden häufig zum Sprachrohr des Ungesagten und Verstummten, sie ermutigen dadurch diejenigen, die vielleicht schon resigniert haben, ihre Stimme zu erheben, und versuchen, diejenigen, die andere ins Leere haben gehen lassen, dabei zu unterstützen, ihre Haltung und ihr Verhalten zu ändern. Solche Prozesse sind nicht einfach und oft kompliziert, doch nachhaltig wirkungsvoll. Es reicht nicht, die Mitglieder einer Familie nur in der Entwicklung ihres Selbstbewusstseins zu fördern, wenn nicht gleichzeitig die vier Monster (Gewalt, Beschämung, Erniedrigung und Leere), die das Selbstbewusstsein schädigen, bekämpft werden.

In vielen Familien treten die vier Monster nicht so massiv auf oder haben ihre Wirkung durch therapeutische Intervention schon verloren. Doch noch gibt es in der Familie keine Kultur der Wertschätzung, keine Atmosphäre, in der eine Kommunikation, anderen Menschen, den anderen Familienmitgliedern, ihren Wert mitzuteilen und zu zeigen, selbstverständlich ist. Diesem Aspekt möchte ich in diesem Kapitel besondere Aufmerksamkeit schenken, indem ich drei Methoden vorstelle, die sich bewährt haben.

Die erste ist eine familientherapeutische Variante der „Klänge der Kostbarkeiten", wie meine Frau und ich sie in dem musiktherapeutischen Buch „Klingen, um in sich zu wohnen" vorgestellt haben. Hier ein Beispiel, die „Platte der sieben Kostbarkeiten":

Die vierköpfige Familie Müller sitzt zusammen in der Therapie. Ich sage: „Wenn Sie in ein chinesisches Restaurant gehen, wird es dort oft eine besondere Platte mit den größten Kostbarkeiten geben, die die Küche des Restaurants aufzuweisen hat. Ich bitte Sie nun, eine solche Platte mit den sieben besten Kostbarkeiten Ihrer <u>Familie</u> zu erstellen. Was sind die besten, die größten Kostbarkeiten in Ihrer Familie? Überlegen Sie und diskutieren Sie und erstellen Sie die ‚Platte der Kostbarkeiten der Familie Müller'."

Dann nenne ich die einzelnen Schritte:
» Ich lege Stifte und Papier auf den Tisch.
» Jede und jeder aus der Familie nimmt sich ein Blatt und schreibt (oder malt) auf, welche Kostbarkeit er oder sie bei sich selbst sieht: Was ist kostbar an mir? Was kann ich Kostbares zur Familie beisteuern?
» Diese Kostbarkeiten, bei Familie Müller sind es vier, für jedes Familienmitglied eine, werden dann vorgestellt. Es gibt eine Regel: „Jedes Familienmitglied bestimmt über die eigene Kostbarkeit selbst, da darf man nachfragen, aber nicht widersprechen!"
» Dann geht es darum, die für die Platte fehlenden Kostbarkeiten zu ergänzen. Hier nun geht es um Kostbarkeiten, die die gesamte Familie, also alle Familienmitglieder gemeinsam betreffen: „Was zeichnet Ihre Familie aus? Was können Sie alle gemeinsam gut, besonders gut? Was ist toll an Ihnen? ..."
Hier müssen die Familienmitglieder gemeinsam auf die Suche gehen und sich einigen, zumeist ein spannender Prozess. Wenn die Familie die Zahl von sieben Kostbarkeiten nicht voll bekommt, ist dies nicht so wichtig. Wesentlich ist mir, dass zumindest eine gemeinsame familiäre Kostbarkeit gefunden wird. Manchmal kommen Familien bzw. Familienmitglieder zu einem späteren Zeitpunkt sagen freudestrahlend: „Wir haben noch eine Kostbarkeit gefunden!"
» Als nächsten Schritt lege ich meistens ein großes Blatt Papier auf den Tisch und bitte die Familie, gemeinsam ein „Bild unserer Kostbarkeiten" zu gestalten. In dieses Bild sollen sowohl die Kostbarkeiten der einzelnen Familienmitglieder als auch die der gesamten Familie einfließen. Manche Familien besprechen, wie das Bild aussehen soll, andere beginnen, indem jede und jeder irgendwo anfängt und alle zusammen während des Malens dieses Bild der Kostbarkeiten entstehen lassen.

Sehr beliebt, sehr einfach und effektiv ist die Ordensverleihung:
„Sie wissen, dass Orden für besondere Verdienste und besondere Fähigkeiten verliehen werden. Hier liegen Stifte und viele kreisrunde Blät-

ter. Ich bitte Sie, dass Sie jedem anderen Familienmitglied einen Orden verleihen. Schreiben und malen Sie etwas auf eines der runden Papiere und wenn Sie alle Orden erstellt haben, schreiten wir zur feierlichen Verleihung."

Hier wird deutlich, welche Art der Wertschätzung jedem einzelnen Familienmitglied von jedem anderen Familienmitglieder geschenkt wird. Diese Wertschätzung findet einen Ausdruck, was die Beschenkten oft überrascht und berührt. Erweitert werden kann die Ordensverleihung darin, dass sich jedes Mitglied auch noch selbst einen Orden verleiht. Eine weitere Ergänzung kann darin bestehen, dass die Familienmitglieder beauftragt werden, ihrer Familie als Ganzer einen gemeinsamen Orden zu verleihen. Dies bringt zumeist sehr fruchtbare Diskussionen hervor, in denen sich die Familienmitglieder verständigen und manchmal auch darüber streiten, worin die besondere Kostbarkeit ihrer Familie besteht.

Und schließlich ein dritter Weg:
„Heute bitte ich Sie zu einem Gesellschaftsspiel. Bitte setzen Sie sich an den Tisch."

Auf die Mitte des Tisches, an dem sich die Familie niederlässt, habe ich verschieden farbige Servietten sowie unterschiedliche Materialien in verschiedenen Schalen gelegt: Muscheln, Steine, Hölzer, Knöpfe, kleines Spielzeug und sonstiger „Krimskrams".

„Bitte wählen Sie sich jede und jeder eine Serviette Ihrer Wahl und legen Sie sie vor sich hin."

„Heute soll es darum gehen, dass jede und jeder von Ihnen den anderen etwas schenkt, was sie oder er an der anderen Person besonders schätzt, was sie oder er als deren Kostbarkeit würdigen mag, eine Eigenschaft, ein Verhalten, eine Kompetenz ..."

Dann bitte ich ein Familienmitglied, einem anderen zu sagen: „Ich schätze an dir ...", und diesem Familienmitglied dabei einen Gegenstand aus den in der Mitte befindlichen Materialien auszuwählen und zu schenken. Das beschenkte Familienmitglied sammelt die Geschenke in der Serviette.

Die Regel ist: Jedes Familienmitglied schenkt jedem anderen eine Wertschätzung und einen Gegenstand.

3.12 Familien-Erleben und Kommunikation

Dass Kommunikation ein Lebenselixier von Familien ist, ist unstrittig und unbestreitbar. Störungen in der Familie werden fast immer auch als Störungen der Kommunikation erlebt: „Ich erreiche meinen Sohn nicht mehr", „Mein Mann hört mir nicht zu", „Ich kann sagen, was ich will, ich werde nicht verstanden", „Bei uns herrscht Sprachlosigkeit"... Solche Äußerungen fallen häufig zu Beginn familientherapeutischer Aktivitäten. Deswegen gibt es eine lange Tradition in der familientherapeutischen Entwicklung, sich mit Kommunikationsprozessen zwischen Menschen und insbesondere innerhalb von Familien auseinanderzusetzen.

Das klassische Kommunikationsmodell, das sich an Nachrichtenübertragungen orientiert, geht von Sendern aus, die an Empfänger Botschaften senden. Doch dieses Modell ist zu sehr an Funkgeräten orientiert, so dass es für die Erklärung der Kommunikation zwischen Menschen untauglich ist (es wurde von den Mathematikern C. E. Shannon und W. Weaver 1948 entwickelt). Kommunikation zwischen Menschen umfasst zumeist mehrere Ebenen und gleichzeitig unterschiedliche Richtungen. Wie ein Mensch z. B. zuhört („Empfänger"), ist schließlich auch eine „Botschaft". Kommunikation zwischen Menschen ist kein sauber getrenntes Nacheinander, sondern eher mit einem Tanz zu vergleichen. Insbesondere in der nonverbalen Kommunikation herrscht ein Wechselspiel gleichzeitiger Resonanzen vor, welches das klassische Kommunikationsmodell nicht erfassen kann.

Hilfreicher sind Feststellungen aus der Tradition humanistischer Psychologie (Cohn 1975, Schulz von Thun 2010 u.a.) zur Kommunikation, an denen ich anknüpfe:
» In Familien, wie auch in anderen kleinen sozialen Gemeinschaften, ist nicht nur die Sachebene der Kommunikation zu betrachten. Die Beziehungs- und emotionalen Ebenen sind oft viel relevanter für das Zusammenleben oder Zusammenarbeiten.

Familie Baum streitet darüber, welches Urlaubsziel für den nächsten Sommerurlaub ausgewählt werden soll. Vordergründig geht es darum, welcher Urlaub preisgünstiger ist bzw. bei welchem Urlaubsangebot das Preisleistungsverhältnis am besten ist. Doch auf der Beziehungs- und Gefühlsebene geht es um viel mehr: Es geht darum, endlich einmal gehört zu werden, oder darum, die Träume von einem schönen Urlaub mit einem „endlich mal guten Familienleben" zu verbinden usw.

Die Therapeut/innen wirken bei solchen Kommunikationen oft als Spiegel und als Dolmetscher. Spiegel sind sie insofern, als sie den Familien oder den Paaren spiegeln, wie die Kommunikation zwischen ihnen verläuft. Dolmetscher sind sie, indem sie versuchen zu übersetzen, was jeweils die anderen meinen, was diese ausdrücken wollen und wofür sie keine Worte oder andere geeigneten Kommunikationsweisen haben.

» Es gibt offene Kommunikationen und verdeckte Kommunikationen. Dies soll wieder am Beispiel des Streitens über ein Urlaubsziel deutlich werden. Ich werde dabei einige Vermutungen über verdeckte Motive anstellen, welche in der Therapie selbstverständlich erst behutsam zu erfragen wären:

Der Vater reagiert mit hochgezogenen Augenbrauen, sobald die Tochter etwas sagt. Die Frau versucht, ein Urlaubsangebot durchzusetzen, in dem die Kinder einen eigenen vom Elternzimmern deutlich abgetrennten Raum haben. Dass sie dies möchte, um „endlich einmal Ruhe und Zeit für sich und ihren Mann zu haben", traut sie sich aber nicht zu sagen, weshalb dieser Wunsch immer erregter in ihrer Stimme mitschwingt. Der Sohn ist genervt von der Diskussion. Ihm ist es egal, wohin die Familie fährt, Hauptsache es gibt dort W-LAN. Der Vater möchte auf keinen Fall, dass „die Tochter sich wieder durchsetzt". Und er möchte mit seiner Frau ein abgetrenntes Zimmer mit dicken Wänden, um endlich wieder ungestörten Sex mit seiner Frau im Urlaub haben zu können. Doch beides wagt er nicht, offen zu sagen, nicht einmal seiner Frau …

Die verdeckten Kommunikationen betreffen oft die Beziehungs- und Gefühlsebenen und sind zumeist machtvoller als die offenen Kommunikationen und erst recht als die bloßen sachlichen Argumente. Sie schwingen als Subtexte in jeder Kommunikation mit, bei manchen mehr, bei anderen weniger.

» Deswegen ist die Achtsamkeit für die Subtexte besonders wichtig. Subtexte sind Aussagen, die unterhalb des Gesagten „gemeint" sind, Themen, die unterhalb der Ebene der offenen Kommunikation mitschwingen oder „eigentlich" kommuniziert werden. Familientherapeut/innen müssen geschult sein, solche Subtexte zu erkennen bzw. sie in ihrer eigenen Resonanz zu spüren.

Der Therapeut begleitet einen Vater, eine Mutter und deren 13-jährigen Sohn. Der Vater möchte, dass der Sohn auf das Gymnasium wechselt: „Du kannst das, du bist nur zu faul." Er droht dem Sohn, ihm den Computer wegzunehmen, wenn er sich nicht fügt.

Der Sohn widerspricht, die Mutter versucht aufgeregt zu vermitteln. Die Kommunikation verfängt sich in einer Sackgasse.

Der Therapeut beginnt sich zu schämen. Er merkt, dass ihm diese ganze Auseinandersetzung peinlich ist, findet aber keinen Anhaltspunkt von Peinlichkeit oder Scham in den Worten der Familie. Dennoch nimmt er seine eigenen Peinlichkeits- und Schamgefühle ernst, in der Hoffnung, dass sie vielleicht einen Weg aus der Sackgasse der Kommunikation weisen können. Er fragt die Beteiligten, ob das Thema auch etwas mit Scham und Peinlichkeit zu tun haben könne.

Nach einigem Hin und Her wird deutlich, dass Scham bei allen dreien eine große Rolle spielt. Der Vater schämt sich, dass sein Sohn keinen großen Schulerfolg hat, und fürchtet, dass sein Sohn von anderen als „Versager" abgewertet wird. Der Sohn hat gute Freunde in seiner Schule und ist vor allem in eine Schülerin aus der Parallelklasse verliebt, was erklärt, dass er die Schule nicht wechseln will. Dies ist ihm peinlich und die Scham ist so groß, dass er dies nicht zu sagen wagt. Die Mutter kommt aus einer Alkoholikerfamilie mit heftigen Streitereien, die nie nach außen gezeigt werden durften. Bei jedem Konflikt beginnt sie sich zu schämen und kämpft verzweifelt um Harmonie.

Die Resonanz des Therapeuten war der Zugang zu dem Subtext Scham, der unterhalb der offenen Kommunikation in der Familie verborgen war.

» Neben der verbalen verdient die nonverbale Kommunikation Beachtung. Wer liebevolle Worte mit einer abwesenden Haltung sagt, wird eher Reaktionen auf seine Haltung oder Mimik erfahren als auf seine Worte. Auch hier sind Therapeut/innen als Spiegel und Dolmetscher gefragt.

Bei all den vielfältigen Störungen der Kommunikation innerhalb von Familien schlage ich öfters zwei kleine Experimente vor. Das erste ist besonders geeignet, wenn Menschen anderen gar nicht mehr zuhören können oder schon im ersten Moment des Zuhörens so sehr mit ihren eigenen Reaktionen beschäftigt sind, dass diese das, was weiterhin gesagt und geäußert wird, überschwemmen.

„Ich bitte Sie, ein kleines Experiment zu wagen. Es besteht darin, dass Sie drei Regeln beachten, drei Schritte unterscheiden, die im Alltag durcheinander gehen und durchaus durcheinander gehen können und dürfen. Der erste Schritt besteht darin, dass Sie, wenn Ihr/e Partner/in hier etwas sagt, bis zu Ende zuhören. Der zweite Schritt besteht darin, dass Sie sich ein wenig Zeit lassen und wiederholen, was Sie meinen, verstanden zu haben. Und erst im dritten Schritt antworten Sie. Vielleicht kann dies, wenn Sie das einige Male probieren, helfen, dass Sie nicht mehr so sehr aneinander vorbei reden."

Häufig begegnen wir Menschen, die sich nicht trauen, gegenüber anderen Familienmitgliedern Wünsche, Erwartungen oder Forderungen zu äußern. Und doch klingen diese Wünsche usw. in der Kommunikation durch, erhöhen den diffusen Druck auf andere Familienmitglieder und provozieren damit Gegendruck. Hier ist es wichtig, diese Spirale zu spiegeln und zu „üben", wie Wünsche, Erwartungen und Forderungen geäußert werden können.

Den zweiten Vorschlag zu einem Experiment möchte ich an einem Beispiel verdeutlichen:
Eine Mutter sagt zu ihrer Tochter: „Die Spülmaschine ist voll." Die Tochter erwidert: „Ich muss noch Hausaufgaben machen." Die Mutter antwortet streng: „Natürlich musst du das." Die Tochter: „Ich habe aber keine Zeit, die Spülmaschine durchlaufen zu lassen und auszuräumen." Die Mutter: „Das habe ich doch gar nicht gesagt." ... In solchen Streitigkeiten schaukeln sich Druck und Konflikte zwischen Mutter und Tochter extrem hoch. Beide verstehen jeweils gut, was die andere meint. Aber wenn eine von ihnen auf den Subtext der Äußerung der anderen eingeht, behauptet die andere, dass sie das doch gar nicht gesagt habe. Beide gehen treffsicher ins Leere.
Die Familientherapeutin, der diese Szene als „typisch" geschildert wird, schlägt der Mutter vor zu üben, Sätze zu formulieren, die mit „Ich erwarte ..." oder „Ich fordere ..." beginnen. Der Mutter fällt dies sehr schwer, der Tochter auch. Beide trauen sich nicht und haben Angst, die jeweils andere zu verletzen.
„Dann schlage ich vor", sagte die Therapeutin, „dass Sie sich hier jetzt einander gegenüber stellen und mit einer kleinen Geste, einer kleinen Be-

wegung nacheinander einen Satz sagen, der mit ‚Ich wünsche mir, dass wir oder dass du ...' beginnt."

Die Tochter beginnt: „Ich wünsche mir, dass wir nicht mehr so viel streiten. Ich habe dich doch lieb."

Die Mutter fängt an zu weinen und sagt schließlich: „Ich dich doch auch. Ich wünsche mir, dass ich dir das mehr zeigen kann ..." Hinter der Schwierigkeit, Forderungen zu stellen und Erwartungen zu formulieren, steckt oft die Unsicherheit, Wünsche zu äußern. Und hinter der Unsicherheit, Wünsche zu äußern, verbergen sich oft Erfahrungen, mit seinen Wünschen ins Leere gegangen zu sein. Damit ist nicht gemeint, dass Wünsche nicht erfüllt wurde, sondern dass sie gar nicht wahrgenommen oder ernst genommen wurden. Oder es verbirgt sich dahinter ein äußerst geringes Selbstwertgefühl: „Wer bin ich, dass ich mir etwas wünschen dürfte?" ... Solche Experimente bieten im geschützten Rahmen der Therapie Chancen, den Quellen gestörter Kommunikation auf die Spur zu kommen und gleichzeitig neue Erfahrungen zu machen.

Leiborientierte Familientherapie geht davon aus, dass jeder Kontakt, jede Begegnung, jede Beziehung, jede Zusammenarbeit, also jede Kommunikation immer grundlegend zwischenleibliche Begegnung ist. Dem Erleben eines Menschen wohnen die Fähigkeit und der Charakter der Zwischenleiblichkeit (siehe Kap. 3.1) inne. Von dieser Zwischenleiblichkeit treten zumeist nur einzelne Aspekte ins Bewusstsein, viele bleiben präreflexiv. Kommunikation ist ein Aspekt zwischenleiblicher Begegnung und kann und soll darin theoretisch und praktisch eingebettet werden.

Leiborientierte Familientherapie ist deshalb vor allem darum bemüht, zwischenleibliche Begegnungen in ihrer kommunikativen Vielfalt anzuregen und zu unterstützen. Dabei werden die Muster der Störungen und des Leidens deutlich und gleichzeitig haben alle Beteiligten die Chance, neue Wege zu erkunden. Der Tanz der Kommunikation kann in kreativen Dialogen und Multilogen seinen Ausdruck finden, wobei insbesondere Subtexte sichtbar werden und sich darüber auch Kommunikationsstrukturen verändern können.

Ein Beispiel:
Die Therapeutin schlägt vor: „Bitte nehmen Sie jede und jeder ein Musikinstrument und versuchen Sie doch, sich einmal ohne Worte zu unterhalten. Lassen Sie sich überraschen, was dabei geschieht."

Der Vater nimmt eine Trommel, die Mutter eine Zither, die Tochter eine Flöte und der Sohn ein Holzxylophon. Alle beginnen zu spielen, jede und jeder für sich – und Vieles wird deutlich hörbar, was an Kommunikation in der Familie alltäglich stattfindet: Die Mutter ist nicht hörbar. Vater und Tochter versuchen einander zu übertönen und werden immer lauter, der Sohn versucht eine Weile mitzuhalten, gibt dann aber resigniert auf.

Im nächsten Schritt fragt die Therapeutin alle Beteiligten, was sie gehört haben und wie sie sich erlebt haben. Und dann folgen neue Experimente, z. B. dass wieder alle gemeinsam spielen, aber jede und jeder einmal in den Vordergrund kommen darf, die anderen zurückhaltender werden und den Klangteppich bilden, so dass die einzelne Person hörbar für alle wird. Oder dass die Familienmitglieder die Instrumente einmal tauschen. Oder dass die Spielenden die Nähe oder die Distanz zwischen sich verändern ...

Solche musikalischen Dialoge und Multiloge machen Kommunikation hörbar und veränderbar. Gleiches gilt für gestalterische Dialoge.

„Bitte nehmen Sie ein großes Blatt Papier und Stifte. Setzen Sie sich an entgegengesetzte Seiten dieses Blattes und beginnen Sie gleichzeitig zu malen. Lassen Sie sich überraschen, was passiert ..."

Auch bei dieser Methode werden alle Störungen sichtbar und fühlbar: Wer nimmt mehr Raum ein? Bleibt jeder in seiner eigenen Ecke, in seinem eigenen Nahbereich des Bildes? Entsteht überhaupt ein gemeinsames Bild oder bleiben dazwischen leere Zonen? Werden Grenzen gemalt? Wer malt in die Bilder des oder der anderen hinein? Ist das Malen am gemeinsamen Bild ein Machtkampf? Wer nimmt welches Material? ... Darüber kann gesprochen werden und auch hier können die Menschen wie in allen kreativtherapeutischen Dialogen und Multilogen neue Erfahrungen machen. Dieses kleine Experiment kann genauso gut nicht nur mit Paaren, sondern mit mehreren Personen einer Familie gleichzeitig durchgeführt werden.

In unseren Veröffentlichungen über Tanz-, Musik- und Kunsttherapie haben wir zahlreiche Methoden kreativer Dialoge vorgestellt (Baer/Frick-Baer 1999 - 2013), die in der Arbeit mit Familien genutzt werden können.

Wichtig bei der Analyse von Kommunikation, unter der Familien leiden, sind Phänomene, die ich Kommunikations*magnete* nenne. Damit bezeichne ich Themen, um die sich „immer alles dreht". Das kann darin bestehen, dass sich die Kommunikation in einer Familie immer wieder um Geldangelegenheiten „dreht" oder um Leistungen, Leistungen im Sport, Leistungen in der Schule, Leistungen bei der Arbeit usw. Geld und Leistung sind häufig solche Magnetfelder. Kommunikationsmuster werden dann zu Kommunikationsmagneten, wenn sie den Hauptteil der Kommunikation ausmachen und auf alle anderen Bereiche abstrahlen.

Solche Kommunikationsmagnete müssen als solche zu identifiziert und ernstgenommen werden. Nach meiner Erfahrung verbergen sich hinter solchen Magneten fast immer Kommunikationstabus. Ein Beispiel:

In Familie Holzer drehte sich alles um das Geld. Beide Elternteile sparten, die Kinder wurden zu einem äußerst sparsamen Leben erzogen. Geld auszugeben wurde als „liederlich" bezeichnet, eine der schlimmsten Abwertungen und Beschimpfungen, die in der Familie gängig waren. Ich traf mich nach einer Sitzung mit der gesamten Familie mit den Eltern allein und fragte sie: „Worüber würden Sie denn reden, wenn Sie nicht über Geld reden würden?" Beide schauten mich ratlos an. Ihnen fiel nichts ein. Als ich nachfragte, was denn in ihrem Leben möglicherweise zu kurz käme, fiel ihnen nach einigem Sinnieren etwas ein. Der Mann sagte: „Dass wir miteinander kuscheln und schlafen." Die Frau äußerte: „Dass wir lachen, zusammen lachen." Beide waren überrascht über die Äußerungen des jeweils anderen. Darüber hatten sie nicht geredet, das waren Kommunikationstabus.

Diese Erkenntnis ließ das leidige, die Familienatmosphäre bestimmende Thema Geld in einem etwas anderen Licht erscheinen. Über die Traurigkeit, die diese Eltern ob der „Lustlosigkeit ihres Lebens", ihrer verpassten Chancen verspürten, stellte sich heraus, dass beide Elternteile aus Familien kamen, die in der Kriegs- und Nachkriegszeit aus ihrer Heimat geflohen waren und angestrengt und verbittert eine neue Existenz aufbauen mussten. Diese Erfahrung war ihnen in „Fleisch und Blut" übergegangen, wie die Mutter sagte. Sie hatten die Haltung, für Notfälle vorzusorgen, übernommen und gaben sie an ihre Kinder weiter – Zärtlichkeit, Lust und Lachen kamen dabei zu kurz.

Wenn solche Themen über Worte nicht zugänglich sind, hilft es, den Beteiligten vorzuschlagen, das Thema des Kommunikationsmagneten auf ein

DIN A4 Blatt jeweils zu malen. In diesem Fall hätte ich gebeten, ein Bild zum Thema Geld oder Sparsamkeit zu malen. Danach hätte ich vorgeschlagen, das Blatt Papier mit dem Bild umzudrehen, die Rückseite zu betrachten und auf der Rückseite etwas zu malen oder mit Linien das entstehen zu lassen, was sich vielleicht hinter diesem Thema verbirgt oder in der Familie bzw. der Elternbeziehung zu kurz kommt.

Die Themen, die zu Kommunikationsmagneten in einer Familie geworden sind, wirken oft „von außen" gesehen unwichtig oder manchmal sogar lächerlich. Sie sind aber existenziell für das Klima der Familie, unter dem diese leidet. Kommunikationsmagneten auf die Spur zu kommen, in dem man sie thematisiert und ihnen zu einem verbalen oder kreativen Ausdruck verhilft, ist oft ein wichtiger Weg, um sich familiären Tabus und Veränderungssehnsüchten zu nähern.

3.13 Außenseiter, „Symptom-Träger" und andere Rollen

Ein großer Verdienst der Familientherapie einschließlich der systemischen Therapie lag und liegt darin, dass der Blick von einzelnen Familienmitgliedern, die besonders starke Leidenssymptome zeigen, auf die gesamte Familie erweitert wurde. Wenn z. B. ein junges Mädchen unter einer Essstörungen leidet, dann ist es richtig, nicht nur auf dieses Mädchen und die Essstörung zu schauen, sondern auch die Frage zu stellen, welchen Zusammenhang und welche Funktion diese Erkrankung im Kontext des gesamten familiären Systems hat. Dies gilt auch für andere sogenannte „Symptom-Träger", Kinder, die plötzlich wieder einnässen, oder solche, die unter Schlafstörungen bzw. Angstattacken leiden und dergleichen mehr. Der systemische Blick auf solche Phänomene ist hilfreich und kann von großem Nutzen sein. Die entscheidende Frage ist nach unseren Erfahrungen immer: Cui bono? Also: Wem nützt es? Diese Frage zu stellen und dieser Spur zu folgen, darf keine Alternative dazu sein, der Frage nachzugehen, welche Quellen die Erkrankung bzw. das Leiden hat. Es geht stattdessen um eine Ergänzung, worauf ich später noch zurückkommen werde.

Das „Cui bono" hat viele Facetten. Das erkrankte Familienmitglied kann aus der Erkrankung einen Vorteil ziehen, indem es Aufmerksamkeit und Fürsorge erfährt, die es vielleicht sonst vermissen müsste. Die Eltern können den Nutzen haben, dass ihre Trennungsproblematik in den Hintergrund tritt und die Familie in der gemeinsamen Sorge um das erkrankte Kind zusammenhält. Die Familie kann sich durch die gemeinsame Aufgabenstellung stabilisieren und so den Zerfallstendenzen entgegenwirken. Was hier mit „Nutzen" gemeint ist, ist kein bewusster Prozess im Sinne von: „Ich werde krank, damit Mama sich um mich kümmert und Vater und Mutter nicht mehr zanken." Unter Nutzen – und darauf lege ich großen Wert – verstehe ich Auswirkungen, die in der Regel unbewusst sind, die Stabilität des Familiensystems stärken und für die das betreffende Familienmitglied einen hohen Preis zahlt.

Solche Funktionen haben oft auch die Außenseiterpositionen in Familien. Wenn eine Person die Rolle des „schwarzen Schafs" übernimmt, dann kann das die anderen Familienmitglieder zusammenschließen. Es gibt Stoff für die Kommunikation, es gibt Bündnisse, die andere Konflikte überlagern, es gibt gemeinsame Aufgaben und dergleichen mehr.

Familientherapeutisch ist es wichtig, solchen Cui-bono-Wirkungen nachzugehen, um all das, was durch Außenseiter oder Symptom-Träger-Rollen verdeckt ist, zu thematisieren. Wird z. B. der elterliche Konflikt, der durch die Erkrankung eines Kindes verdeckt wurde, zum Thema gemacht, hat dies unmittelbar eine Entlastungsfunktion für das erkrankte Kind („Ich bin nicht die Einzige, die Probleme hat!"), und es kann zumindest mittelfristig die Beziehung innerhalb der Familie so verändern, dass die psychosozialen Aspekte der Erkrankung reduziert werden.

Lisette war neun Jahre alt und sprach nicht mehr. In der Schule und unter den Freunden war sie völlig verstummt. Mit der Mutter wechselte sie ab und zu einen Halbsatz, mehr nicht. Dieser Mutismus begann schleichend, und erst als die Klassenlehrerin die Eltern einlud, um zu fragen, was denn los sei, fiel dies allen auf. Der Vater meinte: „Lisette war immer schon ein stilles Mädchen." Doch nun, als der Schulerfolg in Frage gestellt wurde, brach helle Aufregung aus. Die Eltern bemühten sich um Sprachförderung, Schulberatung und schließlich Therapie. Doch je mehr sich alle bemühten (auch der jüngere Bruder versuchte seine Schwester zum Sprechen zu ermuntern), desto mehr verstummte Lisette. Die Mutter warf ihr vor, „verstockt" zu sein und sich nicht genug Mühe zu geben. Der Kreislauf von zunehmendem Druck und zunehmendem Verstummen beschleunigte sich.

Die Therapeutin lud alle Familienmitglieder ein und sagte: „Ich bin mir sicher, dass Lisette großen Druck hat und deswegen nicht spricht. Für diesen Druck hat sie keine Worte. Dafür kann sie nichts. Das kann sie nicht mit ihrem Willen ändern. Und ich bin mir sicher, dass der Druck, den Lisette hat, nicht nur ihr eigener Druck ist, sondern der Druck der ganzen Familie. Deswegen möchte ich Sie bitten, ein Blatt Papier zu nehmen und dort aufzuschreiben oder zu malen, was Sie beschäftigt, was Ihnen Druck macht und worüber Sie nicht oder ungern reden."

Die Therapeutin machte das Verstummen von Lisette zu einem Familienthema, indem sie danach fragte, was auch bei den anderen Familienmitgliedern Druck mache und was auch diese verstummen ließe. Der weitere Prozess verlief über einige Windungen und Wendungen, die hier nicht weiter beschrieben werden sollen. Doch wesentlich war, dass jedes Familienmitglied unter Druck stand und über diesen Druck nicht gerne reden konnte oder wollte. Der jüngere Bruder hatte enormen Druck, in der ersten Klasse der Grundschule, zu der er seit einem halben Jahr gehörte, nicht zum Außenseiter zu werden. Er hatte die beiden besten Freunde aus der Kindergartenzeit verloren und noch keine neuen Freunde in der Schule gefunden. Die Mutter machte sich viele Gedanken darüber, ob sie schuldig am „Versagen" ihrer Tochter sei, und hatte große Sorgen um ihre eigene Gesundheit. Sie hatte einige negative Werte bei einer Vorsorgeuntersuchung erfahren und traute sich nicht, darüber zu sprechen und ihre Ängste zu teilen. Der Vater hatte Druck aus Angst um seinen Arbeitsplatz. Der Firma ging es schlecht und es standen Entlassungen an. Er fürchtete, davon betroffen zu sein. Auch diesen Druck hatte er nicht mit seiner Familie geteilt. Kein Familienmitglied wollte die anderen mit den eigenen Nöten und Sorgen belasten. Und machte es dadurch noch schlimmer.

Lisette war Sprachrohr des Verstummens und Symptom-Trägerin des Drucks.

Wenn solche Zusammenhänge deutlich werden, ist das Symptom nicht automatisch verschwunden, aber es verliert in der Regel an Kraft und Bedeutsamkeit. Die Perspektiven verändern sich und zumindest das betroffene Familienmitglied erfährt Entlastung.

Am Beispiel von Lisette wird deutlich, dass der Blick auf „Cui bono" und damit auch das Familiensystem nicht der einzige bleiben darf. Es gibt in solchen Rollenphänomenen immer beide Aspekte zu beachten: den Aspekt des systemischen Zusammenhangs und den Aspekt der einzelnen Personen.

Lisettes Druck war nicht verschwunden, nur weil der Druck der anderen Familienmitglieder thematisiert werden konnte. Sie hatte auch einen eigenen Druck, sie hatte auch eigenen Kummer – in diesem Fall einen heftigen Konflikt mit der vermeintlich „besten Freundin" – für den sie keine Worte fand und mit dem sie sich niemandem anvertrauen konnte. Auch die individuelle, die persönliche Perspektive ist notwendig und darf nicht verloren gehen, indem nur auf die systemische geschaut wird.

Wenn Menschen besondere Rollen in einer Familie einnehmen, dann leidet die Familie darunter (in der Regel zumindest) und dann leiden die einzelnen Personen. Wer Außenseiter ist, fühlt sich nicht zugehörig, wer krank ist, leidet an der Krankheit, und auch diejenigen, die andere Extremrollen einnehmen, wie z. B. „das Genie", „der Trottel" oder „der, dem immer alles leicht gelingt", sind in den meisten Fällen mit dieser Rollenzuschreibung nicht glücklich. Ein äußerst hilfreicher Zugang zum Verständnis der Menschen in solchen Extremrollen besteht in einer Triptychon-Arbeit, dem Triptychon „zu viel – zu wenig". (Eine andere Triptychon-Arbeit habe ich schon in Kap. 3.1 als „Kind-Kindheits-Triptychon" vorgestellt.)

Stefan ist unglücklich, aber das weiß niemand. Er ist der große Sportstar in der Familie und in seiner Klasse und wird von allen bewundert und angehimmelt. Er hört so häufig Aussagen wie: „Du hast doch keine Probleme", dass er seine eigenen Probleme kaum noch artikulieren kann, sich nur noch diffus „schlecht" fühlt. Ich arbeite mit ihm am Triptychon „zu viel – zu wenig" in mehreren Schritten.

Als ersten Schritt bitte ich ihn, auf ein Blatt Papier sich selbst zu malen, wie er sich gerade selbst erlebt. (In anderen Fällen kann zu diesem Thema eine Skulptur aus Zeitungspapier gestaltet werden. Die Weiterarbeit erfolgt ebenfalls mit Blättern.)

Im zweiten Schritt fordere ich Stefan auf: „Bitte nimm dir zwei weitere Blätter und male auf das eine Blatt, was dir in deinem Leben gerade zu wenig ist ... Und dann auf das andere, was dir gerade zu viel ist." Hier entwickelt sich ein spannender Prozess. Stefan ist schnell bewusst, was zu viel ist: zu viel Bewunderung, zu viel Verantwortung, zu viel Angst zu scheitern, zu viel Vorschusslorbeeren, zu viel Leere in den Kontakten zu anderen Menschen ... Aber der Perspektivwechsel durch die Frage nach dem „Zu wenig" wird zu einem aufregenden Erkenntnisprozess: zu wenig Geborgenheit, zu wenig Gelegenheit, „einfach mal doof sein" zu dürfen, zu wenig „Über-die-Stränge-Schlagen", zu wenig kindliches Spielen, zu wenig Kuscheln ... Bei anderen Menschen mag es umgekehrt sein.

Der dritte Schritt besteht darin, diese drei Blätter zu einem Triptychon zu legen, einem Bild, das aus den drei Teilbildern entsteht. Wie meistens legt auch Stefan das Selbstportrait in die Mitte und die anderen beiden Blätter rechts und links daneben. Darüber sprechen und diskutieren wir, suchen nach Verbindungen zwischen den Teilen und entdecken überraschende Zusammenhänge zwischen Gestaltetem und Stefans Erleben, die wieder Anlass zu neuen Überlegungen geben ...

Die Triptychon-Arbeit hätte an dieser Stelle abgeschlossen werden können. Aber wie so oft bei dieser Arbeit ergeben sich mit Stefan noch weitere Schritte. Ich rege Stefan an, ein Wunschbild zu malen: „Was wünscht du dir?" Und noch konkreter: „Was wünscht du dir von wem? Von deinem Vater, deiner Mutter, deinen Geschwistern, deinem Lehrer, deinen Freunden ..."

Stefan zeigte die entstandenen Bilder den Angehörigen seiner Familie. Diese waren erst überrascht, hatten dann Schuldgefühle, dass sie Stefan nur in einigen Aspekten wahrgenommen hatten, und konnten mit meiner Hilfe Schritte der Veränderung angehen.

Ein weiterer Aspekt, der beachtet sein will, wenn wir uns familientherapeutisch mit Außenseiter- und anderen Extremrollen in Familien auseinandersetzen wollen, ist die Projektion. Menschen neigen oft dazu, eigene Ängste oder Wünsche auf andere Menschen zu projizieren, so wie das Bild eines Dias auf ein anderes Bild gelegt wird. Manchmal sollen Kinder ungelebte Wünsche von Eltern erfüllen, die in der eigenen Geschichte nicht zum Tragen kommen konnten oder durften. Dann wird in einem Kind z. B. ein Sonnyboy oder ein Genie gesehen, und diese Projektion stimmt nicht mit dem Selbstbild und Selbsterleben des Kindes überein. Oder es werden eigene Versagensängste auf andere Familienmitglieder projiziert, Schamgefühle oder Schuldgefühle werden delegiert, so dass diese Familienmitglieder unter Gefühlen zu leiden beginnen, die gar nicht oder nicht nur die ihren sind. Ein Prozess, der krank machen kann. Die Frage und die Suche nach Projektionen sind immer dann hilfreich, wenn in Familien einzelne Extremrollen auftreten. Wenn Projektionen zu Leiden führen, ist es meist hilfreich, Selbst- und Fremdbilder der einzelnen Familienmitglieder zu vergleichen. Dabei werden als „sicher" erlebte und geglaubte „Wahrheiten" durcheinander gewirbelt, so dass neue Bilder entstehen können, die in der Familie als stimmiger erlebt werden.

3.14 Familien und Macht

Macht ist ein zentrales Thema in Familien. *Dass* Macht in Familien ausgeübt wird, ist offenkundig und sollte unstrittig sein. Wenn Familienmitglieder erzählen, dass in ihrer Familie Macht „kein Thema" sei und alles gleichberechtigt entschieden werde, dann gehen bei mir als Therapeut die Alarmglocken an. Auch wenn es Bemühungen einzelner Familienmitglieder gab, Machtverhältnisse möglichst zu reduzieren, habe ich bei genauerem Hinschauen immer dasselbe entdecken müssen: Je mehr Machtbezüge abgestritten und geleugnet werden, desto stärker wird Macht informell und versteckt ausgeübt. Wenn ich Kindern begegnet bin, die zu viel Macht hatten, war dies nahezu immer damit verbunden, dass die Eltern zu wenig Macht ausgeübt haben, zu wenig Gegenüber waren, so dass die Kindern verzweifelt ins Leere gingen.

Macht heißt, dass jemand Entscheidungen trifft, denen andere folgen. Solche Entscheidungen werden in jeder Familie getroffen und müssen in jeder Familie getroffen werden. Eltern entscheiden, dass und wo ihre Kinder zur Schule gehen. Es wird entschieden, ob man sich eine Anschaffung leisten kann oder nicht. Und es ist sinnvoll, wenn nicht jeden Tag in ausführlichen Abstimmungsprozessen eine Einigung hergestellt werden muss, welches Essen auf den Tisch kommt. Die Macht der Eltern ist so etwas wie ein Rahmen, in dem die Kinder Sicherheit, Orientierung und Geborgenheit finden, und sie gedeihen, wenn die Macht „warm" ist und sich in ihr Verantwortungsgefühl und Fürsorge widerspiegeln. Noch einmal: Die Frage ist nicht, *ob* überhaupt Macht ausgeübt wird, sondern *wie*, in welchem Umfang, in welchen Themen und auf welche Art und Weise. Betrachten wir die Aspekte der Machtausübung genauer.

In welchen Bereichen Macht ausgeübt wird, ist wichtig für den Zusammenhalt einer Familie (wie auch anderer sozialer Gemeinschaften). Werden keine Entscheidungen oder zu wenige getroffen, kann eine Familie in ihre Einzelteile zerfallen.

Nehmen wir als Beispiel Familie Lees:
Nach dem Tod der Mutter versuchte der Vater, seinen Kindern gegenüber ein guter Kamerad zu sein. Er bemühte sich, die Mutter zu ersetzen. Das Wichtigste war ihm, zu seinen Kindern ein gutes Verhältnis zu haben. Da er selbst unter einem sehr autoritativen Vater gelitten hatte, versuchte er nun

alles abzulegen, was einem autoritären Stil ähnelte. Die Folge war, dass die Familie auseinanderzufallen drohte, also genau das Gegenteil von dem geschah, was er beabsichtigte und sich von Herzen wünschte. Die Kinder wussten nicht, woran sie waren, es wurden keine Entscheidungen gefällt, es wurde alles auf die lange Bank geschoben. Die Kinder waren überfordert. Sie reagierten mit zunehmender Unsicherheit, was die Sicherheit des Vater noch mehr unterminierte ...

Hier war es wichtig, vor allem mit dem Vater zu arbeiten und dies – seine Bemühungen wertschätzend – insbesondere an der Haltung, dass noch lange kein autoritärer und unterdrückender Mensch ist, wer seinen väterlichen Pflichten als Familienoberhaupt nachkommt. Dass es zu seinen Aufgaben gehört, Regeln aufzustellen, z. B. wann gemeinsam gegessen wird. Dass es seine Aufgabe ist, zu loben oder zu tadeln, den Kindern ein greifbares Gegenüber zu sein und damit der gesamten Familie einen sicheren Rahmen zu geben. Er nahm die therapeutische Hilfe in Anspruch. Seine Kinder waren ihm im Alltag hilfreiche „Seismografen", die ihn forderten, Familienoberhaupt zu werden.

Häufiger als Familien wie den Lees begegnen wir solchen, in denen sehr viel, zu viel über machtvolle Entscheidungen geregelt wird. Dies macht Entwicklung unmöglich, weil alles geregelt und reguliert wird. Virginia Satir spricht hier von „geschlossenen" Familien und stellt sie „offenen" gegenüber, die Entwicklung ermöglichen.
  „Mit anderen Worten zeichnen sich *geschlossene Systeme* wie folgt aus:
» Selbstwert ist zweitrangig, Macht und Pflichterfüllung sind vorrangig.
» Die Handlungen haben den Launen des Chefs zu entsprechen.
» Jeder Veränderung wird Widerstand entgegengesetzt.

Offene Systeme zeichnen sich aus durch:
» Selbstwertgefühl steht an erster Stelle, Macht und Leistung stehen dazu in Beziehung.
» Handlungen ergeben sich aus der Realität.
» Veränderungen sind willkommen und werden als normal und wünschenswert betrachtet.
» Kommunikation, System und Regeln stehen miteinander in Beziehung."
(Satir 2011, S. 120)

Familie Rodrigues lebte das Gegenteil eines offenen Familiensystems:

Der Vater der Familie arbeitete wochentags in einer anderen Stadt und übernachtete auch dort. Am Wochenende war er meistens müde, schlief viel und widmete sich dann seinem Sport. Das Familienoberhaupt war die Mutter, die den Kindern bis ins Einzelne jede Lebensäußerung vorschrieb, am Wochenende auch dem Mann. Sich selbst sowieso. So, wie sie sich selbst abverlangte, alle Aufgaben auf die Minute pünktlich erledigt zu haben, so hatten auch alle anderen z. B. auf die Minute genau zu den vorgegebenen Zeiten zu Hause zu sein. Es gab feste Zeiten für Hausaufgaben, für's Spielen, für häusliche Pflichten und dergleichen mehr. Sie schrieb vor, wer welche Kleidungsstücke anzog. Dass jede Mahlzeit „aufgegessen" werden musste, war selbstverständlich ... Die Kinder rebellierten – vergeblich. Der Vater zog sich in die Welt seines Sports und seiner Arbeit zurück. Die Mutter spürte, dass sie ihre Familie verlor, strengte sich noch mehr an, wurde noch autoritärer, übte noch mehr und noch rigider Macht aus. Dieser Kreislauf verstärkte sich so sehr, dass schließlich über verschiedene Zwischenschritte eine familientherapeutische Hilfe notwendig wurde.

Hier stellte sich heraus, dass die Machtausübung der Mutter vor allem von großer und tiefer Angst gespeist wurde. Sie hatte als Jugendliche ihre geliebte junge Schwester verloren und war voller Schuldgefühle, nicht genug auf sie aufgepasst zu haben. Das sollte ihr mit ihrer Familie nicht geschehen, deswegen „passte sie auf" – aber in einer Form extensiver Machtausübung.

Ihr selbst und ihrer Familie fiel es mit dieser Erkenntnis „wie Schuppen von den Augen". Eine positive Erschütterung machte sich in der Familienatmosphäre breit, eine Voraussetzung dafür, dass über die Bereiche der Machtausübung überhaupt kommuniziert werden konnte. Der Sohn sagte z. B.: „Ich kann es gut verstehen, dass du Angst hast, wenn ich zu spät nach Hause komme. Und wenn du mir sagst, ich soll um elf Uhr da sein, dann ist das ja auch okay. Wenn es mal eine Viertelstunde später wird, dann kann ich ja anrufen, damit du sicher bist, was los ist. Aber deswegen musst du mir nicht auch die Zeiten vorschreiben, zu denen ich Hausaufgaben mache, oder vorgeben, was ich anziehen soll. Das hat doch mit Angst nichts zu tun, das ist reine Schikane!" In heftiger, doch auch konstruktiver Auseinandersetzung wurden die Bereiche der Machtausübung seitens der Mutter eingeschränkt, ohne dass ihre Rolle und ihre der Angst entspringenden Bedürfnisse grundsätzlich in Frage gestellt wurden.

Macht kommt von machen. Das heißt, sie sollte beweglich sein und nicht starr oder diktatorisch. Wenn sie sich immer wieder an dem orientiert, was zu machen ist, und die Macht ausübenden Personen dabei in konstruktive Beziehungen zu anderen treten, dann kann Machtausübung sinnstiftend wirken.

Spannend ist es, der Frage nachzugehen, *wer* überhaupt Macht ausübt. Oft sind dies nicht unbedingt die nominellen Familienoberhäupter. Oft wird Macht versteckt ausgeübt. Da kann die Oma eine große Rolle spielen und eine Familie machtvoll im Griff haben, auch wenn sie nur zweimal in der Woche „zu Besuch" erscheint. Doch bei diesen Besuchen müssen alle Bericht erstatten, da wird die Wäsche im Schlafzimmer ebenso kontrolliert wie der Kühlschrank.

Ein weiterer wichtiger Aspekt bei der Machtausübung besteht darin, *wie* Macht ausgeübt wird. In vielen Familien geschieht dies nicht durch klare Aussagen und Ansagen, sondern sehr häufig getarnt. Gerade Väter oder Mütter, die unter autoritativer Macht in ihrer Ursprungsfamilie gelitten haben, sind bestrebt, es nun „besser" zu machen. Dann werden, wie wir es schon unter dem Aspekt der Kommunikation gesehen haben, Machtansagen in Fragen gekleidet. Statt zu sagen: „Weg vom Computerspiel! Es wird Zeit. Mach bitte jetzt sofort deine Hausaufgaben", heißt es dann: „Willst du jetzt nicht mal deine Hausaufgaben machen?" Doch dies ist nicht als Frage gemeint, sondern als Aufforderung. Versteckte Machtausübung verunsichert insbesondere Kinder. Sie werden darauf trainiert, dem Subtext von Äußerungen der Machthaber/innen zu lauschen, um ihn zu erkennen und ja nicht zu überhören. Dies ist anstrengend und legt den Boden zu einer Familienatmosphäre der Unsicherheit. Kinder werden durch diese Vorbilder darin erzogen, selbst klare Aussagen zu vermeiden und Doppelbotschaften in die Welt zu senden, die wahrhaftige Beziehungen erschweren.

Vor allem hat diese versteckte Form der Machtausübung Konsequenzen für die Widerstandsmöglichkeiten. Wenn ein Kind hört: „Du musst jetzt Hausaufgaben machen", dann kann es dagegen rebellieren oder verhandeln, dass es die Hausaufgaben auch noch schafft, wenn es erst in einer Stunde beginnt. Wird diese Aufforderung aber in eine Frage oder in einen Bestechungsversuch gekleidet, dann geht die Rebellion oft ins Leere („Ich habe doch nur gefragt!"). Unsere Erfahrung in Familien ist: Je klarer Macht ausgeübt wird, desto eindeutiger können alle damit umgehen. Dabei spreche ich nicht, um das noch einmal zu betonen, von Gewalt, Demütigung oder perfider Unterdrückung, sondern von klaren Entscheidungen und Rahmenbedingungen in und für die Familie.

Um Einsichten in familiäre Machtstrukturen zu gewinnen, ist es sinnvoll, den folgenden Fragen, die ich hier noch einmal zusammenfasse, nachzugehen:

» *Wer* übt Macht aus? Das muss nicht immer die Person sein, die sich offiziell als „Familienoberhaupt" gibt oder auf den ersten Blick „Chef/in" ist. Es gibt offizielle Machtstrukturen und inoffizielle. Oft bedarf es einer genauen und vorurteilslosen Beobachtung außen stehender Personen, um inoffizielle Macht zu erkennen.
» *Wie* wird Macht ausgeübt? Über Worte oder Blicke? Über Belohnungen oder Bestrafungen? Über Geld oder Zuwendung oder ...? Hier werden Wege der Machtausübung von den Mächtigen und den Nicht-Mächtigen oft unterschiedlich erlebt. (Die mächtige Person weiß z. B. gar nicht, dass ihre „Blicke töten könnten" ...)
» *Wissen* die Machtausübenden um ihre Macht (offiziell und inoffiziell)? Wie ist dabei das Verhältnis von Selbstkonzept und Fremdwahrnehmung?
» Welche Möglichkeiten der *Gegenmacht* gibt es? Es ist ein wesentlicher Unterschied in Familien (oder anderen KSG), ob Machtausübung der Klarheit, Struktur und Orientierung dient oder der narzisstischen Befriedigung der Ausübenden. Davon hängt ab, ob Entscheidungen infrage gestellt und diskutiert werden können, ob es ein Klima gibt, in dem Offenheit und abweichende Meinungen akzeptiert werden, oder ein totalitäres Klima, in dem nur heimliche Gedanken frei sind und oft nicht einmal diese.
» So, wie Untergebene und scheinbar Machtlose (wie z. B. Kinder oder kranke Familienmitglieder) auch Macht ausüben können, sind Machthabende oft auch ohnmächtig. Diese Ohnmacht ist die Schattenseite der Macht; ich nenne sie deshalb „Macht-Schatten". Wie wird der jeweilige Macht-Schatten des Mächtigen von den jeweiligen Familienmitgliedern *erlebt*?

Solche Macht-Modalitäten zu erkunden, ist hilfreich und notwendig, wenn wir konkrete Familien in ihren jeweiligen Besonderheiten verstehen wollen.

Unter den vielen Methoden, mit denen Machtverhältnisse familientherapeutisch bearbeitet werden können, möchte ich eine vorstellen, die mir besonders effektiv erscheint:

Familien-Erleben

Ich arbeite mit der Familie Voss: mit Eltern, einer Tochter und den Großeltern väterlicherseits. Es geht um unerträgliche Streitigkeiten in der Familie, die eine Atmosphäre geschaffen haben, vor der die zehnjährige Tochter weglief. Die Polizei suchte und fand sie – große Aufregung bei allen, und diese führte die Familie in die Therapie.

Es wird schnell deutlich, dass in der Familie ungeklärte Machtstrukturen vorhanden sind und dass es vermutlich verdeckte Machtkämpfe gibt. Deshalb schlage ich zu Beginn eines Treffens vor, dass sich alle Beteiligten mit dem Thema Macht beschäftigen. Dazu arbeite ich gern mit Legosteinen, am liebsten mit den großen Duplosteinen.

Familie Voss sitzt an einem großen Tisch. Ich schütte eine größere Menge von weißen Duplosteinen unterschiedlicher Größe aus. Es sind Füllsteine, mit denen Türme, Brücken, Häuser usw. gebaut werden können. Die Farbe hat keine bzw. eine neutrale Bedeutung. Wenn es jedoch um Macht geht, muss dazu ein „Macht-Stein" gehören. Er ist rot und ich biete deshalb allen rote Duplosteine an. Jedes Familienmitglied wählt einen aus. Frau Voss, die Mutter, wählt einen großen roten Stein in Form einer Brücke, die Tochter und der Großvater einen kleinen roten Stein, die Großmutter einen langen flachen und Herr Voss einen in mittlerer Größe. Darüber hinaus darf sich jedes Familienmitglied aus einem kleinen Repertoire von Steinen unterschiedlicher Farben jeweils einen „Ich-Stein" auswählen, mit einer Farbe, die für sie selbst steht. Die Mutter wählt einen gelben Ich-Stein, die Tochter einen schwarzen, die Großmutter einen blauen, der Großvater einen grünen Stein. Für den Vater bleibt keine Farbe übrig, er wählt eine Kombination aus blau und gelb.

Nun kann auf unterschiedliche Art und Weise damit weiter gearbeitet werden. Ich bitte in der Familie Voss die Mutter, die das Thema „Macht" in die Diskussion eingebracht hat, doch einmal die Machtverhältnisse in der Familie, so wie sie sie sieht, mit diesen Steinen zu gestalten. Je höher der Machtstein in dem Objekt liegt, desto machtvoller wird er eingeschätzt. Die farbigen Steine der anderen Familienmitglieder werden ihr zur Verfügung gestellt. Frau Voss beginnt zu bauen. Sie baut eine Mauer mit vielen weißen Steinen. Die große rote Brücke ist ganz oben. Auf der roten Brücke thront das Gelb der Großmutter. Knapp darunter der grüne Stein des Großvaters. Darunter viele weiße Steine. Dazwischen irgendwo die blau-gelb-Kombination, die für den Vater steht. Darunter wieder weiße Steine. Ganz unten die Ich-Steine der Mutter und der Tochter, gelb und schwarz.

In manchen Familien stimmen die anderen Familienmitglieder der Sichtweise der Person, die das Machtgebilde gebaut hat, zu und es wird darüber geredet, welche Veränderungen jede/r wünscht. Doch in Familie Voss widersprechen andere Familienmitglieder vehement, vor allem die Großeltern. Sie weisen jede Machtausübung von sich, und es entfaltet sich ein heftiger Streit. Ich empfinde Erleichterung, dass die verborgenen Machtkämpfe endlich offen werden, und höre zu, moderiere die Diskussion. Es werden zahlreiche Beispiele genannt, wer wo wann und wie Macht ausgeübt hat, wer „keine Chance" hatte usw. Insbesondere wird deutlich, wie viele Konflikte „unter den Teppich gekehrt" wurden und wie vergiftet dadurch die Atmosphäre war. Ich bitte dann die Tochter, die ja weggelaufen war, ihr Erleben der Machtverhältnisse mit den Steinen zu gestalten. Sie legt los und es entsteht ein dünner schwankender Turm mit ihrem Ich-Stein ganz unten ... Und weiter geht die Diskussion ...

Das Schöne an dieser Methode ist, dass die Machtverhältnisse nicht nur besprochen werden, sondern anhand der Duplosteine sichtbar sind und Veränderungsvorschläge auch sofort in den Duplo-Gestaltungen umgebaut und somit gezeigt werden können.

Manchmal ist es hilfreich, die Beschäftigung mit Macht an konkreten Beispielen und unterschiedlichen Themen zu differenzieren. Wer entscheidet z. B. über Geld? Wer übt Macht über den Tagesablauf aus, über Ruhezeiten oder die Zeiten der Nähe oder gemeinsamer Aktivitäten? Wer entscheidet über das Essen? ... Oft wird auch über die Machtverhältnisse innerhalb einer Familie allgemein gesprochen und werden diese Machtstrukturen abstrakt gestaltet. In der Diskussion zeigt sich dann, dass jedes Familienmitglied Macht an unterschiedlichen Themen festmacht.

Auch wenn wir beobachten, wie Familienmitglieder miteinander spielen, können wir wichtige Hinweise erhalten, wie der Umgang mit der Macht ist. Wenn Menschen unter diffusen Machtverhältnissen leiden, dann haben sie dafür oft keine Worte. Die Macht-Problematik zeigt sich dann besonders häufig in Spielsituationen. Wenn ein einzelnes Kind oder ein anderes Familienmitglied beim Kartenspiel oder bei Mensch-ärgere-dich-nicht nicht verlieren kann und nicht nur schmollt, sondern ernsthaft ausflippt, dann kann dies ein Indikator für die Not sein, die unklare und versteckte Machtverhältnisse in der Familie in ihm auslösen. Dies gilt häufig für Kinder, aber auch für viele Erwachsene, insbesondere auch solche, die offensichtlich keine Macht in der Familie innezuhaben scheinen. Den Blick auf die Macht- bzw. Ohnmachtsgefühle zu lenken, zu überprüfen, ob dieses Verhalten ein Hinweis auf Leiden an und in Machtverhältnissen sein kann, lohnt sich meiner Erfahrung nach.

3.15 Familien zwischen den Kulturen

Familientherapeut/innen arbeiten in Deutschland häufig mit Familien, deren Elterngeneration eingewandert ist. Manchmal sind Kinder oder zumindest Enkel in Deutschland geboren, manchmal nicht. Nennen wir sie Migrant/innen-Familien. Diese Familien brauchen ein besonderes Augenmerk, weil sie sich zumeist zwischen verschiedenen Kulturen bewegen und einige Besonderheiten haben. Bevor ich auf deren Hintergründe eingehe, möchte ich betonen, dass viele dieser Besonderheiten auch in Familien ohne Migrationshintergrund anzutreffen sind und dass es in jeder Migrant/innen-Familie spezifische Phänomene gibt, die jeweils besonders betrachtet werden können und müssen. So wenig es *die* deutschen Familien gibt, so wenig gibt es *die* Migrant/innen-Familien. Wenn ich also hier Hinweise auf Besonderheiten von Migrant/innen-Familien gebe, dann sind dies Beobachtungen, die nie für alle solche Familien gelten, aber die ich und meine Kolleg/innen häufig angetroffen haben. (Dabei danke ich besonders meiner Kollegin Özden Tuna für ihre wertvollen Erfahrungen und kompetenten Anregungen.) Ich habe überwiegend mit Migrant/innen-Familien, die ursprünglich aus der Türkei kamen, gearbeitet und meine Anmerkungen vor allem diesem Hintergrund sowie dem professionellen Austausch mit Özden Tuna entnommen.

Ein wesentliches und häufig anzutreffendes Merkmal bei Mitgliedern solcher Familien ist der Umstand, dass sich die Familienmitglieder zwischen mehreren Kulturen bewegen und in beiden Kulturen Einhausungserfahrungen haben. Da sind die Erfahrungen des Herkunftslandes und es gibt die Erfahrungen des Einwanderungslandes, Deutschland. Wie sehr diese unterschiedlichen Erfahrungen die Identität der einzelnen Familienmitglieder prägen, bedarf der besonderen Betrachtung jeder Familie und jedes einzelnen

Mitglieds. Manche Familienmitglieder sind fast ausschließlich durch die Erfahrung des Herkunftslandes geprägt, andere überwiegend durch die neuen Erfahrungen der neuen Kultur. Viele bewegen sich im „Dazwischen" und dieses Dazwischen prägt die eigene Identität.

Ein Beispiel dafür, wie wir uns diesem Dazwischen annähern können:
Ich spreche mit einer Migrant/innen-Familie. Vater und Mutter sind in der Türkei geboren, die 10jährige Tochter und der 13jährige Sohn in Deutschland. Der Sohn hat Probleme mit der Polizei, das Jugendamt wurde eingeschaltet. Wir nähern uns im Gespräch der Vermutung, dass es vielleicht Probleme mit der Zugehörigkeit geben könnte, dass der Sohn Halt sucht in einer Gang, einen Halt, den er woanders nicht genug findet.
Ich bitte die Familie um ein kleines Experiment. Dazu lege ich ihnen eine Skala vor (siehe Arbeitsblatt 6 im Anhang). Es handelt sich um Balken, an denen links „Deutschland" steht und rechts „Türkei". Die einzelnen Familienmitglieder sollen auf dem Balken ankreuzen, wo sie sich „jetzt mit dem Herzen mehr zu Hause" fühlen. Die Familie lässt sich darauf ein:
Der Vater macht nach längerem Überlegen sein Zeichen in der Mitte und sagt: „Ich bin hier und ich bin in meiner Heimat. Beides."
Die Mutter macht ihren Strich sofort ganz rechts auf den Balken. Sie sagt erklärend: „Mit dem Herzen, nicht wahr?"
Beide Kinder meinen: „Ich weiß nicht."
Daraus ergeben sich interessante Diskussionen. Die Mutter meint zum Sohn, dass er doch „eher deutsch" sei. Der Vater widerspricht, er sieht sei-

Deutschland ▭▭▭▭▭▭▭ Türkei

nen Sohn höchstens in der Mitte. Der Sohn und die Tochter haben keine Meinung. Ist dies das Problem? Die fehlende Einordnung, das Gefühl, im Dazwischen zu leben? Oder können sie sich gar nicht einordnen, solange die Eltern dabei sind? ...
Aus dem Gespräch ergeben sich Hinweise auf Kommunikations- und Machtstrukturen, mit denen wir weiter arbeiten. Die Frage, wo „ich zu Hause bin", bleibt und wird immer wieder zum Thema.

Oft ist die Sprache ein Zeichen für die Identitätspositionierung zwischen den Kulturen. Auch für das Dazwischen hat sich, zumindest bei manchen jungen

Leuten, ein eigener Sprachstil herausgebildet. Doch auch jenseits des Sprachgebrauchs und sprachlichen Ausdrucksvermögens können widersprüchliche kulturelle Einflüsse eine bedeutsame Rolle spielen. Wesentlich für Familientherapeut/innen ist die Haltung, dass sie von differierenden Prozessen der Identitätsbildung der einzelnen Familienmitglieder in Migrant/innen-Familien ausgehen und mit der Erwartung an sie herangehen, dass diese Identitätsbildungen zumeist widersprüchlich sind. Uns Familientherapeut/innen liegt nahe, vor allem das Leiden in den Blick zu nehmen, das aus solchen Widersprüchlichkeiten entstehen kann. Mir liegt ebenso daran, dass wir dafür aufmerksam sind, dass vielen Menschen eine Identitätsbildung *gelingt*, trotz der widersprüchlichen Erfahrungen und mit ihnen. Z. B. zeigt die junge Berlinerin Fatma in der Schule „ganz selbstverständlich" Verhaltensweisen, die der deutsch geprägten Umgebung entsprechen, während sie „wie selbstverständlich" die kulturellen Normen einer traditionellen türkischen Familie innerhalb ihres Familienkreises lebt und vertritt. Dieses Mädchen lebt zwei Wahrheiten, die für sie zu einem integrierten selbstverständlichen Bestandteil ihrer Identität geworden sind. Sie lebt zwei Wahrheiten, d.h. sie verbindet die beiden Wirklichkeiten. Sie verrät weder die eine an die andere noch verrät sie sich selbst.

Fatmas Schwester dagegen fühlt sich zwischen den verschiedenen Zugehörigkeiten und Kulturen „wie zerrieben". Ihr gelingt das Ausleben von Widersprüchen nicht, sie leidet zu Hause und sie leidet in der Schule.

Wir Familientherapeut/innen müssen Widersprüchlichkeiten im Erleben der Klient/innen kennen und sie ernst nehmen, konkret und ohne ideologische Vorannahmen. Einige Beispiele:

» *Ein 16jähriger Junge fühlt sich sehr zu seiner Familie gehörig. Und in der Familie gilt, dass er in dem Alter nach Auffassung der Eltern nicht mehr in die Familie „gehört". Also bildet er mit anderen in einer ähnlichen Situation eine Gang. Er muss aus der Familie, um zur Familie zu gehören und ihre Erwartungen zu erfüllen.*

» *Bei einer Schuldiskussion betonen mehrere Mädchen aus Migrant/innen-Familien, dass sie „freiwillig" Kopftücher tragen. Die Lehrerin weiß von den Eltern, dass sie streng bestraft würden, wenn die Eltern sie in der Öffentlichkeit ohne Kopftücher sehen würden. Doch die Mädchen betonen die Freiwilligkeit – sie ist ihnen wichtig zur Erhaltung ihrer Würde.*

> *Eine verheiratete junge Frau aus einer koreanisch-stämmigen Familie sucht therapeutische Unterstützung wegen als „psychosomatisch" klassifizierten Leiden. Schnell wird deutlich, dass sie einen Weg zu mehr Selbstbewusstsein und Selbstständigkeit sucht. Sie findet Unterstützung in ihrem Ehemann. Doch alle Ansätze versickern zunächst. Die Therapeut/in muss lernen, dass in koreanischen Familien traditionell die Schwiegermutter die allergrößte Macht inne hat, auch über deren Sohn, also den Ehemann der Klientin. Die Klientin will und kann an diesen Strukturen nicht rütteln. Erst als dies klar wird, können kleine Schritte der Veränderung gesucht und angegangen werden.*

Sehr häufig begegnen wir in Migrant/innen-Familien einer großen Wehmut, vor allem bei den weiblichen Familienmitgliedern der Eltern- und Großeltern-Generation. Die Sehnsucht nach der alten Heimat ist bei ihnen sehr stark, durfte aber oft kein Gewicht haben, durfte nicht gelebt werden. So schwebt sie in der Luft, bleibt sie als Unausgesprochenes in der Atmosphäre. Die Generation der Kinder kann diese Sehnsucht weder teilen, da sie nicht deutlich artikuliert ist, noch von ihr loslassen, da sie als Unausgesprochenes in der Atmosphäre schwebt. Dies kann manchmal dazu führen, dass bei den Kindern massive Trennungs- und Verlustängste vorhanden sind, die aus der aktuellen Familiensituation nicht erklärlich sind. Die Kinder tragen dann transgenerativ die ungelebte Sehnsucht und das vermiedene Loslassen in sich. Sie spüren zumindest unbewusst, dass Eltern, in türkisch verwurzelten Familien vor allem die Mütter, „eigentlich" woanders sein wollen, und reagieren mit den entsprechenden Trennungs- und Verlustängsten. Für Familientherapeut/innen ist es wichtig, um solche Zusammenhänge zu wissen und in der konkreten Arbeit mit den Familien solchen Hypothesen nachzugehen.

Ein weiteres, häufig zu beobachtendes Phänomen besteht darin, dass wir in Migrant/innen-Familien einer starken kollektiven Orientierung begegnen. Zusammenhalt, zumindest nach außen, ist höherwertiger als der Wille oder die Wünsche der einzelnen. Diese kollektive Orientierung ist positiv, weil sie die Familienbindung fördert und Familien zusammenhält. Sie war und ist auch bei den zahlreichen deutschstämmigen Familien zu beobachten, die als Flüchtlinge z. B. aus der ehemaligen DDR in den Westen gegangen waren. Doch oft wird die kollektive Orientierung autoritativ durchgesetzt. Je stärker ein solcher Zusammenhalt, desto größer ist die Gefahr, dass das Eigene und das Individuelle zu kurz kommen. Der starke Zusammenhalt kann so die Quelle von Verfallstendenzen bilden: Harte Strukturen brechen leichter als weiche. Vor allem in der Pubertät oder bei älteren Jugendlichen zeigen sich dann Brüche. Wird die „Ordnung" in der Familie dann autoritär durchgesetzt, treten häufig auch psychische Erkrankungen auf, die oft nicht verstanden und nicht behandelt werden.

Was sind nun wesentliche Arbeitsleitlinien leiborientierter Familientherapeut/innen mit Migrant/innen-Familien?

» Am wichtigsten ist die Leitorientierung *Würdigen*, was ist. Dazu ist es wichtig, dass sich Familientherapeut/innen mit den Chancen und den Fallen des Lebens zwischen den Kulturen beschäftigen und bei jeder Familie konkret hinschauen. Es gibt fast nie einfache Erklärungen oder einfache Lösungen, sondern sehr widersprüchliche Prozesse, die als solche anerkannt und begleitet werden müssen.

» Oft brauchen Familien oder einzelne Familienmitglieder Unterstützung in der Transformation ihrer Rolle/n. Sie hängen „fest" zwischen Altem und Neuem, zwischen Gefordertem und Gewünschtem, zwischen Äußerem und Innerem, zwischen Individualität und Zusammenhalt, zwischen Loslassen und wehmütigem Festhalten. Das Wichtigste, was Familientherapeut/innen tun können, ist neben dem unideologischen Hinschauen, dem Würdigen, was ist, die emotionale Solidarität. Mitzufühlen und dieses Mitgefühl zu zeigen, Gefühle zu teilen und mitzuteilen, das scheint wenig zu sein und ist doch sehr viel, weil vielen Mitgliedern aus Migrant/innen-Familien es genau daran fehlt, weil sie meinen oder auch gezwungen sind, ihre widersprüchlichen Gefühlswelten nur „innen" und mit sich selbst auszutragen.

» Ein wichtiger großer Ansatz ist die Suche nach dem, was die Hilfe suchenden Familienmitglieder begeistert. Begeisterung ist oft der Anfang für Veränderung, weil Begeisterung identitätsbildend ist, Kräfte freisetzt und Selbstbewusstsein stärkt. Sich für etwas zu begeistern, für Sport, für das Entwerfen neuer Kleider, für bestimmte Musik, für das Erlernen eines Instruments – all dies geht nicht auf Kosten anderer und muss nicht den Rahmen der Familiensolidarität und des Familienzusammenhalts sprengen, aber es ist gibt Spielräume für individuelle Entwicklung und fördert die Lebensenergie. Dafür braucht es Freiräume, die Erlaubnis, die sich Menschen selber geben und für die sie die Ermutigung von Therapeut/innen brauchen, auch die Erlaubnis der anderen Familienangehörigen. Manchmal kann sich eine solche Begeisterung erst außerhalb eines Familienmilieus entwickeln, indem z. B. ein junges Mädchen eine Mädchengruppe besucht und dort auf Entdeckungsreise gehen kann, was sie will und wofür sie sich begeistert. Manchmal ist es möglich, auch innerhalb einer Familie oder in deren nahem Umkreis für Mitglieder, die unter den widersprüchlichen Identitätsprozessen der Familie leiden, Begeisterungs-Freiräume zu initiieren oder zu unterstützen.

» Ein wichtiger Schlüssel für die Arbeit mit Familien zwischen den Kulturen ist die Musik. Diese lässt das Alte erklingen und gibt dem Neuen Raum. Musik ermöglicht musikalische Dialoge zwischen den Geschlechtern und zwischen den Generationen. Musik zeigt die Wurzeln der alten Kultur, ermöglicht, in der neuen Kultur anzudocken, und schafft Verbindungen zwischen beiden. Über Musik können Menschen ein Zuhause finden und schaffen.

» Zukunft braucht Herkunft und es ist wichtig, die Herkunft zu thematisieren. In der Genogrammarbeit sind Herkunftsland und Einwanderungsland in Farben, Symbolen oder auch musikalisch zu kennzeichnen. Für die Arbeit mit Migrant/innen-Familien ist oft wesentlich, sich nach Herkunftsorten und Gegenden zu erkundigen, nach dem Beruf des Vaters, wie sich die Eltern kennenlernten, welche Lebensvorstellungen sie verbindet, vor allem auch nach den Familiennamen und den Vornamen: „Wie wird der richtig ausgesprochen? Wie hießen Sie vor der Einreise nach Deutschland? Was bedeutet Ihr Name?" Den Namen richtig auszusprechen, zumindest sich darum zu bemühen, sollte selbstverständlicher Ausdruck von Respekt sein. Respektlosigkeit auch in dieser Hinsicht zu erfahren, steht für Migrant/innen-Familien auf der Tagesordnung.

» In Migrant/innen-Familien ist es oft schwierig und umso wichtiger, die Väter in die Prozesse mit einzubeziehen. Häufig lieben z. B. türkische Väter ihre Kinder, sind aber nur selten in der Lage, dies ihnen gegenüber zu zeigen. Da existiert mehr Unbeholfenheit als böser Wille, so zumindest unsere Erfahrung. Solche Väter brauchen unsere Rückmeldungen, z. B.: „Ich glaube, Sie wissen gar nicht, wie wichtig Sie für Ihre Kinder sind!"

Und es ist wichtig, sie zu fragen, was sie sich nicht nur von, sondern auch *für* ihre Kinder wünschen. Daraus entsteht ein wichtiger Perspektivwechsel, der oft hilft, das Familienklima zu erwärmen.

Eine wesentliche Grundlage der familientherapeutischen Arbeit mit Migrant/innen-Familien scheint mir im Interesse an den beteiligten Menschen zu liegen, in dem Interesse an den konkreten und einzigartig in dieser Familie bestehenden Erfahrungen und Sehnsüchten, Problemen und Ressourcen. Dieses konkrete Interesse schließt ein, dass Familientherapeut/innen sich mit den kulturellen und regionalen Besonderheiten, mit den Sozialisationsbedingungen und den Lebenswelten der Klient/innen vertraut machen. Und – ich betone wieder das UND – wir Familientherapeut/innen können und sollten in jeder Arbeit mit Migrant/innen-Familien von diesen etwas lernen, von ihren Traditionen wie ihren aktuellen Lebenserfahrungen, von ihren Biografien und ihren Sehnsüchten.

3.16 Geborgenheit und Zugehörigkeit

Falls Sie den ersten Band der Harry Potter Serie gelesen oder den entsprechenden Film gesehen haben, erinnern Sie sich vielleicht daran, dass Harry Potter als Kind in einer ihm völlig fremden Familie lebte. Er fühlte sich dieser Familie nicht zugehörig und war sich sicher, dass er „eigentlich" andere Eltern hatte.

So wie Harry Potter ging und geht es vielen Kindern in zahlreichen Familien. Sie fühlen sich der Familie nicht zugehörig, sie fühlen sich in der Familie nicht geborgen. Wir hören dann oft in therapeutischen Gesprächen: „Ich bin mir sicher, dass sind gar nicht meine richtigen Eltern." Oder: „Ich gehöre hier gar nicht hin, das spüre ich." Bei aller Not schwingt in solchen Gedanken der Wunsch mit, es möge so sein, man möge nicht das Kind dieser Eltern, nicht Teil dieser Familie sein, der man irgendwie „zugeteilt" ist.

Wenn Kinder ein starkes Gefühl des Ungeborgenseins und der Nicht-Zugehörigkeit haben, dann versuchen sie sich zu erklären, wie sie in eine solche Situation gekommen sind. Bei Harry Potter ist die Erklärung einfach: Seine ihn über alles liebenden Eltern mussten mal eben – so sein sicheres Gefühl – die Welt retten und sind dabei getötet worden. Deshalb ist Harry in dieser ihm so fremden und feindlichen Familie untergekommen. Andere Kinder sind sicher, dass sie „bei der Geburt vertauscht" wurden oder eigentlich ein Adoptivkind sind, was ihnen nur niemand erzählt hat. Und immer hoffen diese Kinder, dass irgendjemand kommt und sie erlöst. Bei Harry Potter erfüllte sich dieser Traum. Er wurde gerettet und in eine andere Welt geholt, die Welt der Zauberer, wo er sich zugehörig fühlte. Für die meisten anderen Kinder außerhalb von Romanwelten erfüllt sich dieser Traum nicht. Manche laufen weg, viele „halten durch", bis sie „so groß" sind, dass sie „endlich abhauen" können.

Die Geborgenheit und die Zugehörigkeit: beiden Begriffen, beiden emotionalen Befindlichkeiten wohnt eine große Kraft inne, weswegen es sinnvoll ist, sich mit ihnen und ihrer Bedeutung für Familien zu beschäftigen.

Das Wort „Geborgenheit" stammt nicht von „borgen" ab, sondern vom Wort „burg". In eine Burg flüchteten sich die Bewohner der Umgebung, um Schutz vor Angriffen zu suchen. Deswegen besteht die Grundvoraussetzung dafür, dass das Gefühl der Geborgenheit in einer Familie entstehen kann, darin, dass die Familienangehörigen Schutz finden. Dazu gehört das Fernbleiben von Gewalt innerhalb der Familie. Wenn eine Familie nicht in der Lage ist, die einzelnen Familienmitglieder vor Gewalt zu schützen, ja, wenn Gewalttätigkeit zum Lebenselixier einer Familie gehört, dann ist Geborgenheit unmöglich. Dann sehnen sich die Opfer der Gewalt in der Familie danach, dieser Familie „zu entkommen", und erträumen sich oft andere Familien, andere Welten.

Unter Gewalterfahrungen sind nicht nur sexuelle Gewalt oder andere Formen körperlicher Gewalt wie Schläge zu verstehen, auch seelische Gewalt wie massive Erniedrigung und Beschämung stehen dem Gefühl der Geborgenheit entgegen. Hier gilt, wie bei vielen anderen Aspekten therapeutischer Arbeit, dass die Familientherapeut/innen den schon mehrmals erwähnten vier Monstern der Entwürdigung entgegentreten, um Familienmitglieder darin zu unterstützen, ihrer Sehnsucht nach Geborgenheit nachzugehen.

Geborgenheit ist mehr als Schutz, sie umfasst auch Wärme und Vertrauen (s. Baer/Frick-Baer 2012). „Viele Menschen beschreiben die Atmosphäre der Geborgenheit als Wärme. Warmes Licht und Kerzen können helfen, eine Atmosphäre der Geborgenheit zu schaffen, doch vor allem ist Geborgenheit

Beziehungswärme. (...) Menschen fühlen sich dann geborgen, wenn sie ihre Umgebung und ihre Beziehungen zu den anderen als wahrhaftig und selbstverständlich, warm und wärmend erleben." (a. a. O., S. 15f) Das Bedürfnis, eine wärmende Beziehung zu suchen, ist nicht nur den Menschen eigen, sondern auch anderen Lebewesen, die über ein limbisches System im Gehirn, also über ein Gefühlsleben verfügen. Schon 1957 bewies der Biologe Harry Harlow, dass junge Rhesus-Äffchen Geborgenheit sogar Nahrungsangeboten bevorzugen. Hielt man die Äffchen in einem Käfig, in dem in den entgegengesetzten Ecken zwei Mutterattrappen existierten, dann bevorzugten sie diejenige, die aus Stoff bestand und sie wärmte. Bei der anderen Mutterattrappe gab es etwas zu trinken. Dorthin rannten die kleinen Äffchen nur schnell, um ihren Durst oder Hunger zu stillen, danach kuschelten sie sich sofort wieder in die Wärme. Filmaufnahmen dieses Experiment können Sie bei YouTube sehen. Diese Affen suchen die kuschelige Wärme des Stoffs, andere Affen lausen sich gegenseitig, während sich Ratten ablecken, um Wärme und Nähe zu erzeugen. Auch Menschen suchen Wärme. Sie ist ein wesentliches Lebenselixier.

Das Gegenteil von Wärme ist Kälte. In vielen Familien fehlt die Liebe. Sie wurde „kalt gestellt" oder von anderen Gefühlen und vom Funktionieren-Müssen überlagert. Wenn Blicke nicht wohlwollend sondern abwertend sind, wenn die Stimme klirrt und die Atmosphäre zum „Frösteln" ist, dann können die Familienmitglieder nicht in Geborgenheit eingebettet sein, dann kann eine Familie keine Geborgenheit vermitteln. Treffen wir Familientherapeut/innen auf solche Atmosphären der Kälte, dann ist es oft nur noch eine Frage der Zeit, bis eine Familie auseinanderbricht.

Neben Schutz und Wärme ist Vertrauen das dritte Element, das Geborgenheit schafft. Wir müssen anderen Menschen trauen können, um uns auch von ihnen geschützt zu fühlen und mit ihnen Beziehungswärme zu erfahren. Auch hier gilt, dass die vier Monster der Entwürdigung jedem Vertrauen entgegenstehen und stattdessen Misstrauen produzieren. Doch über das Fernhalten oder Entfernen dieser vier Monster hinaus ist Vertrauen etwas, was in Familien durch Gewohnheit wachsen kann. Vertrauen braucht die Erfahrung, dass andere einem nichts Böses wollen und antun, und die Erfahrung, dass man sich auf sie verlassen kann. Wenn Familienangehörige einander in der Not beistehen, dann schafft dies Vertrauen.

Vertrauen braucht Berührungen. Das Vertrauen der Neugeborenen entwickelt sich darüber, dass sie sich an Vater oder Mutter kuscheln und von diesen ernährt und gewärmt werden. Berührungen, körperliche wie emotionale Berührungen sind sowohl Ausdruck von Vertrauen als auch ein Beitrag zur Festigung des Vertrauens. „Mit Berührungen vergewissern wir Menschen uns der anderen, suchen Vertrautheit und Wärme und bestätigen damit das Vertrauen in die andere Person. Vertrauen ist kein intellektueller Akt, sondern eine leibliche Erfahrung spürender Begegnungen. Ohne Vertrauen keine Geborgenheit." (Baer/Frick-Baer 2012, S. 18) Geborgenheit ist der Boden für Verbindungen, Geborgenheit schafft Verbindungen aus denen Bindung entsteht, Geborgenheit hält Familien im besten Sinne zusammen.

Wenn Menschen sich in einer Familie geborgen fühlen, dann fühlen sie sich ihr zugehörig. Zugehörigkeit beschreibt meistens ein Erleben, das einen etwas weiteren Kreis um die Menschen herum einbezieht als Geborgenheit. Zugehörig können sich Menschen auch den Fans eines Fußballclubs fühlen, einer Gemeinde, einem Stadtteil oder Dorf, einer politischen Partei oder Wertegemeinschaft. Doch der Kern der Zugehörigkeit ist für die meisten Menschen die Familie. Dabei sind die Prozesse des Zugehörigkeitserlebens zu einer Familie zumeist sehr widersprüchlich.

Anfangs als Säugling und Kleinkind wächst ein Mensch in eine Familie hinein. Zu dieser Familie gehört er, das ist für ihn wie für die meisten anderen Menschen selbstverständlich. Es gibt väterliche und mütterliche Bezugspersonen, Omas und Opas, vielleicht auch Geschwister, und alle zusammen werden als Familie erlebt. Doch wenn Krisen kommen und die Familie Brüche erfährt, dann erlebt dieser Mensch die familiäre Zugehörigkeit oft als in Frage gestellt. Sie bezieht sich dann nicht mehr auf die Familie als Ganzes, sondern auf Familienfragmente. Wenn Vater und Mutter sich trennen, bleibt aus dem Erleben des Kindes heraus im Idealfall die Zugehörigkeit zu beiden Elternteilen erhalten. Doch oft herrscht kalter oder heißer Krieg und Kinder werden zur Wahl gezwungen, sich der einen oder der anderen Seite als zugehörig zu erklären. Dies schafft Loyalitätskonflikte und kann für die Kinder das Grundgefühl der Zugehörigkeit bedrohen. Unsere familientherapeutische Haltung besteht hier oft (ich betone: oft, nicht immer) darin, als Anwalt der Zugehörigkeitswünsche der Kinder aufzutreten und sie in ihrem Recht zu unterstützen, sich auch weiterhin dem Familienmitglied zugehörig zu fühlen, das nicht mehr mit den anderen zusammenlebt. Ich habe gute Erfahrungen damit gemacht, wenn es gelingt, dass Kinder von den getrennt lebenden Eltern ein Recht auf „doppelte Zugehörigkeit" (wie die „doppelte Staatsbürgerschaft") zugesprochen und zugesichert bekommen.

Doch auch ohne große Krisen durchlebt das Zugehörigkeitsgefühl widersprüchliche Prozesse. Wenn aus Kindern Jugendliche werden und sie versuchen, ihren eigenen Weg zu gehen, bis dahin, dass sie als junge Erwachsene eigene Familien gründen, bedarf das eines Loslösens und Loslassens aus den vorhandenen Zugehörigkeiten. Solche Prozesse sind nicht immer einfach. Sie werden von der älteren Generation manchmal als schmerzlich erlebt oder gar behindert und sind auch für die jüngere Generation von großen Unsicherheiten geprägt. Gerade in der Pubertät ist zu beobachten, dass sich die Jugendlichen oft fremde Zugehörigkeiten suchen, um die Bedeutung der Zugehörigkeit zur eigenen Familie zu relativieren. Dann ist plötzlich die Zugehörigkeit zur Gemeinschaft der Veganer oder der Fans einer bestimmten Musikgruppe bzw. zum Sportverein bedeutsamer als die Zugehörigkeit zur Familie. Gelingt der Ablösungsprozess aus der Zugehörigkeit der Familie der Kindheit und der Aufbau eines eigenständigen Lebens, sind wieder neue oder bzw. alte Verbindungen und Zugehörigkeitsgefühle zur Elterngeneration möglich. Hier entwickelt sich die Zugehörigkeit auf ein anderes Niveau hin.

Für Familientherapeut/innen ist es wichtig, um diese widersprüchlichen Prozesse der Zugehörigkeitsentwicklung zu wissen. Oft sind für Familien, die unter diesen Widersprüchen leiden, Erklärungen wichtig, um zu verstehen, was passiert, und solche Prozesse gelassener zu sehen und zu mitzutragen.

3.17 Familien-Rebuilding

Wenn Staaten auseinanderfallen, dann spricht man von gescheiterten Staaten („failed states") oder zerbrochenen Staaten („broken states"). Bei Staaten, die Probleme haben, sind Reformen angesagt. Bei gescheiterten oder auseinander gebrochenen Staaten wird von „Rebuilding" gesprochen. Rebuilding heißt zwar wörtlich übersetzt „Wiederaufbau", gemeint ist damit aber nicht, dass es wieder so wird, wie es einmal war. Ganz gleich, ob in Ländern wie Somalia, Afghanistan oder in Deutschland nach 1945 – es ging oder geht immer um einen Neuaufbau.

Ich benutze den Begriff des Rebuilding als Metapher für die Aufgaben und Chancen, vor denen die Reste gescheiterter und zerbrochener Familien stehen. Ich habe in Kapitel 2.2 beschrieben, dass und wie Familien zerbrechen können. Wenn alle Bemühungen gescheitert sind, eine Familie zusammenzuhalten bzw. aus dem Zustand des Zerbrechens wieder zusammenzufügen, dann ist es wichtig, dies festzustellen und anzuerkennen. Doch wann ist dieser Zeitpunkt gekommen?

Der Übergang von einer zerbrechenden zu einer zerbrochenen Familie ist nicht an objektiven Merkmalen festzumachen. Sicherlich gibt es deutliche Hinweise: Die Kommunikation findet kaum oder nicht mehr statt, die Gefühle sind von heißem oder kaltem Hass und Verachtung geprägt, die Familienmitglieder ziehen auseinander oder sind schon länger auseinander gezogen, gemeinsame Verantwortlichkeiten werden nicht mehr wahrgenommen, alle Beteiligten sind erschöpft usw. Doch meine Kolleg/innen und ich kennen Familien, in denen all diese Merkmale zutrafen und dennoch eine Wende zum Wiederbeleben der Familie möglich war – und wir kennen solche, in denen sich die Beziehungen untereinander bei weitem nicht so dramatisch zeigten, die jedoch unter der Oberfläche schon so zerbrochen waren, dass jede Unterstützung wirkungslos blieb. Familientherapeut/innen müssen damit leben, dass es keine Checklisten zum Abhaken gibt, anhand derer das Scheitern einer Familie festgestellt werden kann, sondern dass jede Familie einzeln betrachtet werden muss.

Deswegen liegt für mich das gewichtigste Kriterium, das Scheitern einer Familie festzustellen, darin, dass die Bemühungen, sie zu retten, scheitern. Daher kann z. B. zu Beginn einer Therapie oder bei der ersten Aufstellung eines Jugendhilfeplans nach meiner Erfahrung nur in Ausnahmen mit Sicherheit festgestellt werden, dass eine Familie gescheitert ist und ein Familien-Rebuilding ansteht. Dazu bedarf es einer Phase, in der eine zerbrechende Familie darin unterstützt wird, möglicherweise erneut zusammenzufinden. Dies ist eine Phase der Beratung bzw. Therapie und der Diagnostik zugleich. Es werden familientherapeutische Interventionen durchgeführt und gleichzeitig werden dabei Einsichten über den Zustand der Familie gewonnen. Alle Chancen sollten genutzt werden. Scheitern alle Bemühungen, dann muss der Bruch innerhalb der Familienstruktur und damit deren Zerbrochensein festgestellt werden.

Eine solche Feststellung ist wichtig, denn sie ist die Voraussetzung, der erste Schritt im Prozess eines Familien-Rebuilding. Solange Familienmitglieder daran festhalten, dass eine zerbrochene Familie „wieder zusammenfinden" muss, solange sind die Köpfe und die Herzen nicht frei, den Weg zur Bildung neuer Familien- oder familienähnlicher Strukturen zu beschreiten. Die Hindernisse, eine solche Feststellung zu umgehen, können sehr unterschiedlich und in jedem Fall kräftig sein. Da gibt es Menschen, die „nicht so scheitern wollen wie die Eltern". Andere haben Angst vor der Einsamkeit und versuchen deswegen, etwas zusammenzuhalten, was schon lange nicht mehr zusammengehört. Für die Feststellung, dass eine Familie gescheitert ist, bedarf es oft des Blickes von außen, der Stimme von Berater/innen oder Therapeut/innen, die ausspricht, was die Familienmitglieder schon lange wissen, aber nicht zuzugeben wagen. Selbstverständlich kann und darf eine solche Feststellung nur dann „von außen", also von Therapeut/innen und Berater/innen getroffen werden, wenn bei den Familienmitgliedern Anzeichen für eine wachsende Einsicht in die Gefährdung der Familie sichtbar sind. Solche Prozesse werden von den Mitgliedern solcher Familien zumeist als sehr widersprüchlich erlebt und bedürfen besonders sorgfältiger Annäherung. Die familientherapeutischen Helfer/innen werden oft als ein Spiegel gebraucht, der nicht durch Streit und Angst beschlagen ist, und können so als Katalysator für solche Einsichten wirken.

Und dann beginnt das zweite große Element des Rebuilding: das Trauern. Im Zuge eines Zerbrechens von Familien fügen sich Menschen Wunden zu, die schmerzen. Diese Schmerzen brauchen Trost, so wie eine offene Wunde einen Verband braucht. Nur Schmerzmittel zu nehmen (so wird häufig der Alkoholkonsum genutzt) hilft auf Dauer nicht. Neben dem Trösten ist das Trauern notwendig. Alle Mitglieder einer Familie haben etwas verloren. Dies mag am Anfang bei einigen wenig spürbar sein, weil sie froh sind, dass die Qual des Zerbrechensprozesses ein Ende hat, aber irgendwann muss dann das Trauern seinen Platz haben, wenn in der Zukunft wieder ein geborgenes Leben möglich sein soll. Jedes Familienmitglied hat etwas verloren und da ist Trauern angesagt, denn Trauern ist das Gefühl des Loslassens. Betrauert werden die Hoffnungen und Sehnsüchte, betrauert werden die guten Erfahrungen, betrauert werden auch die eigenen Verletzungen und Niederlagen.

Mit ihrer Trauer sollten Menschen nicht allein gelassen werden. Einsames Trauern führt oft dazu, dass das Trauern erstickt oder unendlich wird. Trauern braucht, dass es geteilt wird mit anderen Menschen. Diese Menschen können Familientherapeut/innen sein, die in dieser wichtigen Phase begleiten.

Für Unterstützung der Trauerprozesse haben meine Frau Gabriele Frick-Baer und ich einige kreative Wege und Methoden in unserem Buch „Vom Trauern und Loslassen" (Baer/Frick-Baer 2008e) beschrieben. Dort findet sich u. a. eine der wirkungsvollsten Trauerhilfen in Familien, eine Unterstützung bei der Differenzierung im Rahmen des Loslassens:

Nehmen Sie ein großes Blatt Papier und teilen Sie es mit einem Strich in der Mitte in zwei Hälften. In die linke Hälfte malen Sie hinein, was Sie loslassen, was verloren geht, was dahin ist, was Sie betrauern ... In die rechte Hälfte malen Sie hinein, was bleibt: Gute Erfahrungen, Kraft und Einsichten, die Sie in den letzten Monaten gewonnen haben, Erinnerungen, die Sie nicht missen möchten ...

Trauer ist nicht nur das Gefühl, dass etwas verloren geht oder ging, zum Trauern gehört auch das Differenzieren zwischen dem, was bleibt, und dem, was geht. Menschen in diesem Differenzierungsprozess zu begleiten, ist hilfreich und notwendig, damit sie nicht alles nur „schwarz sehen", sowohl was die Vergangenheit als auch was die Zukunft betrifft, oder das Trauern übergehen. Dabei möchte ich darauf hinweisen, dass die beschriebene Differenzierungsgestaltung bei vielen Menschen sehr lösend den Trauerprozess unterstützt, dass der Weg aber auch durch Schmerzen gehen kann. Auf beiden Seiten des Blattes. Manchen Menschen fällt es schwerer, sich dem Hellen und Positiven zu öffnen als dem Dunklen. Familientherapeut/innen sollten wissen, dass das so sein kann, und weder selbst davor zurückschrecken noch die Klient/innen davor bewahren wollen. Wenn Klient/innen in der Trauer durch solche Schmerzen hindurch gehen und dabei begleitet werden, dann können sie den Schmerz hinter sich lassen und sich Neuem zuwenden.

Nach dem Akzeptieren des Zerbrechens und dem Trösten und Trauern steht dann der dritte elementare Schritt des Familien-Rebuilding an: der Neuaufbau von familienähnlichen Strukturen oder von Familien, aus den Puzzleteilen der zerbrochenen Familie heraus. Die einzelnen Familienmitglieder oder die Teilfamilien werden sich nach anderen Menschen umsehen, mit denen sie eine neue Familie oder familienähnliche Verbindung entwickeln wollen. Dies können sie erst, und das ist wichtig immer wieder zu betonen, wenn oder in dem Maße, in dem sie den Verlust der bisherigen Familie akzeptiert und um das, was damit verloren ging, getrauert haben.

Wie der Neuaufbau von Familienstrukturen prinzipiell gelingen kann, das wissen diejenigen Betroffenen, die damals die Familie gegründet haben. Wahrscheinlich begann es mit einem Verlieben und einer sich daraus entwickelnden Partnerschaft, viel Kommunikation und emotionalem Austausch, meistens auch Sexualität. Rituale sind entstanden, vielleicht kamen Kinder oder andere Familienmitglieder hinzu. Zumeist zog man zusammen oder lebte zwar räumlich getrennt, traf sich aber regelmäßig ...

Doch nun, beim Neuaufbau einer zerbrochenen Familie, vollziehen die übrig gebliebenen Teilelemente der alten Familie, z. B. ein Partner und ein Kind, diesen Prozess, mit einem wesentlichen Unterschied. Dieser Prozess ist nicht mehr „frisch" und mehr oder weniger unbekümmert, sondern ist gezeichnet durch die Wunden, die das Zerbrechen der bisherigen Familie den Beteiligten zugefügt hat. Da sind Verletzungen und Schmerzen, da gibt es Misstrauen und Sehnsucht, da existiert eine häufige Verunsicherung: „Bin ich überhaupt liebenswert?" Unterstützung von Seiten der Familientherapeut/innen bedarf es oft beim Rebuilding des Selbstwertgefühls und der eigenen Liebeswürdigkeit, damit Verlieben und Neu-Lieben wieder möglich wird und die Ängstlichkeit nicht den Mut überwiegt. Unterstützung bedürfen die Betroffenen oft bei der Heilung der Wunden, die in der bisherigen Familie einander zugefügt wurden und die bei vielen Menschen gerade dann, wenn es um einen Neuaufbau einer Familie geht, wieder zu schmerzen beginnen.

Manchmal sind die Wunden so tief, dass nicht nur einzelne Familienangehörige, sondern alle, die am Neuaufbau einer Familie beteiligt sind, verstört sind. Damit meinen wir nicht das Vorhandensein der einen oder anderen Störung, sondern mehr als das. Verstörtsein ist ein Grundbefinden, ist mangelnde Orientierung, ist Verwirrung verbunden mit geschwundenem Selbstvertrauen. Wenn wir ein Verstörtsein als Grundgestimmtsein einer Teilfamilie feststellen, bedarf der Neuaufbau einer Familie zumeist erst einer Auseinandersetzung mit dem Verstörtsein. Das beinhaltet meist eine traumatherapeutische Auseinandersetzung mit den meist vorhandenen traumatischen

Erfahrungen, die zum Verstörtsein geführt haben. Und danach brauchen die Beteiligten zumeist noch dringend Hilfen bei der Basisarbeit: Aufbau von Kommunikationsstrukturen (wer redet mit wem worüber) und -regeln (wie reden wir miteinander), Einführung von Ritualen (gemeinsames Essen, Hausaufgaben, Gute-Nacht-Sagen ...), Einführung von Regeln und auch von sinnvollen Machtstrukturen (wer entscheidet worüber). Das, was in vielen Familien selbstverständlich ist, muss hier als neuer Boden geschaffen werden, um allen Beteiligten Halt zu geben und eine familiäre Zukunft zu eröffnen.

4 Leibtherapeutische Modelle und Methoden für Familien

Dass leiborientierte Familientherapeut/innen zwischen Diagnostik und Therapie keine Trennungsgräben ziehen, habe ich schon beschrieben. Wenn Diagnostik als Konglomerat von Einsichten verstanden wird, die im Begegnungsprozess von Therapeut/innen und Familienangehörigen gewonnen werden, dann beinhaltet dieser Prozess schon Elemente der Veränderung. Und umgekehrt ergeben sich aus der therapeutischen Intervention, aus jedem Experiment, aus jedem Gespräch neue Einsichten.

Wenn in diesem Kapitel die Rede von Erregungskonturen, Bedeutungsraumen, Primären, Konstitutiven und Richtungs-Leibbewegungen sowie von der Tridentität sein wird (vgl. v. a. Kap. 4.2-4.7), dann werden damit in diesem Sinne theoretische Modelle des Erlebens beschrieben, die gleichzeitig diagnostische Zugänge und Interventionsmöglichkeiten beinhalten.

Die grundlegenden Aussagen zu diesen Modellen und Begrifflichkeiten finden Sie in meinem Lehrbuch zur Kreativen Leibtherapie (Baer 2012). Im vorliegenden Werk spitze ich meine Aussagen auf ihre familientherapeutische Bedeutung zu. Doch zunächst, in Kapitel 4.1, werde ich das Konzept des „Einhausens" vorstellen, das zentral für mein leibphänomenologisches Verständnis familienbezogener Entwicklungspsychologie ist. Hinweise zum Ungelebten, das leben möchte, runden das Kapitel ab.

4.1 Familie und Einhausen

Einhausen bezeichnet den Prozess, „in dem der Leib (...) sich auch die soziokulturelle Mitwelt aneignet und zur Heimat macht" (Fuchs 2000a, S. 311).

Wenn ein Mensch auf die Welt kommt, ist seine Lebenswelt die Welt, die er unmittelbar erlebt: die Geborgenheit des Kinderbettes, die Blicke, Klänge und Berührungen der Mutter, die Nahrung, die Atmosphäre des Nahraums.

Allmählich erweitert sich seine Lebenswelt, und je mehr der Säugling in die Welt hinaus tönen, schauen, greifen kann, desto mehr haust er sich in der Welt ein, macht sie zu seinem Zuhause. Dabei geht es nie darum, was objektiv das Zuhause des jeweiligen Menschen ist. Es ist sein erlebtes Zuhause, es geht um die bestimmte Qualität seiner Lebenswelt.

Das Einhausen ist ein dialektischer Prozess, in dem zwei Aspekte untrennbar miteinander verbunden sind. Der Mensch haust sich in seiner Umgebung ein, sie wird ihm vertraut und selbstverständlich – und umgekehrt haust sich seine Lebenswelt in ihm ein, über Gewohnheit und Vertrautheit. Auch bei Erwachsenen ist dieser Prozess des Einhausens oder Neu-Einhausens spürbar, wenn deren Lebenswelt neue, veränderte und verändernde Qualitäten birgt. Dieser innere Prozess sei am Beispiel eines erwachsenen Menschen beschrieben, wenn er eine neue Wohnung bezieht. Am Anfang ist sie noch fremd und er muss darüber nachdenken, wo sich welche Gegenstände befinden, er muss sich bewusst orientieren. Doch nach und nach wird diese Wohnung vertrauter und seine Bewegungen in der Wohnung werden selbstverständlicher. Er kann sich irgendwann nachts im Dunkeln in ihr bewegen, ohne irgendwo anzustoßen, und er spürt sofort, wo er sich niederlassen möchte, um in Ruhe zu lesen, ohne dass dies reflektierender Bemühungen bedarf. „In sich zu wohnen ist ein Teil des Einhausens, in dem innere und äußere Prozesse untrennbar miteinander verbunden sind. Heimat ist Heimat in der Umgebung und innere Heimatlichkeit, Geborgenheit beinhaltet Vertrauen in sich und andere." (Baer 2012, S. 116)

Die Vertrautheit mit anderen Menschen ist existenzieller Bestandteil des Einverleibens und der Beheimatung, also des Einhausens. Man kann deshalb sagen, dass die Familie der soziale Nahbereich ist, in den Menschen sich in erster Linie einhausen, der Bereich, der ihnen zuallererst selbstverständlich wird. Das gilt gleichermaßen für Familien, in denen sich die Familienmitglieder gut entwickeln können, wie für solche, die ihnen schaden.

Auch wenn die Familie, das Zuhause, geprägt ist von viel Verletzung, Gewalt, Leere usw., hausen sich Menschen in diesem Zuhause ein. Das Ergebnis ist, dass diese Einhausungsprozesse unmittelbar mit für sie giftigen Umgebungen verbunden und an diese gebunden sind. Sie haben, wenn sie sich aus dieser Umgebung lösen wollen oder müssen, mehr zu verlieren als ihre Ketten und ihre Verletzungen. Sie haben auch ein Zuhause, ein Eingehaust-Sein zu verlieren. Damit lässt sich erklären, warum manche Menschen immer wieder z. B. zum gewalttätigen Partner/innen zurückkehren, warum manche Opfer sexueller Gewalt sich so schwer von Täter/innen und Täterumgebungen lösen können und warum Kinder manchmal alles tun, um in ihren grausamen Familien bleiben zu können. Auch die schrecklichste Umgebung und die bösesten Menschen haben einen leiblichen „Vorteil": Sie sind vertraut.

Erwachsene Menschen haben zumindest die Möglichkeit, sich aus Familien zu lösen, auch wenn dies oft ein schmerzhafter Prozess ist. Erwachsene Menschen haben Wahlmöglichkeiten, sie können sich Einhausungsprozessen verweigern und Umgebungen wechseln. Kinder haben diese Möglichkeit nicht. Kinder sind darauf angewiesen, „zu nehmen, was da ist": Menschen und Umgebung.

Dieses leibphänomenologische entwicklungspsychologische Modell des Einhausens ist für die familientherapeutische Arbeit in mehrerer Hinsicht bedeutsam.

» Es verdeutlicht die Bindungskraft von Familien, auch von Familien, in denen Menschen zu Schaden kommen. Loslösungsprozesse aus Familien sind fast immer schmerzhaft und Synonym für Trauerprozesse.
  Das Eingehaust-Sein und seine Bedeutung sind auch der Hintergrund dafür, dass zerbrechende Familien oft noch den Schein heiler Welten aufrechtzuerhalten versuchen. Darin steckt nicht nur das Bedürfnis, nach außen hin so zu tun „als ob", sondern auch das Bestreben, festzuhalten, was vielleicht gar nicht mehr festzuhalten ist, das familiäre Zuhause und damit das Gefühl des Eingehaust-Sein, der Geborgenheit und Zugehörigkeit.

» Die Familie als Kernbereich des Eingehaust-Sein hat für viele Erwachsene, besonders aber für die Kinder eine besonders gewichtige Bedeutung. Darin liegt eine Begründung, warum auch in der Einzel- und in der Paartherapie familientherapeutische Bezüge oft so sinnvoll sind: weil damit das Eingehauste und das Eingehaust-Sein, das Leiden daran und die Sehnsucht danach zum Thema werden.

» Wenn Menschen etwas, das ihnen am Herzen liegt, verlieren, dann fällt ein Stück des Eingehausten weg. Damit lässt sich auch erklären, warum das Verlieren existenzielle Züge annehmen kann – in einem Ausmaß, dass der Selbstwert, das Selbstgefühl, die Meinhaftigkeit erschüttert werden. Der Verlust kann nicht nur eine Person oder eine Familie, sondern ebenso ein geliebtes Tier betreffen, einen vertrauten Arbeitsplatz oder die Heimat – wesentlich ist nicht so sehr, *was* verloren wurde, sondern welche *Bedeutung* es im Einhausungsprozess hatte und damit in der aktuellen Lebenswelt des Menschen hat.

Ein Teil der Lebenswelt ist weg und gleichzeitig ein Teil des als "Innen" Erlebten, die Leerstelle ist überall. Es fehlt nicht nur ein als wesentlich erlebter Teil der Zugehörigkeit, es geht auch ein Teil des In-sich-Wohnens und damit der Meinhaftigkeit verloren. Die betroffenen Menschen fühlen, als wäre ihnen etwas „herausgerissen" worden. Sie fühlen sich passiv erleidend, auch wenn sie z. B. eine/n Partner/in aktiv verlassen haben. „Etwas" ist mit ihnen „geschehen", etwas wurde leer. Es wird meist übersehen – und ich finde, es stünde Therapeut/innen gut an, darum zu wissen und das in ihrer therapeutischen Arbeit zu berücksichtigen –, dass dieses Enthaust-Sein ein in der Tiefe schlummerndes Empfinden sein kann, auch wenn dieses Familienmitglied für die Trennung öffentlich verantwortlich ist und sich schuldig fühlt. Denn auch hier wird das Eingehauste teilweise zerstört und der weitere Prozess des alltäglichen Einhausens wird meist unterbrochen. Wenn der Verlust des Eingehaust-Seins individuell angemessen betrauert werden kann und die Menschen dabei Trost und Unterstützung erfahren, vermag der Trauerprozess in einen Neubeginn des Einhausens umschlagen. Auch wenn der Verlust manchmal sehr abrupt war oder als solcher erlebt wurde, kann das Loslassen und der Wiederbeginn des Einhausens nur allmählich erfolgen.

» Damit Einhausungsprozesse gelingen und vorhandene Einhausungen stabil bleiben können, sollte die Intentionalität in den Familien gefördert werden. Mit Intentionalität wird in der Leibphänomenologie seit Franz Brentano und Edmund Husserl gemeint, dass „jedes Erleben sich auf etwas bezieht, indem es dieses in einem bestimmten Sinne meint" (Waldenfels 2000, S. 367). Jeder leibliche Impuls, jedes leibliche Handeln ist so mit einer Bedeutung behaftet. Wenn solche Bedeutungen im Sinne von Bewertungen bewusst werden, dann kann die Brücke zwischen Meinhaftigkeit und Lebenswelt geschlagen werden und das Einhausen als bewusster wie unbewusster Prozess unterstützt werden. Es gilt deshalb, immer wieder auch in den Familien die Frage zu stellen: „Wie gefällt Ihnen das, was Sie sehen/greifen/hören …?", „Mögen Sie es oder mögen Sie es nicht?", „Welchen Sinn macht das für Sie?", „Welche Absichten verfolgen Sie damit?" usw. Intentionalität und Bewertung sind vom Einhausen nicht zu trennen.

» Und noch etwas ist wichtig: Ich habe erwähnt, dass Kinder sich generell und damit auch in für sie negativen Umgebungen einhausen. Wenn ein Kind in einer Familie groß geworden ist, in der zum Beispiel die Mutter Alkoholikerin war und ist, dann sind viele Aspekte dieses Familienlebens für das Kind zur selbstverständlichen Heimat geworden. Zum Beispiel, dass nach außen nicht über den Alkoholkonsum geredet werden darf, dass die Mutter unberechenbaren Stimmungsschwankungen unterworfen ist, dass im Kontakt zwischen dem Kind und der Mutter viel Leere vorherrscht, dass das Kind schon über sein Altersniveau hinaus sich um die Mutter kümmern, ja für sie Verantwortung übernehmen muss ... In diese Umgebung hat sich das Kind eingehaust und diese Umgebung hat sich im Kind eingehaust, sie ist ihm selbstverständlich geworden. Wenn nun familientherapeutische oder kindertherapeutische Unterstützer/innen das Kind ermutigen wollen, zum Beispiel über seine Lebensverhältnisse mit Menschen außerhalb der Familie zu reden oder es darin unterstützen möchten, die Verantwortung etwas abzugeben und die kindliche Spielfreude wiederzugewinnen (De-Parentisierung), dann wird mit solchen Angeboten auch ein Stück Enthausen von dem Kind gefordert. Dies erklärt oft die anfänglichen Widerstände der Kinder gegen diese Angebote und erfordert deshalb Beharrlichkeit in vertrauensvoller Beziehung. Aus solchen Einhausungen im Falschen herauszukommen, bedarf der Trauerarbeit und der Angebote eines Neu-Einhausens. Beides braucht Zeit und stabile vertrauensvolle Beziehungen.

4.2 Familie und Erregungskonturen

In der Familie Dorkus kippte die Stimmung oft in rasantem Tempo. „Manchmal ist alles ganz normal und dann passiert irgendeine Kleinigkeit und alles geht auf 180", erzählte der Sohn, der sich mit seiner Mutter gemeinsam auf einem familientherapeutischen Treffen befand. „Ich weiß auch nicht, was dann los ist, aber dann wird es schrecklich. Dann schlägt mir das Herz bis zum Hals." Die Mutter erlebte dies genauso und erzählte, dass diese hocherregte und angespannte Atmosphäre auch auf ihren Mann und die beiden Töchter übergriff.

Leibtherapeutische Modelle und Methoden für Familien

Ich bat beide, diesen Wechsel der Atmosphäre auf Musikinstrumenten zu spielen. Die Mutter ergriff eine große Rahmentrommel und schlug erst langsam und relativ leise mit ihren Fingerkuppen auf die Trommel, einmal hierhin, einmal dorthin – und dann plötzlich gab es einen lauten Schlag mit der gesamten Handfläche, eine lange Pause, wieder einen heftigen Schlag, eine lange Pause, wieder einen heftigen Schlag ...

Der Sohn spielte die Alltagsatmosphäre auf einem Holzxylophon: gelassen, fast heiter – und dann plötzlich: der Gong. Er hatte einen kleinen, sehr hohen, fast klirrend klingenden Gong gewählt, mit langem Nachhall nach dem abrupten Wechsel.

„Und dann?" fragte ich. „Wie geht es dann weiter?"

Wieder ergriff der Sohn das Wort: „Dann explodiert irgendetwas. Nein, nicht irgendetwas, sondern irgendjemand. Mein Vater sagt dann gar nichts mehr, wie vorher, der dampft bei Spannung immer stumm vor sich hin und raucht eine Zigarette nach der anderen. Aber wir anderen halten das nicht so gut aus, diese Anspannung ... Und bei einem kocht der Topf dann über. Manchmal fängt die Mutter an zu schreien oder meine Schwester rennt raus und knallt die Tür oder ich fange an, mit irgendjemand zu streiten, irgendetwas halt. Es ist ja auch sonst nicht auszuhalten."

„Und wie fühlen Sie sich dabei?"

Die Mutter sagte: „Ich fühle mich so, dass ich ganz sicher bin, etwas falsch gemacht zu haben. Ich weiß nur nicht, was. Und ich weiß genau, alles, was ich jetzt tue, ist falsch. Und danach habe ich ein schlechtes Gewissen, bin aber nur froh, dass es vorbei ist." Der Sohn fiel ein und bekräftigte: „Ja, das mit dem schlechten Gewissen habe ich auch. Meistens, weil ich ohne Grund einen Streit angefangen habe. Und die Schuldgefühle sind auch ganz klar da. Es ist so, als wenn man ganz aufgeregt über etwas drüber geht und gar nichts kaputt machen will und man weiß, man schafft es nicht. Irgendwas geht immer kaputt."

Ich bat Mutter und Sohn, sich auf ein Experiment einzulassen, um herauszufinden, was passiert, und mit einem Seil eine Linie auf den Boden zu legen: „Vor dieser Linie ist der normale Zustand in Ihrer Familie. Die Linie ist der Gong oder der Trommelschlag. Dahinter kommt das, was danach geschieht."

Die Mutter und ihr Sohn legten ein Seil quer durch den Raum, begaben sich auf die Seite des normalen Alltags und gingen dann auf die Linie zu und überschritten sie. Der Therapeut fragte sie anschließend, was sie erlebt hätten. Beide waren überrascht, wie nah ihnen dieses Experiment dem familiären Erleben brachte.

„Was war kurz vor dem Überschreiten der Linie?"

„Da hatte ich Angst, dass gleich etwas Schlimmes passiert", sagte die Mutter, und der Sohn erwähnte, dass bei ihm schon vorher irgendeine Spannung angestiegen sei. Beide wiederholten den Gang noch einmal und achteten dabei auf meine Anregung hin besonders auf den letzten Meter und die letzten Zentimeter vor dem Überschreiten der Linie. Die Mutter äußerte nach Überschreiten der Linie, dass sie wie beim ersten Mal vorher Angst gespürt hätte. Der Sohn ging diesmal gar nicht über die Linie, sondern blieb kurz vorher stehen, mit einer Fußspitze die Linie berührend: „Ich merke, dass hier schon mein Herz anfängt zu klopfen. Nicht ganz so doll wie hinter der Linie, aber hier geht es schon los, nur weiß ich nicht, was das ist."

Ich bat ihn dieses Herzklopfen auf einem Instrument zu spielen. Der Sohn ging wieder zum Holzxylophon und schlug schneller werdend auf ein tiefes F.

„Wie klingt das? Was fühlen Sie?"

„Ich habe Angst. Ich merke, dass ich Angst habe. Die wird immer doller."

„Was sagt die Angst?"

„Dass ich meine Ausbildung nicht schaffe, dass ich versage ... Aber das darf ich ja nicht sagen ..."

An dieser Stelle ging die therapeutische Arbeit weiter mit dem gemeinsamen Familienthema „Angst", einer Angst, die sich gezeigt hatte und über die nicht geredet werden konnte, die sich dann aber explosiv in Hocherregung entlud.

An diesem kleinen Ausschnitt werden drei Aspekte deutlich:

a. Diagnostisch gesehen handelt es sich um eine Erregungskontur, also um einen familiären Erregungsverlauf, der sich wiederholt, sich verfestigt hat und nachhaltig das Familienleben so beeinflusst, dass alle darunter leiden.

Was heißen „Erregungsverlauf" und „Erregungskontur", zugespitzt auf diesen familientherapeutischen Zusammenhang?

Erregungsverläufe sind die ersten Muster des Erlebens, die aus der zwischenleiblichen Erfahrung zwischen Mutter und Kind entstehen (Stern 1998 und Baer 2012, S. 124ff). Bestimmte Art und Weisen, wie Mütter und andere den Säuglingen nahestehende Personen ihre Erregungen leben, übertragen sich in der zwischenleiblichen Beziehung zu dem Säugling und werden von diesem oft übernommen. Erregungs*verläufe* können zum Beispiel hoch oder niedrig sein, sie können abrupt wechseln, ansteigen oder abschwellen, stetig oder flüchtig sein oder explosiv. Solche Erregungsverläufe können sich zu Erregungs*konturen* verfestigen, also zu Mustern werden, die die Erregungen einzelner Menschen nachhaltig prägen.

Interessant für die therapeutische Arbeit sind vor allem die Erregungskonturen, weil gerade unter ihnen Menschen und Familien manchmal leiden. Es gilt dann, die Konturen zu erweichen und zu verändern.
  Solche Erregungskonturen existieren unabhängig davon, ob es sich um positiv oder negativ erlebte Erregungen handelt. Wer dazu neigt, auf einem stetig niedrigen Erregungsniveau zu leben, wird dies bei freudigen Überraschungen ebenso zeigen wie bei negativen Erfahrungen, während andere, die zu explosiven Ausbrüchen neigen, dies bei großer Freude wie bei tiefem Ärger ausleben werden. Wobei mir auch hier der Hinweis für leibtherapeutisch arbeitende Therapeut/innen ganz wichtig ist, dass das, was sich anderen als Erregungskontur eines Menschen zeigt, nicht identisch sein muss mit dessen Erleben. Ein äußerlich ruhig wirkender Mensch kann innerlich von Unruhe und Angst nahezu zerfressen sein, ein äußerlich auf sein Gegenüber zappelig und hektisch oder leicht erregbar wirkender Mensch kann völlig eins sein mit sich, weil sein Erleben identisch ist mit dem lebendigen Ausdruck.

Für die leiborientierte Familientherapie ist die Kenntnis des Modells der Erregungskonturen vor allem in zweierlei Hinsicht wichtig. Erstens bilden sie sehr tiefgehende Muster, also Wiederholungen von Weisen des Verhaltens und Erlebens, und können als solche die Beziehungen innerhalb einer Familie sehr prägen. Zweitens entstehen Erregungskonturen aus Beziehungserfahrungen, zum Beispiel zwischen Säugling und Mutter. Es handelt sich nicht um personale Eigenschaften, die einem Menschen von Geburt an eigen sind, auch wenn sie als solche erlebt werden. Sie entstehen immer zumindest in einem großen Teil aus und in Beziehungserfahrungen. Als Beziehungserfahrung können sie manche Familienverhältnisse und das Erleben in Familien sehr prägen. Im obigen Beispiel der therapeutischen Arbeit mit Frau Dorkus und Sohn zeigt sich, dass beide gemeinsam eine abrupt zum Vorschein kommenden Erregungskontur haben, ausgelöst durch Angst, die sich Bahn bricht. Die Vermutung liegt nahe, dass sich der Sohn sozusagen mit der Muttermilch die Erregungskontur der Mutter einverleibt hat, in der Ruhe, Sicherheit und liebevolle Zuwendung immer wieder abrupt durch deren Unsicherheit und Angst, etwas falsch zu machen, unterbrochen wurden. Diese Unterbrechungen geschahen vielleicht leise, nach außen hin nicht merklich, aber sie waren spürbar für das Kind. Seine Lebensumwelt war geprägt von Spannung und Druck. Die Mutter hat nichts falsch gemacht – diese Bewertung erlaube ich mir, deutlich auszusprechen – war aber ihrer Erfahrung und Angst, „grundsätzlich" etwas falsch zu machen, war also ihrer Erregungskontur ausgeliefert.

b. Bei der Arbeit mit Erregungskonturen ist, wie auch dieses Beispiel zeigt, entscheidend, dass diese hörbar, sichtbar, spürbar werden. Die Erfahrung zeigt, dass ihnen nur verbal, ohne kreativ-therapeutische Anregungen und allein, ohne leibtherapeutische Interventionen, nicht auf die Spur zu kommen ist, geschweige denn Möglichkeiten der Veränderung deutlich werden. Dadurch, dass sie einen Ausdruck bekommen, sind die beteiligten Menschen nicht nur „ausgeliefert", sondern sie werden zu aktiv Handelnden und können diese Erregungskonturen „herstellen", was das Potenzial und Versprechen beinhaltet, sie auch verändern zu können. Hier zum Beispiel regte ich zum Verklanglichen der Erregungskontur durch Musikinstrumente an und wählte die Methode des Verraumens zum Konkretisieren des Erlebens.

c. Und ein dritter Hinweis: Bei der Arbeit mit Erregungskonturen hat es sich, wie auch das Beispiel verdeutlicht, immer wieder bewährt, das Augenmerk auf den Moment zu lenken, der vor einem Erregungswechsel liegt. In dieser Phase des „Kurz Davor" liegt oft das verborgen, was in der Familie ungelebt und unausgesprochen ist, in diesem Fall die Angstgefühle. Damit konnten wir weiterarbeiten. Ich durfte die Familie dabei unterstützen, wie das Ungelebte seinen Platz in der Familie finden konnte und wie es dadurch an Kraft und Gewalt verlor. Und tatsächlich veränderte sich dadurch die familiäre Erregungskontur und die Familienatmosphäre entspannte sich grundlegend, was jedem einzelnen Familienmitglied gut tat.

Einige Probleme, die mit Erregungskonturen zusammenhängen, sind mir in Familien besonders häufig begegnet:
» In manchen Familien klaffen die Erregungskonturen der einzelnen Familienmitglieder stark auseinander. Wenn zum Beispiel der Vater zu abrupten

Erregungswechseln zwischen sehr hoch und niedrig neigt, während die Mutter auf abrupte Erregungsveränderungen mit Angst reagiert und ansonsten auf niedrigem Niveau mit ihren Erregungen schwankt, wird dies sehr widersprüchliche Auswirkungen auf die Kinder haben und wahrscheinlich zu starken Spannungen, Vorwürfen und Unverständnis führen. Hier bietet sich an, dass alle Familienmitglieder im Beisein der anderen ihre Erregungskonturen musikalisch oder in Bewegung, in einem Ausdruckstanz z. B., ausdrücken oder aufzeichnen. Dies fördert das Verständnis füreinander und ist oft der Beginn einer Veränderung.

» In einigen Familien wird das Erregungsniveau deutlich niedrig gehalten, zumindest die Erregung, die sichtbar und spürbar ist. Man regt sich nicht auf, darf nicht laut werden, muss diszipliniert funktionieren, kurz: die Lebendigkeit, der lebendige Ausdruck, wird unterdrückt. Zumeist gibt es eine Person in der Familie, manchmal aus der Kernfamilie, manchmal aus der Großeltern-Generation, die das familiäre Erregungsniveau durch massiven Druck niedrig hält. Hier gilt es, die totalitären Machtverhältnisse zu identifizieren und dort Veränderungsprozesse zu initiieren.

» In Familien, in denen ein Mitglied traumatisiert wurde oder die Folgen transgenerativer Traumatisierungen wirksam sind, sind hochkomplexe Zusammenhänge zwischen Trauma und Erregungskonturen wirksam, die ich hier nur andeuten kann. Hier überträgt sich oft die durch das Trauma und das Alleingelassensein danach chronifizierte Hocherregung der traumatisierten Person auf andere Familienmitglieder. Besonders dann, wenn diese die Erregungsquellen aus der Trauma-Erfahrung nicht kennen oder sogar nicht kennen wollen, kann dies zu Spannungen und konfliktträchtigen Entladungen führen. Hier bedeutet Familientherapie vor allem traumatherapeutische Arbeit.

4.3 Familie und Bedeutungsräume

Anknüpfend an die ökologische Psychologie, die Gestaltpsychologie Kurt Lewins (1963, 1982) sowie neuere sozialwissenschaftliche Strömungen (Anthony Giddens, z. B. 1995) haben meine Frau und ich für die Kreative Leibtherapie das Modell der Bedeutungsräume entwickelt. Das Erleben eines

Menschen vollzieht sich immer in Raum und Zeit, im Hier und Jetzt. Das Modell der Bedeutungsräume bietet differenzierte Möglichkeiten, die räumliche Dimension des Erlebens des Einzelnen und der Familie zu verstehen und zu nutzen und Veränderungen einzuleiten oder zu unterstützen. Es betrifft also nicht die Betrachtung von Räumen, die objektiv vermessbar sind, sondern ausschließlich das Raum*erleben*, sprich: die Bedeutung, die Räume für das (Familien-)Leben der Menschen haben. Doch bevor ich darauf genauer eingehe, möchte ich zunächst die wichtigsten Bedeutungsräume: Öffentlicher Raum, Raum der Begegnung, Persönlicher Raum, Intimer Raum, Zentraler Ort kurz vorstellen.

Der *Öffentliche Raum* ist ein Raum, in dem sich Menschen außerhalb der Familien oder als ganze Familie zeigen und präsentieren. Früher war das z. B. der Markt, auf dem Informationen und Waren ausgetauscht wurden, Menschen sich trafen und sich zeigten. Heute sind Öffentliche Räume u. a. der Schulhof, der Arbeitsplatz, das Internet. Wie sich Menschen in der Öffentlichkeit zeigen und dort bewegen, ist genauso unterschiedlich, wie sie diesen Öffentlichen Raum *erleben*: Manche mögen und suchen ihn, andere meiden und fürchten ihn.

Der Öffentliche Raum schafft Möglichkeiten der Zugehörigkeit, z. B. bei der Eröffnung einer Galerie oder der Teilnahme an einer Feier oder einer Sportveranstaltung. Auch der soziale Status eines Einzelnen oder einer Familie kann darüber geschaffen oder gezeigt werden.

Der *Raum der Begegnung* ist ebenfalls ein Erlebensraum. Er entsteht in der Interaktion zweier Menschen. Aber nicht jeder Kontakt zweier Menschen schafft einen Raum der Begegnung, dazu bedarf es einer Interaktion, in der Resonanzen entstehen, in denen das Erleben beider Beteiligten wechselseitig hin- und herschwingt und einen Raum der Zwischenleiblichkeit bildet. Das, was hin- und herschwingt, kann als negativ oder als positiv erlebt werden, entscheidend ist die spürbare Existenz eines Raumes der Begegnung.

Der *Persönliche Raum* ist ein weiterer Bedeutungsraum. Er umgibt den Menschen meist in etwa der Reichweite seiner Arme, seiner Kinesphäre. Dieser Raum ist, wenn er als Persönlicher Raum erlebt wird, ein Schutzraum. Er garantiert, wenn er unverletzt ist, den sicheren Abstand zu anderen Menschen und wird von jedem Menschen unterschiedlich gespürt. In jedem Fall wird die Überschreitung von Grenzen des Persönlichen Raums als irritierend bis bedrohlich empfunden. Das, was innerhalb dieses Persönlichen Raums liegt, kann als *Raum des Reichtums* erlebt oder wiederbelebt werden. Welche anderen der einzelne Mensch in seinen Persönlichen Raum hineinlässt, bedarf besonderer Achtsamkeit und des Wissens um Wahlmöglichkeiten, besonders dann, wenn die Grenzen verletzt sind.

Den *Intimen Raum* ordnen die meisten Menschen dem Raum zu, der von ihren Körpergrenzen umschlossen wird. Doch auch in diesem Erlebensraum werden die Grenzen individuell unterschiedlich erlebt. Auch Kostbarkeiten wie ein Tagebuch, dem intimste Gedanken anvertraut werden, oder der Teddy, der der engste Vertraute des Kindes ist, können als zum Intimen Raum gehörig erfahren werden. Dem Intimen Raum wohnt inne, dass er ein Raum besonderen Schutzes und damit besonderer Schutzbedürftigkeit ist. So ist es außerordentlich wichtig, dass Menschen das Recht haben zu entscheiden, mit wem sie ihre Intimität teilen und mit wem nicht.

Innerhalb des Intimen Raums gibt es einen weiteren Raum, der besondere Bedeutung im Erleben hat: den *Zentralen Ort*. Manchmal, zum Beispiel in der Traumatherapie, nennen wir ihn „Unzerstörbaren Kern". Andere bezeichnen ihn als Zentrum oder „inneren Ort der Bewertung" (Rogers). Doch unabhängig von der Bezeichnung ist es ein Raum, der nicht im Röntgenbild zu verorten ist, sondern als Zentralität des Erlebens erfahren und gespürt wird. Gemeint ist der Kern dessen, was einem Menschen eigen ist; von ihm aus gehen die leiblichen Regungen und Impulse hinaus in die Lebenswelt.

Wie zeigen sich diese Räume in der Familientherapie und wie kann mit ihnen therapeutisch gearbeitet werden?

Die Bedeutungsräume können in nahezu jeder familientherapeutischen Arbeit Bedeutung haben und dementsprechend als hilfreiches Modell und Leitfaden dienen. Es ist unmöglich, die ganze Fülle diagnostischer und therapeutischer Möglichkeiten hier vorzustellen. Doch einige zentrale Hinweise möchte ich geben:

» Familien sind *besonders eingehauste Räume der Begegnung*. Besonders eingehaust meint, dass sich in jeder Familie eine besondere Geschichte der inneren wie äußeren Selbstverständlichkeiten in den Begegnungen zwischen den Familienmitgliedern entwickelt haben. Eine Besonderheit der

Einhausungen in familiären Begegnungen besteht in deren starker Nachhaltigkeit. Über lange Jahre können Kinder nicht die Familie wechseln, sie sind an die innerfamiliären Begegnungen und ihre Qualität gebunden. Auch werden Partnerschaften insbesondere in Familien mit Kindern von den meisten Menschen nicht so leicht gelöst wie Freundschaften oder Arbeitsbeziehungen. Das ist einerseits oft sicherlich auf den hohen Grad an Eingehaust-Sein zurückzuführen und schafft andererseits wiederum besonders lange und tiefe Einhausungsprozesse, im Guten wie im Schlechten.

» Räume der Begegnung entstehen für die Familie als ganzes System *und* zwischen jeweils zwei Familienmitgliedern. Wir betrachten die Familie in der leiborientierten Familientherapie als gemeinsamen Begegnungsraum, widmen uns aber nicht nur dem, was sich an gesamtfamiliären Begegnungen vollzieht, sondern auch den Begegnungen der jeweils einzelnen Familienmitglieder untereinander. Dies ist ein zentraler diagnostischer Zugang: Wie werden diese Begegnungen erlebt? Welche werden als besonders wichtig eingeschätzt? Welche werden kaum beachtet? Wie ist die Qualität dieser Begegnungen im Erleben der Beteiligten? Werden Konflikte ausgetragen? Existiert Wärme und Respekt oder herrscht kalter Krieg? Werden Begegnungen von Familienmitgliedern gesucht und wird dies erwidert oder gehen diese ins Leere? ... Jede Familie ist ein Netzwerk von Räumen der Begegnung und gleichzeitig ein gemeinsamer Raum der Begegnung.

» In den familiären Begegnungen und den dabei entstehenden Räumen der Begegnung sind wir Familientherapeut/innen durchaus Anwälte einer würdigenden Qualität solcher Begegnungen. Was heißt das? Würde entsteht aus der Erfahrung, von anderen gewürdigt zu werden und andere zu würdigen. Würde ist keine Eigenschaft, mit der Menschen geboren oder „natürlich" behaftet werden, Würde ist das Ergebnis und die Erfahrung würdigender Begegnungen. Insofern ist die Familie als besonderer Raum der Begegnung auch ein Platz, in dem würdigende Qualitäten der Begegnung erfahren werden – oder auch nicht. Gewürdigt zu werden umschließt – im Idealfall – im familiären Raum zwei Aspekte:
  › Zum Würdigen gehört die Würdigung der Familie als gemeinsamer Erfahrungs- und Lebensraum. Geschieht dies nicht oder extrem unzureichend, fördert dies Prozesse des Zerbrechens von Familien.
  › Zur Würdigung zählt auch die Würdigung des Persönlichen und Intimen Raums jedes einzelnen Familienmitglieds, einschließlich dessen

Zentralen Ortes und somit auch Inneren Ortes der Bewertung. Wird der Persönliche Raum und damit die Persönlichkeit eines Menschen mit Füßen getreten, werden seine Werte und Bewertungen nicht ernst genommen, werden die Grenzen der Intimität gegen den Willen des Familienmitglieds durch Beschämung oder Gewalt verletzt, dann sind die so entstehenden Begegnungen entwürdigend.
Familien, die sich lebendig weiterentwickeln, bedürfen der Balance zwischen beiden Prozessen der Würdigung.

» Innerhalb einer Familie gibt es eher intimen, also nahen Kontakt zwischen ihren Mitgliedern als außerhalb von Familien. Das betrifft vor allem die Beziehungen zwischen dem Elternpaar und zwischen Eltern und Kindern. Große Bedeutung kommt auch hier wieder der Qualität der Begegnungen zu: Sind sie von einer Haltung des Respektes vor den anderen und deren Grenzen getragen oder nicht? Familie ist nicht nur einfach ein Raum intimer Begegnungen, sondern auch der Raum, in dem die Menschen, gerade die Kinder, grundlegende Erfahrungen mit der Achtung oder Missachtung der Grenzen ihrer Intimen Räume machen.

» Wenn Familie einen würdigenden Raum der Begegnung für die einzelnen Menschen bereitstellt, dann kann in diesem Raum der Zentrale Ort wachsen und gedeihen. Wenn Beschämung, Abwertung, Erniedrigung, Leere-Erfahrungen und Gewalt das familiäre Klima bestimmen, dann hat dies wesentliche Auswirkungen auf den Zentralen Ort. Alle Überlegungen und Anregungen, die ich zur Entwicklung des Selbstwertgefühls und ähnlicher Aspekte bislang vorgestellt habe, sind Hinweise, wie wir Therapeut/innen die Entwicklung des Zentralen Ortes unterstützen können.

» Das Verhältnis einer Familie zum Öffentlichen Raum ist in manchen Familien besonderer Betrachtungen wert. Wie tritt eine Familie in die Öffentlichkeit? Gibt es dafür Normen oder Gesetze, Druck oder Wünsche (ausgesprochene oder unausgesprochene)? Versucht sie nach außen hin so zu tun „als ob", ein Bild zu vermitteln, das nicht mit dem Sein übereinstimmt? Oder meidet eine Familie die Öffentlichkeit, schließt sie sich mehr oder weniger hermetisch ab? Ist eine Familie bestrebt, sich an die umgebende Öffentlichkeit anzupassen, ja, sich ihr zu unterwerfen? Und wie beeinflusst der Öffentliche Raum die Familienmitglieder? Gibt es da Unterschiede durch die verschiedenen Felder des Öffentlichen Raums, wie

Leibtherapeutische Modelle und Methoden für Familien

Schule, Arbeitsplatz, Verein ... oder durch andere Wechselbeziehungen und Erlebensaspekte wie Respekt, Mobbing, Ansehen ...?

Eine Methode, die ich entwickelt und ausprobiert habe, möchte ich Ihnen hier vorstellen, weil sie in besonderer Weise geeignet ist, an Mangelerfahrungen würdigender Bedeutungsräume in Familien zu arbeiten. Es sind die „Verbindungsbrücken".

Besonders geeignet und wirkungsvoll ist nach meinen Erfahrungen diese Methode, wenn in einer Familie einzelne Familienmitgliedern gegenüber anderen oft ins Leere gehen oder gegangen sind und dies zu Leere-Erfahrungen, zumindest aber Verunsicherungen im Selbstwertgefühl und damit im Gewahrsein des Zentralen Ortes geführt hat.

Die Verbindungsbrücken werden von jedem einzelnen Familienmitglied erstellt, eignen sich deshalb auch als Methode für die Arbeit mit Einzelklient/innen, die sich mit der mangelnden Würde bzw. Entwürdigung durch und in ihrer Familie beschäftigen. In der Familientherapie, in der mit mehreren Menschen gearbeitet wird, bitte ich jedes einzelne Mitglied, sich auf dieses kreative Experiment einzulassen, und sorge im Anschluss dafür, dass die Ergebnisse bzw. Erlebensprozesse ausgetauscht und gemeinsam besprochen werden. Stellen Sie ein großes Blatt Papier, Scheren, Klebstoff, Farbstifte, möglichst verschieden farbige Papiere und Stoffe zur Verfügung.
Hier die einzelnen Schritte:

» *Leiten Sie ihre Klient/innen dazu an, ein großes Blatt Papier (möglichst DIN A1) an einer Seite zu falten und dann mit einer Schere einen möglichst großer Halbkreis aus dem gefalteten Blatt zu schneiden. Der Rest wird weggeworfen.*
» *Dann lassen Sie aus dem Halbkreis einen weiteren Kreis ausschneiden, der etwa eine Faust breit Abstand vom äußeren Kreis hat. Der so entstandene Papierring wird entnommen, zu einem Kreis aufgeklappt und beiseite auf ein Brettchen oder ein anderes großes Papier gelegt, das den Boden für die Gestaltung bildet.*
» *Dann wird aus dem Rest-Halbkreis ein weiterer Kreis mit ungefähr vier bis fünf Zentimetern Abstand herausgeschnitten. Der so entstandene Papierkreis wird weggeworfen, er wird nicht mehr gebraucht.*
» *Dann wird wieder ein faustbreiter Streifen aus dem Halbkreis geschnitten. Dieser Papierstreifen wird auch wieder aufgeklappt und in den ers-*

ten Papierkreis hineingelegt. (Es bleibt eine Lücke zwischen beiden Papierstreifen.)
» Dann wird wieder ein vier bis fünf Zentimeter breiter Papierstreifen aus dem restlichen Halbkreis herausgeschnitten und weggeworfen.
» Schließlich bleibt, wenn man den letzten Halbkreis aufklappt, ein innerer Kreis, der nun in die Mitte der beiden vorhandenen Kreise gelegt wird. (Dabei bleibt eine Lücke zwischen diesem „gefüllten" Kreis und dem ihn umgebenden Papierring.)
» Die Familienmitglieder haben nun jeweils einen Mittelkreis und zwei kreisförmige Ringe um diesen Mittelkreis herum vor sich liegen. Siehe Zeichnung.
» Den mittleren Papierring nenne ich den „Ich-Ring" und bitte die Klientin oder den Klienten, diesen Ring malerisch zu gestalten, während sie über die Fragen: Wer bin ich? Wie erlebe ich mich? Wie sehe ich mich? Wie fühle ich mich? ... sinnieren.
» Danach benenne ich den mittleren Kreis als den „Zentralen Ort" (oder unzerstörbaren Kern oder „inneren Ort der Bewertung" ...) und den äußeren Kreis als Kreis der „Wichtigen Menschen".
» (Hier beschränke ich die Klientient/innen bewusst nicht auf die Familienmitglieder, damit sie andere Personen, die vielleicht als Ersatz oder Ergänzung für Familienmitglieder besonders wichtig geworden sind, mit einbeziehen.)

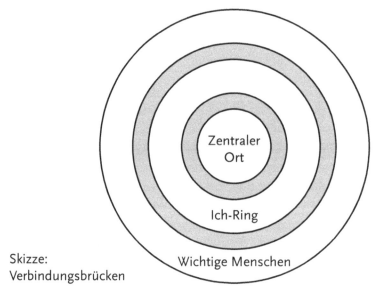

Skizze: Verbindungsbrücken

> *Der innere Kreis und der äußerste Ring sind bislang nur in ihrer Bedeutung benannt, aber nicht bemalt worden. Das soll nun anders werden: „Bitte gestalten Sie jetzt Verbindungen zwischen Ihrem Ich-Ring und Ihrem Inneren Kern sowie dem äußerem Ring mit den Menschen, die Ihnen besonders wichtig sind. Manchmal hängt es zusammen, dass jemand eine Verbindung zu einem anderen Menschen hat und dass dies den Inneren Kern unterstützt oder schwächt. <u>Wie</u> Sie diese Verbindungen gestalten, ist Ihnen überlassen. Sie können die drei Papiere auf ein neues großes Blatt kleben und dann die Verbindungen malen. Sie können aber auch Verbindungen zwischen den Kreisen mit Stoff gestalten oder Papierbrücken bauen, durch gefaltetes oder geschnittenes Papier, das darauf gelegt wird ... Sinnieren Sie, spüren Sie in sich hinein, denken Sie an Ihre Erfahrungen und geben Sie Ihren Händen die Regie zu machen und zu gestalten, was sie wollen. Dabei – da bin ich mir ganz sicher – entsteht etwas und kann etwas lebendig werden, von dem Sie vielleicht jetzt noch gar nicht wissen. Wenn Sie dabei die Verbindungsbrücken z. B. bemalen wollen, dann können Sie dies gerne tun. Wenn Sie dabei den Inneren Kern oder den äußeren Ring der wichtigen Menschen bemalen oder gestalten wollen, dann steht es Ihnen ebenfalls frei, lassen Sie Ihrer Fantasie und Ihren Impulsen freien Lauf."*

In dieser Arbeit, in der es vor allem um Verbindungen nach innen und außen geht, kann besonders deutlich werden, wo es Leere gibt und wo es Begegnungen gibt. Besonders interessant war für die meisten Menschen, mit denen ich diese Verbindungsbrücken gestaltet habe, wie deutlich ihnen wurde, welche Verknüpfungen es zwischen Verbindungen zu anderen Menschen und der eigenen Verbindung zum Inneren Kern gibt und wie dies dessen Wertschätzung, dessen Würdigung ermöglicht oder behindert. Oft entwickelte sich während der Arbeit oder im Gespräch danach der Impuls, etwas anders zu gestalten, dabei den Wünschen zu folgen... Der Veränderungsimpuls muss nicht explizit in diese Arbeit hineingebracht werden, er wohnt der Arbeit an den Verbindungsbrücken bereits inne.

4.4 Familie und Primäre Leibbewegungen

» Schauen und Gesehen-Werden
» Tönen, Hören und Gehört-Werden
» Greifen und Ergriffen-Werden
» Drücken und Gedrückt-Werden
» Lehnen

Diese fünf grundlegenden Interaktionen zwischen Menschen bezeichnen wir in der Kreativen Leibtherapie als „Primäre Leibbewegungen".

Dieses Modell beschreibt wiederum das Erleben von Menschen. „Leibbewegungen" sind Bewegungen des Erlebens. Es geht dabei nicht um motorische Fertigkeiten, sondern um das Spüren von Begegnungen und in Begegnungen, um Bewegungen des Erlebens in der Interaktion zweier Menschen. Das Sehen und Gesehenwerden eines Menschen z. B. ist einerseits ein motorischer Prozess, der auch von den Sehfähigkeiten der jeweiligen Beteiligten abhängt. Doch wenn eine Frau zu ihrem Partner sagt: „Ich fühle mich von dir nicht gesehen" oder: „Du übersiehst mich immer", dann hilft auch keine dickere Brille, um das zu ändern, sondern es geht um Beziehungsqualitäten, die erlebt werden.

„Primär" sind solche Beziehungsqualitäten in doppelter Hinsicht. Zum einen stützt sich das Konzept der Primären Leibbewegungen auf unsere Therapieforschung. Meine Frau und ich stellten bei der Auswertung besonders wirksamer und nachhaltiger therapeutischer Begegnungen fest, dass diese immer wieder in den zwischenleiblichen Aspekten der Primären Leibbewegungen einen Fokus fanden. Deswegen bezeichnen wir diese Leibbewegungen als „primär", da sie eine herausragende und grundlegende Bedeutung haben.

Primär sind sie aber auch deshalb, weil sie die Begegnungen im frühesten Lebensalter beschreiben, also die Zeiten, in denen sich Säuglinge ihre Welt erschließen und in denen sie Grundlegendes darüber erfahren und lernen, wie die Welt sich ihnen gegenüber verhält, wie sie sich mit anderen Menschen austauschen. „Säuglinge *lehnen* sich in den Arm der Mutter oder anderer Bezugspersonen. Sie *schauen* und beginnen über die Augen den Tanz mit der Mutter, dem Vater und anderen. Sie *drücken* die Milchflasche an sich oder von sich weg. Sie drücken ihr Köpfchen an die Brust beim

Stillen oder drücken sich mit dem ganzen Körper weg, etwa wenn sie die Arme der Erwachsenen als einengend erleben. Über die Kraft und Ausdrucksstärke ihrer *Töne* können Eltern so manches Lied singen. Säuglinge *greifen* schon in den ersten Tagen reflexartig nach einem hingestreckten Finger und nutzen später das Greifen, um sich in die Welt hinauszubewegen." (Baer 2012, S. 195/6)

In Familien machen die Familienmitglieder vielfältige Erfahrungen mit diesen Primären Leibbewegungen. Das gilt nicht nur für die Kinder, sondern auch für die Erwachsenen jeder Generation. Gibt es innerhalb der Familie eine Kultur der Interaktionen, in denen Primäre Leibbewegungen in hohem Maße gelebt werden dürfen, dann gelingt ein Einhausungsprozess, der grundlegend für das Wachstum und Selbstwertgefühl der Familienmitglieder, v. a. natürlich der Kinder, ist. In der Familientherapie treffen wir allerdings eher auf andere Phänomene: Familienmitglieder werden übersehen oder bleiben ungehört, sie werden beschämt oder verzerrt wahrgenommen. Ihre Blicke gehen oft ins Leere, ebenso ihre Töne. Manche werden von anderen übertönt oder versuchen selbst, die Erfahrungen, nicht gehört zu werden, durch besondere Lautstärke zu kompensieren und sich um jeden Preis aggressiv Gehör zu verschaffen. Auch im Greifen werden vielfältige familiäre Erfahrungen gemacht. Menschen greifen ins Leere oder werden gewalttätig ergriffen, ihnen wird verboten, nach diesem oder jenem zu greifen, und so können sie es auch nicht be-greifen. Manche reagieren auf solche Leere- oder Gewalterfahrungen selber aggressiv, indem sie andere an-greifen. Auch das Drücken oder die Gegenrichtung, das Ziehen, bestimmt eine grundlegende Begegnungsweise innerhalb der Familie. Manche kennen es gar nicht mehr, dass sie von anderen gedrückt werden oder drücken dürfen und dabei z. B. ihre Kraft spüren. Andere kennen nur noch den Druck und kein Drücken, stehen unter Hochdruck, wieder andere werden erdrückt und fühlen sich dann nur noch bedrückt und niedergedrückt. An manchen Familienmitgliedern wird ständig herumgezogen und herumgezerrt. Halt und Gehalten-Werden im Sinne von Geborgenheit wird durch Druck und Festhalten ersetzt.

Auch das Lehnen ist ein grundlegendes Bedürfnis in den Begegnungen zwischen den Familienmitgliedern, doch viele können sich nicht anlehnen, weil sie dabei ins Leere fallen. Oder sie haben die Erfahrung gemacht, dass sie von Menschen, die eigentlich ihr Halt und ihre Lehne sein sollten, Gewalt erdulden mussten, und sind dadurch misstrauisch geworden, haben verlernt sich anzulehnen.

Wenn Kinder, vor allem im frühen Alter, keine positiven Erfahrungen mit den Primären Leibbewegungen machen können, dann fehlt ihnen die Erfahrung sicherer Bindung. Als Folge entstehen Bindungsstörungen, die langfristige und heftige Folgen für das Familienleben und den späteren Lebensalltag der betreffenden Menschen haben können (Bowlby, Grossmann, Suess u. a.). Wer sich mit Bindungsstörungen beschäftigt, braucht ein Verständnis, wie Bindung erfolgt und was Bindung braucht. Nur so sind Bindungsstörungen zu verstehen und nur so können wir Wege finden, sie zu heilen. Denn Heilung ist möglich. Menschen brauchen nach allen Erfahrungen der Bindungsforschung *eine* vertrauensvolle und vertrauenswürdige Person, mit der sie positive Erfahrungen machen können. Dann kann Bindung neu entstehen. Dafür gibt es jedoch keine Garantie, und es ist ein oft langwieriger Prozess mit vielen Windungen und Wendungen, mit Fortschritten und Rückschlägen – insbesondere dann, wenn die Störungen der Bindungen besonders massiv und heftig waren.

Entscheidend ist, dass Menschen mit Bindungsstörungen möglichst innerhalb der Familie, und wenn dies nicht gelingt, außerhalb der Familie, neue und positive Erfahrungen mit Primären Leibbewegungen machen. Deswegen ist es diagnostisch von besonderer Bedeutung, innerhalb einer Familie festzustellen, inwieweit und in welcher Qualität Primäre Leibbewegungen gelebt werden. Wird dabei konstatiert, dass Teile der Familie besonders massive Erfahrungen der Leere machen, dann ist dies ein Feld familientherapeutischer Intervention. Wir leibtherapeutisch Arbeitenden versuchen dann, innerhalb einer Familie durch verschiedene erlebnisbezogene Übungen die Beteiligten zu ermuntern und zu lehren, Beziehungen Primärer Leibbewegungen einzugehen. Gelingt dies innerhalb einer Familie nicht, ist es notwendig, Angebote zu initiieren, diese neuen Erfahrungen mit Menschen außerhalb der Familie zu machen, z. B. auch in der therapeutischen Begegnung mit uns als Gegenüber.

Das „Üben" Primärer Leibbewegungen erfolgt in Experimenten, die wir „Spürende Begegnungen" nennen. Die Voraussetzung dafür sind Erfahrungen und gemeinsame Einsichten in das, was „zu wenig" und was „zu viel" an Primären Leibbewegungen in einer Familie gelebt wird. Wir üben mit den beteiligten Familienmitgliedern, zu schauen und gesehen zu werden, zu hören, zu tönen und gehört zu werden, zu greifen und ergriffen zu werden, zu drücken und zu ziehen und sich aneinander anzulehnen. Dies bedarf oft der Überwindung von Scham und Angst oder Erstarrung aufgrund von Gewalterfahrungen, von Leere-Erleben, von Missachtung und anderer Entwürdigung. Doch solche Erfahrungsprozesse sind, wenn sie von erfahrenen Therapeut/innen angeregt und begleitet werden, hilfreich und wirkungsvoll. In dem „Training" geht es darum, sich überhaupt mit anderen Menschen erlebend und spürend in Begegnungen auseinanderzusetzen und die Leere und die Ablehnung sowie Resignation nicht als gegeben hinzunehmen. Doch dieses Üben geschieht nicht im Sinne von „richtig schauen" oder „falsch schauen", sondern in einer Art und Weise, dass die Beteiligten damit Erfahrungen machen und selbst erleben können, was Blicke anderer bewirken oder was Wegschauen anderer Menschen in ihnen auslöst. Ich stelle diese Übungen hier nicht vor, da ich es für notwendig halte, dass Sie selbst als anleitende/r Therapeut/in sich dem Erleben dieser Übungseinheiten öffnen und sie praktisch erfahren und ausprobieren.

Eine Möglichkeit, neue Erfahrungen mit den Primären Leibbewegungen in Familien nachhaltig zu implementieren, ist das „Spiel" „Rote Karte – weiße Karte". Es hat zur Voraussetzung, dass die Familienmitglieder die Spürenden Begegnungen kennen und erfahren haben.

Rote und weiße Karten aus Karton liegen bereit, ebenso Stifte, um auf die Karten etwas zu schreiben und zu malen. Ich bitte die Familienmitglieder, sich jeweils eine rote und eine weiße Karte zu nehmen:
  „Auf die rote Karte schreiben Sie bitte ein konkretes Verhalten zu einer (nur einer!) Spürenden Begegnung, die Sie von einem der anderen Familienmitglied nicht mehr oder nicht mehr so oft erfahren möchten." (Das kann z. B. sein: „Schau mich nicht mehr so strafend an." „Ich möchte diesen strengen Ton nicht mehr hören.")
  „Auf die weiße Karte schreiben Sie bitte, welche Spürende Begegnung Sie sich von dem oder der anderen mehr wünschen." (Z. B.: „Nimm mich mehr in den Arm und drück mich." „Ich möchte mich mehr an dich anlehnen können." „Guck einfach mehr zu mir hin, sieh mir in die Augen!")
  Jedes Mitglied einer Familie darf für jedes andere Familienmitglied eine rote Karte und eine weiße Karte ausfüllen und sie ihm oder ihr überreichen.

Die Würdigung und Wertschätzung der Wünsche und Forderung der einzelnen Familienmitglieder verändert das Familienleben, so meine Erfahrung, entscheidend. Denn ein weiterer wesentlicher Aspekt, der der Arbeit mit den

Primären Leibbewegungen in Familien innewohnt, ist die Frage der Wirksamkeit oder Wirkungslosigkeit. Wer mit seinen Primären Leibbewegungen ins Leere geht, nicht verstanden oder missachtet wird, fühlt sich wirkungslos. „Ich kann tun, was ich will. Ich kann sagen, was ich will, aber ich werde doch nicht erhört. Ich werde übersehen, ich bleibe wirkungslos." Solche Äußerungen hören wir in Familien. Wegen solcher Erfahrungen hat sich oft das Grundgefühl der Wirkungslosigkeit bei vielen Familien mit Störungen, vor allem bei zerbrechenden Familien, verfestigt. Von daher ist es wichtig und notwendig, Fragen nachzugehen wie: „Welche Wirkung haben Sie in Ihrer Familie? Was können Sie bewirken? Was können Sie beeinflussen und wodurch bzw. wodurch nicht?" Solche Fragen gelten für jedes einzelne Familienmitglied, egal wie alt oder jung, egal welchen Geschlechtes oder welcher Konfession. Jeder Mensch hat ein Recht auf Wirksamkeit, und wenn Familien nur einzelnen Familienmitgliedern dieses Recht zugestehen und anderen die Wirkungslosigkeit zuschieben, dann kann eine Familie auf Dauer nicht wirklich funktionieren und zusammenbleiben.

Jede Art von kreativer Aktivität selbst ist auch eine Wirksamkeitserfahrung. Wenn Familien gemeinsam ein kreatives Objekt gestalten, dann haben sie eine Erfahrung gemeinsamer Wirksamkeit. Jedes Familienmitglied, das etwas kreativ gestaltet, das einen erstaunten Blick, ein bewunderndes „Ooh", eine zustimmende Berührung, ein ärgerliches Stirnrunzeln oder traurige Betroffenheit eines anderen Familienmitglieds hervorruft, macht die Erfahrung der Wirksamkeit.

Doch davon abgesehen ist es vor allem wichtig, überhaupt die Frage nach der Wirksamkeit zu stellen und ihr Gehör zu verschaffen. Wer unwirksam ist, vergisst oft das Bedürfnis nach Wirksamkeit, oder die Resignation legt sich wie ein Schatten über seine Lebensäußerungen. Umso wichtiger ist es, diese Frage aus dem Schweigen herauszuholen und zum Thema der Diskussion und Auseinandersetzung zu machen.

4.5 Familie und Konstitutive Leibbewegungen

In den verbalen Äußerungen von Klient/innen finden wir immer wieder Formulierungen, die auf ihr grundlegendes Befinden hinweisen: Da erzählt zum Beispiel ein Klient, dass er sich „sehr aufgelöst" fühlt oder „voller Spannung" oder „angespannt", während seine Partnerin davon redet, dass es ihr in der Beziehung „zu eng" sei und sie „mehr Spielraum" bräuchte. Dieses Befinden ist eine der Affektiven Leibregungen neben den Gefühlen, Stimmungen und Atmosphären, auf die ich schon in Kapitel 3.2 eingegangen bin. Als Befinden und somit Konstitutive Leibbewegung bezeichnen wir das Grundgestimmtsein einer Person, ihre grundlegende Verfasstheit. Verfassung heißt „Konstitution", deswegen definiere ich Bewegungen des Erlebens, die das Befinden eines Menschen charakterisieren, als „Konstitutive Leibbewegungen". In dem Beispiel oben begegnen wir den Konstitutiven Leibbewegungen „eng" und „weit", sowie „gespannt" und „gelöst". Andere häufige Gegensatzpaare sind „lebendig" und „unlebendig", „diffus" und „prägnant", „schwer" und „leicht" usw. Bevor ich darauf eingehe, wie wir in der Familientherapie mit diesen Konstitutiven Leibbewegungen arbeiten können, ist es mir wichtig, noch auf einige Aspekte hinzuweisen:

» Wie die jeweiligen Konstitutiven Leibbewegungen empfunden werden, ist immer im Erleben individuell unterschiedlich. „Eng" kann als einengend oder eingesperrt erlebt werden oder aber als kuschelig und geborgen, während in der „Weite" sich manche Menschen verlieren können und andere den Geschmack von Freiheit und Abenteuer erleben.
» Oft stecken Familien oder Familienmitglieder in einer der beiden Polaritäten „fest" und leiden darunter. Wichtig sind wie immer Wahlmöglichkeiten, wichtig ist das Pulsieren zwischen den Polen. Wenn Menschen zwischen Schwere und Leichtigkeit wechseln können, dann wird das zumeist als wohltuend erlebt. Wenn sich andererseits eine Familie nur „schwer" fühlt oder nur „leicht", dann schränkt dies die Erlebensmöglichkeiten zumindest einiger der Familienmitglieder ein.
» Die einzelnen Bezeichnungen der Konstitutiven Leibbewegungen wurden hier benannt, die Sprache in den Familien kann jedoch eine andere sein. Wenn jemand darüber klagt, dass in der Familie alles „tot" ist oder „hier sich ja gar nichts mehr regt" bzw. die Familienatmosphäre als „Friedhofsruhe" beschrieben wird, dann würden wir dies unter unsere Bezeichnung „unlebendig" einordnen. Es geht nicht um bestimmte Worte, sondern um bestimmte Qualitäten des Erlebens, die unterschiedlich bezeichnet werden.

Wenn wir Familien als Personen betrachten, worauf ich ebenfalls schon häufig hingewiesen habe, dann wird deutlich, dass solche Konstitutiven Leibbewegungen auch ganze Familien erfassen können. Da ist sich zum Beispiel eine Familie einig, dass sie darunter leidet, dass in der Familie „so viel Schwere ist". Alle wünschen sich mehr „Leichtigkeit". Es kann sinnvoll sein, der Frage nach der Verfasstheit einer Familie nachzugehen, um zu begreifen, wie deren Grundbefinden erlebt wird.

Ein leichter Zugang dazu besteht darin, dass Sie die möglichen Verfasstheiten, die möglichen Konstitutiven Leibbewegungen durcheinander gewürfelt auf ein Plakat schreiben und den Familienmitgliedern vorstellen. (Die eben erwähnten Gegensatzpaare dienen vor allen Dingen der Orientierung der Familientherapeut/innen. Hier geht es darum, den Familien resonanzfördernde Begriffe zu präsentieren:)

» *ruhig, diffus, weit, gelöst, lebendig, laut, leicht, hart, hell, prägnant, eng, gespannt, unruhig, unlebendig, leise, weich, dunkel, schwer*

Dann bitte ich: „Bitte nehmen Sie ein Blatt Papier und malen Sie darauf das Befinden ihrer Familie, wenn diese eine Person wäre. Lassen Sie sich anregen von den Begriffen, die Sie sehen. Vielleicht fällt Ihnen noch ein ganz anderer ein, der Ihnen für das Befinden Ihrer Familie stimmiger erscheint. Nehmen Sie Ihre Impulse ernst und malen Sie. Was und wie Sie malen, ist ganz Ihnen überlassen. Ob Sie Bilder malen, ob Sie eine Skizze zeichnen, ob Sie nur eine Farbe oder viele Farben nehmen, in welcher Form Sie malen ... Folgen Sie Ihren Ideen und Impulsen."

Dann regen Sie dazu an, die Einschätzungen zu vergleichen und zu diskutieren. Sie werden erleben, dass ein sehr lebendige Prozess der Auseinandersetzung in Gang kommt.

Entscheidend ist dann der nächste Schritt, nämlich nach Veränderungsmöglichkeiten zu suchen. Die Chance bei der Arbeit mit den Konstitutiven Leibbewegungen besteht darin, wie erwähnt, dass ein Zustand, eine Verfasstheit, ein Befinden, unter dem eine Familie leidet, in Bewegung kommen und sich verändern kann. Ganz gleich, ob bei einzelnen Personen oder Familien, wir begegnen oft dem Umstand, dass die Konstitutiven Leibbewegungen gleichsam festgefroren oder erstarrt sind. Da ist ein Mensch in der Enge gefangen oder eine Familie in der Spannung erstarrt. Um aus dem Zustand einen Prozess werden zu lassen, aus der Starre in Bewegung zu kommen, sind die Gegenteile als Orientierung möglicher Veränderung hilfreich, weshalb wir die Konstitutiven Leibbewegungen zumeist als Polaritäten darstellen und vorstellen.

Wenn sich eine Familie zum Beispiel „eng" und „eingeengt" fühlt, dann kann der nächste Schritt, zu dem Sie anleiten, darin bestehen, ein neues Blatt zu nehmen und zu malen, was sie unter „mehr Weite" versteht.

Anschließend muss die Frage geklärt werden: „Was brauchen Sie, jede und jeder Einzelne von Ihnen und als Familie, um „mehr Weite" zu empfinden und in ihr Leben zu bringen?" Daraus ergeben sich im günstigsten Fall konkrete Absprachen, die Veränderungen in der persönlichen Verfasstheit, im grundsätzlichen Befinden der Familie wirksam werden lassen.

4.6 Familie und Richtungs-Leibbewegungen

Nicht nur Hinweise auf Konstitutive Leibbewegungen finden wir, wenn wir Familientherapeut/innen genau hinhören, in den verbalen Äußerungen der Menschen, sondern auch Aussagen und Sprachbilder, die auf unser leibtherapeutisches Modell der Richtungs-Leibbewegungen hindeuten. Richtungs-Leibbewegungen beschreiben das Erleben des Gerichtetseins. Bewegungen und Handlungen können motorisch gerichtet sein, nach vorne, nach hinten, nach rechts oder in andere Richtungen, doch auch unser Erleben ist gerichtet und wendet sich in die eine oder andere Richtung. Um dieses Erleben geht es. Solche Richtungs-Leibbewegungen beschreiben wir wieder als Polaritäten:
    hinein (innen) – hinaus (außen)
    hoch (oben) – hinunter (unter)
    vor (vorn) – zurück (hinten)
    rechts – links

Dieses Modell, das sich hier ganz einfach und selbstverständlich darstellt, besticht genau dadurch, weil es für eine große Fülle an Erlebensaspekten eine Orientierung in Diagnostik und Therapie ermöglicht. Um das zu illustrieren, möchte ich einige Äußerungen von Familien aufgreifen und darstellen, wie das Modell der Richtungs-Leibbewegungen für die therapeutische Arbeit zum inneren Leitfaden wurde:

» Eine Familie ist sich einig: „Bei uns geht immer alles nach innen und nichts kommt heraus. Jeder hält alles zurück. Alles wird unter den Teppich gekehrt."

Ich bitte die Familienmitglieder einen Teppich im Raum auszulegen (in diesem Fall muss eine Decke herhalten). Da sich die Familienmitglieder zunächst nicht auf die Farbe der Decke einigen können – ob rot oder blau – einigen sie sich darauf, die rote Decke unter die blaue zu legen. „Und nun suchen Sie sich bitte jeweils einzelne Gegenstände – Musikinstrumente, Puppen, Knöpfe, Muscheln, Kugelschreiber, Bücher oder was auch immer Ihnen sonst passend erscheint – und legen Sie sie unter den Teppich. Denken Sie nicht zu lange nach, sondern verlassen Sie sich auf Ihre Impulse, auf Ihr Zugreifen."

Es entwickelt sich ein eifriges, fast lustvolles, auf jeden Fall sehr lebendiges Geschehen. Das Beschäftigen mit dem, was unter den Teppich gekehrt wird, scheint in dieser Familie viel Energie frei zu setzen. Dieser erste Eindruck bestätigt sich danach, als ich die Familienmitglieder bitte, sich um den Teppich herumzusetzen und dann ein Familienmitglied nach dem anderen auffordere, einen Gegenstand, den sie unter dem Teppich versteckt haben, hervorzuziehen. „Sie (oder du) entscheiden selbst, welches ‚Geheimnis' Sie lüften. Nur mutig. Hier ist der geschützte Rahmen dazu."

In dieser Familie „spielten" wir drei Runden. Es war nicht immer angenehm, was zum Vorschein kam, aber nach einhelliger Meinung „viel weniger schlimm, als erwartet". Die Erschütterung lag eher in der Feststellung, wie viel Lebendigkeit und Energie (und auch liebevolle Zuwendung) unter der Angst und dem Verbot, an vermeidliche Tabus zu rühren, verschüttet war. Die Befreiung dessen, was jedes Familienmitglied im Inneren zurückhielt, festigte den Zusammenhalt der Familie auf einer wahrhaftigen Basis.

Die vorrangige Richtungs-Leibbewegungen war hier: innen – außen.

» Eine andere Familie erzählt: „Bei uns ist immer alles niedergedrückt. Wir schleichen über den Boden, keiner richtet sich wirklich auf. Keiner will den Kopf nach oben strecken aus Angst, dass er einen drüber kriegt."
Diese Äußerung regte mich dazu an, dieser Familie, einer Mutter mit drei Kindern, vorzuschlagen, in Bewegung zu gehen: „Bitte schleichen Sie, bitte schleicht über den Boden, wie ihr es tun würdet, wenn ihr ein Tier wärt. Probiert es aus. Vielleicht fällt Ihnen und euch sofort ein Tier ein, das ihr sein könntet, oder es kommt euch dann in den Sinn, wenn ihr in Bewegung geht."

Leibtherapeutische Modelle und Methoden für Familien

Die Mutter setzte sich auf die vordere Kante eines Sessels, den Kopf zwischen den Schultern gezogen und einen Arm wie einen Fühler ausgestreckt. Im Ganzen erinnerte sie mich an einen sitzenden Elefanten, der ängstlich mit seinem Rüssel in die Welt „hinaus fühlt". Der älteste Sohn erinnerte an einen zusammengekrümmten Wurm, der Kleinste an einen verschreckten Frosch auf der Hut und die Tochter mit eingeknickten Knien, rundem Rücken, nach vorne gestrecktem grimmigem Gesicht, zwischen hochgezogenen Schultern und geballten Fäusten an einen kleinen, wachsamen, kampfbereiten Bären. Keine und keiner von ihnen bewegte sich, alle waren erstarrt in ihrer Haltung.

Ich bat sie sich aus ihrer Haltung, ihrer Rolle heraus umzugucken und zu schauen, wen oder wie sie die anderen sahen und erlebten. Dann forderte ich sie dazu auf in Bewegung zu kommen und das Experiment zu wagen, sich in ihren Rollen, wie auch immer diese sich auf dem Weg verändern würden, zu begegnen …

Je näher sie sich kamen, umso mehr wich aus allen sichtlich die Spannung, bis sie sich trafen und am Boden aneinander und aufeinander kreuz und quer lagen. Ich meldete ihnen zurück, dass sie nun einen friedlichen Eindruck auf mich machten, und fragte sie nach ihrem Erleben. Alle äußerten, dass sie voreinander keinerlei Angst hatten „einen drüber zu kriegen", im Gegenteil, dass sie sich zusammen sehr geschützt fühlten.

Sie merkten, dass die Angst von außen kam, von Erfahrungen früheren Ausgeliefertseins an einen gewalttätigen Vater und Ehemann.

Nun bat ich sie einen Weg zu finden, sich aufzurichten, allein oder mit gegenseitiger Unterstützung. Sie erfüllten diese „Aufgabe" mit fast sportlich wirkender Bravur. Die Erfahrung, sich gegenseitig beim Aufrichten zu unterstützen, war für jede und jeden Einzelnen von ihnen von großer Bedeutung.

Die vorrangigen Richtungs-Leibbewegungen in dieser Arbeit: unten – oben.

» Eine weitere Familie meint: „Bei uns geht es immer nach vorne, immer muss geleistet werden. Alles geht vorwärts und muss vorwärts gehen. Nie kann man sich wirklich anlehnen und es gibt keine Rückendeckung."
Diese Familie bat ich, ihr Immer-Leisten-Müssen, ihr Vorwärts-Gerichtetsein in Bewegung auszudrücken. Alle eilten und hetzten im Therapieraum herum, mit der Orientierung nach vorne, aber keiner wusste wirklich wohin – alle waren erschöpft und fanden dies unglaublich treffend für den

Zustand ihrer Familie. Als ich nach den Wünschen und Impulsen der Veränderung fragte, entstanden erst Verwirrung und Hilflosigkeit. Dann wies ich darauf hin, dass das Gegenteil von „nach vorne" die Richtung „nach hinten" ist, und bat sie, sich doch einmal den Raum hinter ihnen vorzustellen und diesbezüglich den einen oder anderen Wunsch oder Bewegungsimpuls entstehen zu lassen. Alle ließen ihre Bewegung nach vorne ausklingen, blieben stehen und spürten in ihren Rücken bzw. in den Raum hinter ihnen. Daraus ergab sich sehr schnell der Impuls, sich aneinander anzulehnen.

Die vorherrschende Richtungs-Leibbewegung: vor – zurück.

4.7 Familie und Identitätsentwicklung: Tridentität

Wie die Identität eines Menschen entsteht, geschieht in einem biografischen Prozess, in der Wechselwirkung mit anderen Menschen (vgl. Mead, Keupp, Blumer u. a.), in der Zwischenleiblichkeit, die ich in den vorherigen Kapiteln beschrieben habe. Unser Tridentitätsmodell (1999, 2012) beschreibt, welche Qualität von Erfahrungen für Menschen identitätsbildend ist. Das Wort „Tridentität" haben wir aus dem lateinischen „Tri" für drei und dem Wort „Identität" zusammengesetzt. Unser zentrales therapeutisches Interesse mündet in der Frage: Was brauchen Menschen, um ihre Identität zu entwickeln? Sie brauchen Dreierlei: Nahrung, Spiegel und Gegenüber.

„Nahrung
Wir Menschen brauchen andere Menschen, die für uns nährend sind. Subjektiv ausgedrückt: Nährend ist für mich, wenn ich andere Menschen zum Anschauen und Anfassen habe. Nährend ist für mich, wenn ich verschiedene Gegenstände berühren darf. Nährend ist für mich, wenn andere Menschen mich lieben. Nährend ist für mich, wenn ich die Gefühle anderer Menschen wahrnehmen darf. Nährend ist für mich Kultur, sind Musik und Literatur, Gedanken und Farben. Nährend ist für mich das Erleben von Natur und nährend ist die Atmosphäre des Zutrauens. Nährend ist der Rhythmus von Spannung und Entspannung. Nährend sind die anderen Menschen, die dies verkörpern, die mir dies geben, so dass ich auswählen kann, was ich als Nahrung möchte.
Wesentlich ist, dass die anderen mir ihre Nahrung und sich selbst als Nährende auf dem Boden des Wohlwollens und Respekts anbieten." (Baer 2012, S. 211)

Die kleine Eva hatte Übergewicht und war zugleich seelisch unterernährt. Die 6-jährige erhielt zu wenig Anregungen im Spiel, wurde viel zu selten in den Arm genommen und reagierte, wenn sie von mir angelächelt wurde, erstaunt. Die 13-jährige Susen litt unter dem, was wir Zwangsernährung nennen. Sie hatte zu lernen, was vorgegeben war, und zu lesen, was man ihr vorschrieb. Vor allem aber hatte sie so zu fühlen, wie die Eltern dies wollten. War die Mutter traurig, hatte auch Susen traurig zu sein, langweilte sich der Vater, musste auch Susen sich langweilen. Sie bekam Zuwendungen, aber diese musste sie „schlucken". Sie reagierte mit Übelkeit und Ekelgefühlen und begann eine Essstörung zu entwickeln ...

„*Spiegel*
Wir Menschen brauchen ferner andere, die uns spiegeln, damit wir uns selbst sehen und wahrnehmen.

Spiegeln ist, wenn die Eltern wiederholen, was das Kind sagt, als Zeichen, dass sie es gehört haben. Spiegeln in der Ich-Du-Beziehung ist, wenn mein Lachen wiederholt wird, wenn ich mein Lachen in deinen Augen wiederfinde. Gespiegelt werde ich, wenn du mir sagst, wie ich aussehe und wie ich mich verhalte. Du spiegelst mich, wenn du mir in die Augen schaust und ich mich in deinen Augen wiederfinde. Du spiegelst mich, wenn du mein Gefühl teilst. Du spiegelst mich, wenn du mir wahrhaftiges Feedback gibst.

Das Spiegeln unterstützt nur dann die Identitätsentwicklung, wenn es wohlwollend und respektierend ist." (Baer 2012, S. 211)

Stefan, sieben Jahre alt, und seine alleinlebende Mutter waren in der therapeutischen Arbeit immer wieder sehr erstaunt, wenn ich ihnen eine Rückmeldung gab. Als ich nachfragte, stellte ich fest, dass die Mutter zutiefst verunsichert war, wer sie war und wie sie von anderen gesehen wurde. Sie hatte in ihrem Leben kaum Spiegelungen erhalten und wenn, dann waren das Zerrspiegelungen. Das heißt, dass sie kritisiert wurde, weil sie nicht so war, wie sie sein sollte. Sie wurde nicht so gesehen, wie sie war, sondern an einem Zerrbild gemessen. Es stellte sich heraus, dass sie und auch ihr Sohn hungrig nach Spiegelungen waren. Sie wollten wissen, wie ich sie sehe. Ich kam dem nach und ermunterte dabei und danach vor allem die Mutter, Stefan selbst Rückmeldungen zu geben. Stefan hörte mit leuchtenden Augen zu. Er fühlte sich gesehen.

"Gegenüber
Wir Menschen brauchen zur Identitätsentwicklung auch andere, die für uns die Bedeutung eines Gegenübers haben.

Ein Gegenüber in diesem Sinne ist mir jemand, der anders ist als ich und mir mit offenen Ohren zuhört. Gegenüber ist jemand, für den nicht alles positiv oder negativ ist, was ich sage oder tue, sondern der differenziert, der mir seine ehrliche Meinung sagt. Gegenüber sind für mich Menschen mit eigenen Maßstäben und Werten, an denen ich mich auch reiben kann. Gegenüber sind auch Menschen, die andere Gefühle haben als ich und die mir mein Gefühl lassen können, wenn sie ein anderes haben. Gegenüber sind für mich Persönlichkeiten mit Ecken und Kanten. Gegenüber sind Menschen, die Grenzen setzen und dabei meine Grenzen respektieren.

Wohlwollender Respekt ist auch die Voraussetzung, damit die anderen als Gegenüber die Identitätsentwicklung unterstützen und ihr nicht schaden." (Baer 2012, S. 211f)

Joe war ein kräftiger 14-Jähriger, der sich einerseits in der Familie vor den anderen immer mehr zurückzog und andererseits in der Schule immer aggressiver wurde. In der familientherapeutischen Sitzung stellte sich schnell heraus, dass es für Joe kaum Grenzen gab. Keiner stellte ihm gegenüber Regeln auf oder hielt sie durch. Seine Aggressivität entsprang dem Leere-Erleben, vor allem der mangelnden Reibung – es gab keine Gegenüber. Diese suchte er hilflos in seinen aggressiven Attacken in der Schule. Im Beisein der Familie schlug ich ihm zwei Experimente vor. Er willigte ein. Wir stellten uns gegenüber, ich bot ihm meinen Unterarm, den ich in 20 cm Abstand vor meinen Oberkörper hielt und forderte ihn auf, ihn und damit mich wegzudrücken. Es gab die Regel, dass ich Stopp rufen könnte, wenn es mir weh tue und dann sofort das Spiel abgebrochen würde. Ich sagte ihm: „Wir werden zwei Experimente machen. Ich werde bei beiden Malen unterschiedlich auf dich reagieren."
   Wir stellten uns gegenüber, er packte meinen Unterarm und versuchte mich wegzuschieben. Ich gab nach und ließ mich von ihm durch den Raum schieben. Er hörte nach kurzer Zeit auf, enttäuscht, gelangweilt, frustriert. Ich fragte: „Wie ist das?"
Seine Antwort: „Zum Kotzen!"
Dann der zweite Versuch, wieder die gleiche Ausgangsposition – aber nun

hielt ich dagegen. Es entstand ein Ringen und Rangeln, wir maßen unsere Kräfte. Mal schob er mich, mal schob ich ihn ... Joes Augen leuchteten, er strahlte. Er und seine Familie sahen und spürten, was ihm fehlte: ein Gegenüber.

In der familientherapeutischen Arbeit ist es wichtig, der Frage nachzugehen, ob und wie Beziehungen des Nährens, des Spiegelns und des Gegenübers vorhanden sind oder das jeweilige identitätsstörende oder identitätszerstörende Gegenteil:

» Wie werden die einzelnen Familienmitglieder ernährt, vor allem die Kinder?
» Wer nährt vor allem?
» Gibt es genug Materialien, geistige Nahrung, emotionale Nahrung, nährende Beziehungserfahrungen?
» Wer spiegelt in der Familie wen? Genug?
» Sind die Spiegelungen wahrhaftig oder Zerrspiegelungen?
» Werden die Familienangehörigen jeweils in ihrer ganzen Persönlichkeit gespiegelt oder nur die Aspekte, die anderen gefallen bzw. missfallen oder deren positiven oder negativen Erwartungen sie entsprechen?
» Sind Spiegelungen außerhalb der Familie zugelassen oder verboten?
» Erfahren die Familienmitglieder andere Familienmitglieder als respektierende Gegenüber?
» Ist ein Anderssein erlaubt, vielleicht sogar gewünscht? Oder verboten?
» Erfolgt Reibung als Druck und gewalttätige Verletzung von Grenzen oder als respektierende und fördernde Auseinandersetzung?
» Gibt es überhaupt Gegenüber oder zu wenig davon, gehen Familienangehörige mit diesbezüglichen Wünschen ins Leere?

Solchen Fragen sind in der Familiendiagnostik und Familientherapie Aufmerksamkeit zu schenken. Das gilt für die einzelnen Familienmitglieder, aber es gilt aber auch für das gesamte Beziehungsgeflecht oder -netz: Wer knüpft mit wem an welchen Beziehungsfäden bezüglich der drei Tridentitätsaspekte? Was ist qualitativ zu viel, was ist qualitativ zu wenig in jedem der einzelnen Aspekte vorhanden? ... Was brauchen die jeweiligen Menschen auf beiden Seiten des Beziehungsfadens? Therapeutische Interventionen ergeben sich aus den jeweiligen Antworten auf diese Fragen. Wenn ein Kind z. B. zu wenige Gegenüber-Erfahrungen macht, versuche ich als Therapeut, wie in dem Beispiel mit Joe, mich selbst spielerisch als Gegenüber anzubieten und ermutige andere Familienmitglieder, mehr in die Rolle eines Gegenübers einzutreten. Wer unterernährt ist, braucht Nahrung und wir suchen gemeinsam danach, welche Nahrung der betreffende Mensch von welchem Familienmitglied braucht – oder, wenn dies nicht gelingt, von wem außerhalb der Familie? Viele Familienmitglieder leiden unter Spiegelmangel oder Zerrspiegelungen, und dann kann ich als Familientherapeut vorbildlich erste Spiegelungen geben und gleichzeitig ermutigen, dass sich die Familienmitglieder untereinander mehr Rückmeldungen geben.

4.8 Familie und das Ungelebte

In jeder Familie gibt es Ungelebtes, das leben möchte. Ich spreche an dieser Stelle nicht von einem Tabu oder von einem sich darunter verbergenden großen Drama, – dem habe ich mich an anderer Stelle gewidmet – sondern von dem Ungelebten, in dem Kraft und Energie brach liegt, die für die Entwicklung der Familie und des Familienlebens und jedes einzelnen Familienmitglieds fruchtbar freigesetzt werden kann.

Der Begriff des „ungelebten Lebens" stammt vor allem von Viktor von Weizsäcker, dem Begründer der anthropologischen Medizin. Er brachte das ungelebte Leben insbesondere in Verbindung mit Krankheiten und Krisen, doch auch darüber hinaus gebe ich dem Begriff des ungelebten Lebens als leibtherapeutischem Modell und Grundlage kreativtherapeutischer Methoden (Baer 2012) große Bedeutung, auch für die Arbeit mit Familien.

Im Leben wird jeder Mensch und jede Familie Entscheidungen treffen, die bestimmte Möglichkeiten ausschließen und so ungelebtes Leben schaffen. Wer sich aus welchen Gründen auch immer entscheidet, nach Hamburg zu ziehen, und vorher überlegt hatte, ob er sich eventuell an den Rand der Alpen begeben möchte, wird mit der Entscheidung für Hamburg den Impuls, in der Nähe der Berge zu leben, dem derzeit Ungelebten zuweisen. Jede Entscheidung für die eine Familie schließt eine Entscheidung für die Gründung einer anderen Familie – oder in einer anderen Lebensform mit anderen Menschen zusammenzuleben oder allein zu leben –, aus. Jede Entscheidung *für* etwas ist eine Entscheidung *gegen* etwas anderes, und somit ist jede Entscheidung für etwas Lebbares auch eine Entscheidung dafür, dass etwas anderes ungelebt bleibt.

Leibtherapeutische Modelle und Methoden für Familien

So weit so gut und soweit so üblich und alltäglich im Leben der Menschen. Doch es gibt auch ungelebtes Leben, das leben möchte und auch leben könnte und die Lebensqualität, die Lebenszufriedenheit oder gar das Lebensglück erhöhen würde. „Die Fülle ungelebten Lebens übertrifft in unvorstellbarem Maße das kleine Stück des wirklich Gelebten und Erlebten." (Weizsäcker 1987b, S. 277) Die meisten Menschen glauben oder vermuten, dass alles oder fast alles des Ungelebten verpasst ist, versäumt ist, nicht mehr lebbar ist. Doch meinen Beobachtungen nach stecken in vielen Menschen und den meisten Familien viel mehr Möglichkeiten, ungelebtes Leben zu leben, als sie sich vorzustellen vermögen oder wagen.

Es gibt viele Möglichkeiten, dem ungelebten Leben in einer Familie auf die Spur zu kommen, und mehrere davon habe ich in diesem Buch bereits erwähnt. Eine, die das ungelebte Leben explizit zum Thema macht, möchte ich hier noch zusätzlich vorstellen:

Ich bitte alle Familienmitglieder, ein großes Blatt Papier zu nehmen und auf dieses Blatt ein Bild ihres jetzigen Lebens zu malen, während sie über ihr Leben nachdenken und sinnieren. Zum Malen empfehle ich harte Ölkreiden, die sich möglicherweise je nach Druck, den die Familienmitglieder auf die Kreiden ausüben, auch ein bisschen durch das Papier hindurchdrücken können.

Nachdem die Bilder gemalt sind, bitte ich die Anwesenden, das Blatt Papier umzudrehen und die Rückseite zu betrachten: „Welche Spuren sehen Sie, welche Rillen oder Reliefs können Sie eventuell mit Ihren Fingerkuppen auf der Oberfläche der Rückseite dieses Papiers ertasten? ... Wenn Sie etwas sehen oder ertasten, dann nehmen Sie dies zum Ausgangspunkt für ein Bild des ungelebten Lebens, für ein Bild dessen, was in Ihnen und in Ihrer Familie zurzeit nicht oder zu wenig gelebt wird. Wenn Sie keinen Anhaltspunkt dazu finden, wenn Sie nichts ertasten und nichts sehen können, dann nehmen Sie sich Zeit, ein solches Bild in Ihrer Vorstellung entstehen zu lassen und gestalten es dann auf dem Papier. Machen Sie die Rückseite zu einem Bild Ihres ungelebten Lebens bzw. Familienlebens."

Anschließend zeigen sich die Familienmitglieder ihre Bilder und tauschen sich darüber aus, meistens ein Prozess äußerst lebhafter Kommunikation.

Eine andere Möglichkeit, ungelebtem Leben auf die Spur zu kommen, sind Fantasiereisen. Ein Beispiel:

Vater, Mutter und die beiden halbwüchsigen Töchter sitzen in einer Familientherapie im Kreis. Sie sind immer sehr gebremst, wenn es um Veränderungswünsche geht. Sie wollen im Familienleben etwas ändern, aber sie wissen nicht, was – oder sie trauen sich nicht, ihre Wünsche zu denken oder zu äußern.

Ich lade sie ein, sich auf eine Fantasiereise einzulassen, und bitte sie, sich entspannt zurückzulehnen. „Sie können die Augen schließen oder offen lassen, ganz wie Sie wollen."

Dann geht es los: „Stellen Sie sich vor, Sie machen als Familie gemeinsam Urlaub. Irgendwo in der Nähe des Meeres ... Eines Tages wollen Sie einen Ausflug machen und mieten gemeinsam ein Boot ... Sie fahren los, aber irgendwann gehen der Kompass und die Navigationssteuerung kaputt. Sie verlieren die geplante Richtung ... Also fahren Sie auf gut Glück weiter – Sie haben keine Angst, weil Sie sich sicher sind, dass Sie bestimmt auf eine der vielen kleinen Inseln oder ein anderes Schiff treffen werden... Und schließlich sehen Sie eine Insel und steuern darauf zu ... Sie wird immer größer, je näher sie kommen ... Schließlich sehen Sie einen Ort mit einem Hafen oder einer Anlegestelle und landen dort ... Sie werden begrüßt von den Einheimischen. Seltsamen Menschen, etwas fremdartig, aber doch auch vertraut oder vertrauenserweckend ... Sie werden freundlich begrüßt und bewirtet ... Dann werden Sie jede an die Hand genommen und in eine Haus oder einen Garten oder sonstigen Ort geführt ... Dieser Ort oder Raum ist erstaunlich und erstaunt Sie – sie fühlen sich wohl und er gefällt Ihnen ... Wie sieht dieser Ort aus? Welche Farben, welche Atmosphäre nehmen Sie wahr? Welche Geräusche, Töne, Klänge hören Sie? Gibt es noch andere Lebewesen – oder auch nicht? Schenken Sie diesem Ort und Ihrem Erleben Ihre ganze Aufmerksamkeit ... Und dann widmen Sie sich Ihren Bedürfnissen und Wünschen! Sie können genau das tun oder auch lassen, was Ihnen gut tut oder Freude macht ..., allein oder mit anderen ..."

Danach bitte ich die Familienangehörigen zu erzählen, wo sie jeweils gelandet sind, was sie gesehen und erlebt haben. Manchmal kann es auch sinnvoll sein, sie als ersten Schritt aufzufordern, diesen Ort bzw. ihr Erleben darin zu malen. Die Fantasiereise bringt manchmal, nein, meistens etwas zutage, was den einzelnen Familienmitgliedern nicht einmal selbst bewusst war, geschweige denn, was die anderen von ihren Wünschen nach

Leben wissen konnten. In jedem Fall aber legt der Austausch innerhalb der Familie über das, was in der Fantasiereise erlebt wurde, eine sichere Spur zu dem, was in der Familie unlebbar war und gelebt werden möchte.

5 Familientherapeutische Haltungen und Wege

Familientherapie ist Praxis, ist Beziehungsarbeit, ist Erleben. Dafür kann ein Lehrbuch Grundlagen vermitteln, doch im Wesentlichen ist Familientherapie, zumal leiborientierte Familientherapie lehrbar und lernbar über Seminare und über Supervision. Deshalb werde ich in diesem Kapitel zwar auf einige wichtige Fragen familientherapeutischer Praxis eingehen, aber mich darauf konzentrieren, wesentliche Begrifflichkeiten vorzustellen und Verbindungslinien zwischen Grundkonzepten und Hauptwegen leiborientierter Arbeit und Familientherapie zu ziehen.

5.1 Familien-Diagnostik

Diagnostik heißt wörtlich übersetzt „Urteil". Der Kern dieses Begriffes, die „gnosis", bedeutet im Alt-Griechischen „Einsicht". Um solche Einsichten geht es uns in der Arbeit mit Familien, nicht um Urteile. Eine Diagnostik im Sinne von Einsichten ist notwendig, damit Familientherapeut/innen entscheiden können, welchen Weg der Therapie und Beratung sie einschlagen und welche Absichten sie damit verfolgen.

Solche Familien-Diagnostiken haben in unserem leibtherapeutischen Verständnis immer zwei wesentliche Merkmale:
» Erstens sind sie interaktiv. Die Therapeut/innen suchen nach Einsichten in die gelebten Strukturen und Probleme der Familien nicht nur, indem sie selbst die Familien beurteilen, sondern sie messen auch den Selbst-Einschätzungen der Familie bzw. der einzelnen Mitglieder eine große Bedeutung zu und beziehen sie mit ein. Das fängt damit an, dass wir Familienmitglieder danach befragen, wen sie zur Familie zählen, worin sie die Probleme sehen und welche Chancen sie der Familie geben.

» Zweitens ist die Diagnostik prozessual. Die Einsichten über eine Familie stehen nicht fest, sondern verändern sich im Laufe der Erfahrungen der gemeinsamen Arbeit. Am Anfang stehen vorläufige Hypothesen, die überprüft und verändert werden können und müssen. Nach meinen Erfahrungen wird oft viel zu schnell über Familien und Familienmitglieder „geurteilt", weil der Druck auf die professionellen Helfer/innen so extrem hoch ist, sofort die „richtigen" Maßnahmen einzuleiten. Aber Familien sind nur sehr begrenzt „planbar", auch wenn dies z. B. in Jugendhilfeplangesprächen verlangt wird. Ich hoffe, dass sich die Einschätzung durchsetzt: Einsichten brauchen Zeit, der erste Eindruck kann sich verändern – und deswegen ist das Gewinnen von Einsichten kein Ereignis, sondern ein Prozess.

Unter dem Aspekt der Diagnostik fasse ich zusammen, was ich bisher bereits ausführlicher beschrieben habe:

» Wenn es einen Kontakt zu einer Familie oder einzelnen Familienmitgliedern gibt, ist zuerst einmal abzuklären, ob überhaupt eine therapeutische oder beraterische Begleitung der Familie sinnvoll ist.

» Es kann Situationen geben, in denen z. B. eine psychische Erkrankung eines Familienmitglieds und deren Behandlung im Vordergrund stehen. Eine Angststörung oder eine traumatische Erfahrung kann zu der Entscheidung führen, dass zunächst eine Einzeltherapie erforderlich ist, zu der ggf. die Familie bei einzelnen Sitzungen hinzugezogen wird, wenn sich dies als sinnvoll herausstellt.

» Ebenso mag eine Teilbeziehung im Vordergrund stehen. Wenn z. B. zwischen den Eltern ein Ehekrieg herrscht, dann ist dies der Schlüssel zum Wohlergehen der Familie und eine Paartherapie ist die erste Wahl.

» Wenn das Leiden eines Kindes im Vordergrund steht, muss differenziert abgeklärt werden, ob eine Einzeltherapie mit dem Kind angesagt ist, eine therapeutische Arbeit mit der Familie oder ein Wechsel zwischen beiden Formen. Eine solche Einschätzung kann nur selten am Anfang der Therapie getroffen werden. Sie ergibt sich meist während des therapeutischen Prozesses. Wenn sich z. B. herausstellt, dass ein Kind Symptomträger familiärer Spannungen ist, muss möglichst die Familie einbezogen werden. Das gleiche Kind kann einen Monat später einen geschützten Raum ohne die anderen Familienmitglieder brauchen, um therapeutische Hilfe bei seiner Identitätsentwicklung zu erhalten.

» In anderen Fällen steht die familiäre Situation im Vordergrund und Familientherapie ist nötig. Doch auch dann sind nicht nur familiäre Gesamtkonstellationen zu betrachten, sondern auch die Individuen und die Teil-Bindungen (siehe Kap. 2.1). „Die Familiendiagnostik muss deshalb auf der Ebene der Individuen, der Ebene der Dyaden bzw. Triaden und der Ebene des Familiensystems durchgeführt werden. In dieser Mehrebenendiagnostik sind die Analysen der repetitiven Interaktionsmuster zwischen den Familienmitgliedern entscheidend." (Cierpka 2012, S. 491) ‚Repetitiv' meint hier die sich wiederholenden Erlebens- und Verhaltensweisen, die wir als „Muster" (vgl. Baer 2012) bezeichnen.

Im Folgenden geht es um erste diagnostische Zugänge zu Familien, die differenziertere Einsichten in ermöglichen, wie z. B. die Arbeit mit Familienskulpturen, die ich in Kapitel 1.2 am Beispiel der Familie Gowensch vorgestellt habe. Die Arbeit mit Familienskulpturen ist eine alte Methode Humanistischer Familientherapie, die v. a. von Virginia Satir begründet wurde. Bevor ich beschreibe, aus welchen Elementen sie besteht, möchte ich betonen, dass man mit Familienskulpturen nur arbeiten sollte, wenn man sich der eigenen therapeutischen Kompetenz und einer an Würde orientierten Haltung sicher ist. So wirksam die Arbeit mit Familienskulpturen für die prozessuale Diagnostik und die Familientherapie ist, so birgt sie doch ein hohes Potenzial an Konflikten und Kränkungen. In Familienskulpturen wird vieles sichtbar und lebendig. Das kann zu gnadenlosen Abrechnungen und Verletzungen führen, wenn Therapeut/innen nicht in der Lage sind, mit den Beteiligten verantwortungsvoll, behutsam und würdigend umzugehen.

Nun also die Hinweise zu den Familienskulpturen:

» Wenn eine Familie in der Therapie präsent ist, bitten wir, sich so zueinander zu stellen, wie es gerade in erlebter Nähe und Distanz empfunden wird. Wer den Anfang macht, ist offen. Manchmal schlagen die Therapeut/innen vor, dass den Anfang ein Familienmitglied macht, das vorher gerade im Mittelpunkt des Interesses stand – oder eins, das bislang kaum beachtet wurde. Oft überlassen wir es den Familien zu entscheiden, werden den Anfang macht (auch das ermöglicht Einsichten) und greifen bei Konflikten ein.

» „Den Anfang machen" bedeutet, dass ein Familienmitglied einen Platz im Raum für sich sucht und dass sich die anderen so dazu stellen, wie sie es für sich in der Familie erleben. In dieser Variante wird niemals der Platz einer Person von einem anderen Familienmitglied bestimmt, es geht immer um die Nähe und Distanz, mit der sich ein Familienmitglied in Bezug auf die anderen erlebt.

» In einer Variante, die ich „vergleichende Familienskulptur" nenne, bestimmen mehrere Familienmitglieder nacheinander die Skulptur so, wie sie sie erleben. Dabei entscheiden sie, wie die anderen sich ihnen gegenüber zuordnen sollen. Dies sind jeweils Momentaufnahmen aus der Sicht jeweils eines Mitglieds. Wichtig ist, dass alle Familienmitglieder die Chance zu dieser Skulptur haben und dass verglichen wird, wie sich die Menschen in den unterschiedlichen Skulpturen wahrnehmen.

» Wenn ein Familienmitglied dabei fehlt, aber wichtig ist (die verstorbene Oma oder Schwester, der weggezogene Vater ...), dann schlagen wir vor, für diese Person ein Objekt stellvertretend an einen bestimmten Platz zu setzen. Das kann ein Stuhl, ein Kissen, ein Musikinstrument oder etwas anderes sein. Wer das Stellvertreter-Objekt auswählt und dessen Platz bestimmt, ist wieder abhängig von der Konstellation der familiären Situation. Oft ist es das Familienmitglied, das die fehlende Person „ins Spiel gebracht" hat. Auch versuchen wir immer möglichst offen an die Entwicklung der Familienskulptur heranzugehen und überlassen den Familien möglichst viele Entscheidungen. Das schafft Einsichten für die Therapeut/innen wie für die Familienmitglieder.

» Wichtig ist, dass die Beteiligten genau über ihre Platzierung bestimmen. Da kann schon ein Verrutschen von zwei Zentimetern oder die Änderung der Blickrichtung das Erleben verändern. Wir geben nichts vor, sondern vertrauen der Kompetenz der Beteiligten.

» Wenn die Familienskulptur so entstanden ist, dann fragen wir die Familienmitglieder nacheinander, wie es ihnen geht, wie sie sich und die anderen erleben. Hier entsteht Diagnostik im Sinne von Einsicht.

» Oft erwachsen schon daraus Impulse und Wünsche der Veränderung. Wenn z. B. der Sohn wünscht, dass die Mutter sich weiter weg bewegt, dann kann es sein, dass die Mutter dem gerne entgegenkommt (weil es vielleicht einem heimlichen Wunsch von ihr entspricht), oder aber sie mag und will das nicht. Dann entsteht ein Konflikt, der mit moderierender oder therapeutischer Unterstützung der Therapeut/innen in einem Dialog ausgetragen werden kann. Auch dies ist Teil der Diagnostik.

» Ein wunderbares Element der Arbeit mit den Familienskulpturen besteht darin, dass alle Veränderungsimpulse sofort ausprobiert werden können: „Wie fühlt es sich an, wenn Sie sich ein wenig weiter weg stellen?" Es geht nicht vorrangig um die Anfangsskulptur, sondern um den Prozess von Einsichten und Veränderungen in der Arbeit mit der Familienskulptur.

» Wenn wir nur mit einem oder zwei Familienmitgliedern arbeiten, dann können trotzdem Familienskulpturen entstehen: mit Stellvertretern. Zumeist sind dies Musikinstrumente (die dann auch stellvertretend erklingen können, s. Kap. 5.4), Puppen oder andere Gegenstände. Auch hier entstehen Bilder der Nähe und der Distanz, die betrachtet, erlebt und verändert werden können.

» Besonders eignet sich dieses Verfahren zur Arbeit mit Identifikationen und Übertragungen: Der Sohn kann an den Platz der Mutter gehen und sich die Familie von diesem Ort aus anschauen und erspüren; der Therapeut oder die Therapeutin kann z. B. den Platz des Vaters einnehmen und aus dieser Rolle heraus etwas sagen oder musizieren ... (zur Arbeit mit Übertragungen vgl. Kap. 5.4).

An dieser Stelle taucht immer die Frage auf, wie sich unsere Arbeit mit Familienskulpturen von den Familienaufstellungen nach Bert Hellinger unterscheidet. Deswegen dazu einen kleinen Exkurs:

Bert Hellinger arbeitet mit Familienaufstellungen in Gruppen und lässt die Familie einer Teilnehmerin oder eines Teilnehmers durch andere Gruppenmitglieder als Stellvertreter/innen einnehmen. Er geht von „Ordnungen" aus, die in Familien gegeben sein müssen. Worauf diese „Ordnungen" beruhen, begründet er nicht. Krankheiten wie Krebs und anderes Leiden sieht er darin verursacht, dass diese Ordnungen gestört sind. Die Ordnungen müssen durch die Familienaufstellungen wiederhergestellt werden, dadurch soll Heilung erfolgen. Der Therapeut weiß, was die Ordnungen sind, die Störungen erscheinen im Aufstellen, der Therapeut dirigiert dann die Wiederherstellung.

Das führt bei Hellinger im Extremfall dazu, dass er angeordnet hat, dass sich die vom Vater sexuell missbrauchte Tochter vor der Mutter im Kniefall verbeugt und sagen soll: „Mutter, ich habe es für dich getan." (Hellinger 1996/2013, S. 277)

Es gibt in seiner Arbeit viele extreme Beispiele der Unter-Ordnung, der Vor- und Nachrangigkeit von Menschen. Ältere Geschwister stehen vor den jüngeren, nicht-behinderte vor den behinderten Familienmitgliedern usw. In „Ordnungen der Liebe" heißt es z. B.: „Da hat eine jugoslawische Dichterin unbedingt ein Denkmal errichten wollen für einen deutschen Soldaten. Der war abkommandiert zu einem Erschießungskommando, um Partisanen zu erschießen. Doch er hat sich geweigert, sein Gewehr hochzuheben, ist dann rübergegangen zu den Partisanen und hat sich mit ihnen erschießen lassen.

Nun, was ist denn das für einer? (befragt Hellinger die Gruppe.) Ist er gut, ist er böse? Was hat er denn gemacht? Er hat sich vor seinem Schicksal gedrückt. Wenn er geschossen hätte, weil er sich sagt: 'Ich bin verstrickt in meine Gruppe, und die sind verstrickt in ihre Gruppe, und das Schicksal hat es so gefügt, dass ich sie erschießen muss, statt sie mich, und ich stimme dem zu, was immer auch die Folgen sind', das ist Größe." (Hellinger 1996/2013, S. 275)

Auch hier sind die Ordnungen hierarchisch: die Täter stehen über den Opfern – das nennt Hellinger "Größe".

Bert Hellinger war und ist v. a. Theologe und arbeitete lange Zeit als Missionar. Sein Familienstellen bezeichnet er ausdrücklich nicht als Therapie. Und dennoch gibt er Heilsversprechen, macht Menschen Hoffnungen, die an seelischen, sozialen und körperlichen Erkrankungen leiden – und stiehlt sich aus der therapeutischen Verantwortung.

Warum wirken Familienaufstellungen teilweise? Wenn man die Hellinger'schen „Ordnungen" und therapeutenzentrierte dirigistische Aufstellungspraxis weglässt, dann bleibt, dass Familienmitglieder im Raum aufgestellt werden, wie wir das schon bei den Familienskulpturen gesehen haben. Das Familienstellen ist viel älter als die Hellinger-Methode. Es ist eine alte Arbeitsmethode der humanistisch geprägten Familientherapie (z. B. nach Virginia Satir), die aus dem Psychodrama entnommen wurde (Jacob L. Moreno). Auch in der Kreativen Leibtherapie arbeiten wir seit über 20 Jahren damit, dass Familien aufgestellt werden, mit Personen, mit Puppen, mit Musikinstrumenten usw.

Dass Familienstellen familiäre Strukturen und Muster erfahrbar machen kann, liegt in der Kombination von Verraumen und Identifikation, um es in unseren Fachbegriffen auszudrücken. Wenn Menschen räumliche Abstände zu anderen Menschen genau spürend einnehmen und sich dabei mit anderen identifizieren, dann erleben sie etwas. Das liegt in den Qualitäten der Räumlichkeit und des Identifizierens, das jedem Erleben innewohnt. Ob beim Hellinger'schen Familienstellen oder in der Leibtherapie – solche Situationen rufen Erlebensqualitäten hervor, die beeindruckend sind und therapeutisch genutzt werden können.

Der Unterschied zwischen Familienaufstellungen nach Hellinger und dem humanistisch geprägten Familienstellen liegt darin, wie und mit welcher Haltung damit gearbeitet wird. Leiborientierte Familientherapie als humanistisch geprägtes Verfahren verfolgt im Unterschied zu Hellinger folgende Grundhaltungen:

Es gibt keine vorgegebenen „Ordnungen" der Familie, aus denen sich richtig und falsch ableiten ließe. Wir würdigen, was ist, und suchen gemeinsam mit den Beteiligten nach Wegen der Veränderung.

Wir vertreten Werte. Aber nicht solche der „Ordnung", die zur Unterordnung wird, sondern Werte der Würde und Würdigung.

Ausgangspunkt leiborientierter Familientherapie ist das Leiden. Daraus leiten sich Diagnostik und therapeutische Angebote ab.

Wenn wir im Gefolge Satirs Familiensysteme aufstellen, dann lassen wir die Klient/innen auswählen, wer zur Familie gehört, und geben das nicht vor. Wir fragen nach, wenn wir „Leerstellen" vermuten oder spüren, aber auch hier gilt: Fragen statt Anordnen. Dann fragen wir Klient/innen nach Änderungswünschen oder schlagen ihnen Veränderungen vor und unterstützen sie dabei, diese ausprobieren – ohne Vorgaben.

Unsere Leitlinie ist die Klient/innen-Kompetenz und nicht die „Ordnungs"-Kompetenz der Therapeut/innen.

Zurück zur Diagnostik. In den Kapiteln 3 und 4 stellte ich Modelle vor, die gleichzeitig Einsichten über Familien ermöglichen *und* Wege der Intervention und Veränderung aufzeigen. Wie ich nicht müde werde zu betonen: Wir trennen Diagnostik und Therapie nicht, sondern betrachten beide als ineinander verwobenen Prozess. An dieser Stelle werde ich deshalb nur noch einige Möglichkeiten der Familien-Diagnostik für die *ersten* Kontakte mit einer Familie ergänzen.

Das Arbeitsblatt 4 (siehe Anhang) ermöglicht, erste Fragen während eines Erstgespräches in der linken Spalte festzuhalten (siehe v. a. Kap. 2.1). Besonders dann, wenn es dabei Auffälligkeiten gibt, z. B. wer „immer" oder „meistens" die Fragen beantwortet, sollte vermerkt werden, von wem die Antworten kommen. In die rechte Spalte sollten die Therapeut/innen unmittelbar nach dem Erstkontakt ihre Resonanzen, Vermutungen, Fragen usw. notieren. Dies kann in und nach späteren therapeutischen Begegnungen ergänzt werden.

Das Blatt 5 (siehe Anhang) ermöglicht, in ähnlicher Weise Merkmale der Familie als kleiner sozialer Gemeinschaft zu erfassen (s. v. a. Kap. 2.3). Auch hier werden links Informationen und Eindrücke festgehalten, rechts nachklingende Resonanzen, Vermutungen, Fragen. Die formulierten Fragen sind nur Anhaltspunkte. Dieses Blatt wird nur selten sofort im Erstkontakt ausgefüllt werden können. Wenn die Therapeutin oder der Therapeut schon nach dem ersten Treffen in diesem Blatt Informationen und Eindrücke festhält, dann zeigen sich Lücken, die dann im weiteren Verlauf gefüllt werden können.

Arbeitsblatt 6 (siehe Anhang) soll helfen, die Unterscheidung zu treffen, ob es sich um gestörte, zerbrechende oder zerbrochene Familien handelt (s. v. a. Kap. 2.2). In die jeweiligen Felder sind die jeweils positiven und negativen Faktoren einzutragen.

5.2 Die sieben Basisperspektiven in der Familientherapie

Die Familienmitglieder, die wir therapeutisch begleiten, wechseln im therapeutischen Prozess immer wieder ihre Perspektiven. Eine Perspektive ist eine Sichtweise, die ein Mensch sich selbst und anderen gegenüber einnimmt. Wir Therapeut/innen tun das mit ihnen und regen sie darüber hinaus zu Perspektivwechseln an. Den Perspektivwechseln wohnt eine hohe Wirksamkeit inne. Deswegen habe ich aus meinen Erfahrungen sieben hilfreiche Perspektiven zusammengestellt: die gesellschaftliche und die Einhausungsperspektive, die systemische, die Triangel- und die Beziehungsperspektive, die Auto-Perspektive und schließlich das Gewahrsein. Ich werde sie im Folgenden vorstellen und ihre familientherapeutische Relevanz erläutern.

Die gesellschaftliche Perspektive

Jedes Thema, jedes individuelle und jedes familiäre Leiden hat auch einen gesellschaftlichen Aspekt. Wenn Menschen beschämt werden, ist die gesellschaftliche Haltung gegenüber Scham und Beschämung zumindest ein wichtiger Hintergrund. Wenn eine Familie arm ist, dann kann diese Armut das Leben und Erleben der Familie und der einzelnen Familienmitglieder bedeutsam beeinflussen. Wenn Kinder Erfahrungen sexueller Gewalt machen, dann ist die gesellschaftliche Haltung gegenüber diesen Traumata wichtig für die Haltung gegenüber den Tätern und für die Unterstützung der Opfer. Die gesellschaftliche Perspektive ist ein Bestandteil der Blickrichtungen therapeutischen Handelns und darf nicht allein der Politik oder den Sozialwissenschaften überlassen werden.

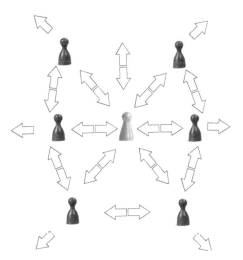

In der familientherapeutischen Praxis bin ich oft Tendenzen begegnet, „alles auf die Gesellschaft zu schieben". „Das Schulsystem" wird zum Schuldigen erklärt oder „die Firma", wenn Menschen in der Schule oder am Arbeitsplatz leiden und dieses Leiden das Familienleben beeinträchtigt. Wenn die

Verantwortlichkeit einseitig und ausschließlich auf „die Gesellschaft" abgewälzt wird, dann beinhaltet dies oft ein Wegschieben der eigenen Verantwortlichkeit, sowohl der Person als auch der Familie. Dies kann ein Verharren in Hilflosigkeit verfestigen, weil man ja „doch nichts gegen die da oben machen" könne. So wichtig gesellschaftliche Verantwortlichkeiten sind, so wichtig ist es mir, in solchen Situationen zu betonen, welche Möglichkeiten und Spielräume in der Verantwortlichkeit familiären und individuellen Handelns enthalten sind. Die Eltern können mit einem Kind entscheiden, dass es die Schule wechselt, auch ein Arbeitsplatz kann gewechselt werden oder man kann eintreten für Veränderungen in der Schule, am Arbeitsplatz oder anderen gesellschaftlichen Bereichen. Gesellschaft besteht aus strukturellen Zusammenhängen, die Macht beinhalten, gegen die einzelne Menschen und Familien oft nicht erfolgreich ankämpfen können. *Und* Gesellschaft besteht auch aus konkreten Menschen und konkreten sozialen Beziehungen, mit denen und in denen Veränderungen möglich sind.

Das andere Extrem, dem ich oft begegnet bin, besteht darin, gesellschaftliche Perspektiven auszuklammern. Wenn ein junges Mädchen nach einer Gewalttat sich in seinem Leiden an den Traumafolgen zurückzieht, dann ist es sicherlich ein wichtiger Blickwinkel, sich ihres Leidens individuell anzunehmen und sie in dem, was sie innerlich bewegt, nicht allein zu lassen. *Und* darüber hinaus ist es wichtig, auf fehlende Parteilichkeit, unterlassene Hilfeleistung in gesellschaftlichen Lebenswelten hinzuweisen. Solche Einbeziehungen der gesellschaftlichen Dimension entlasten und können durchaus politische und gesellschaftliche Aktivitäten fördern.

Die Einhausungs-Perspektive

Menschen wachsen in Familien und kleinen sozialen Gemeinschaften auf und werden von ihnen geprägt. Dies ist ein Prozess des Einhausens, des Entstehens von Vertrautheit und Geborgenheit (bzw. deren Störung). In Kap. 4.1 bin ich auf den Prozess des Einhausens und seine familientherapeutische Relevanz eingegangen.

Die Einhausungs-Perspektive fokussiert den Blick auf die Geschichte der familiären Entwicklung, auf den Entstehungsprozess der Lebenswelt einer Familie. Wenn Menschen in der Einhausungsperspektive verfangen sind, dann zeigt sich dies oft im Bemühen, die familiären Selbstverständlichkeiten zu bewahren – auch wenn sie manchmal schon zerbrechlich oder erschüt-

Familientherapeutische Haltungen und Wege

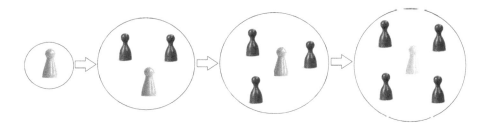

tert sind. Bei fehlender Adhäsion in Familien kann es andererseits sinnvoll sein, die Aufmerksamkeit auf die Einhausungs-Perspektive zu lenken, um zumindest zu überprüfen, welchen Wert und welche Bedeutung die familiengeschichtlichen Erfahrungen von Vertrautheit und Geborgenheit für die Familienmitglieder haben.

Die systemische Perspektive

Werden Familien in der Einhausungs-Perspektive v. a. in ihrem Entwicklungsprozess betrachtet, richtet sich der systemische Blick gleichsam „von oben" auf das familiäre System. In der Familie oder sonstigen Gemeinschaften gibt es Wechselbeziehungen, die jede einzelne Person und die Atmosphäre bzw. das Befinden der Gemeinschaft als Ganze beeinflussen. Solche Einhausungs- und systemischen Zusammenhänge habe ich in diesem Buch schon ausführlich beschrieben. Therapeut/innen müssen diese Perspektive

betrachten und beachten. Dass sie nicht die einzige ist und nicht isoliert werden kann von den anderen Perspektiven, habe ich ebenfalls schon mehrmals gezeigt. Diagnostisch sollten wir systemische Zusammenhänge wahrnehmen, um das, was Veränderungen unterstützt, und das, was ihnen entgegensteht, herauszufinden und daraus Wege der therapeutischen Interaktion abzuleiten. Wichtig ist mir noch, dies sei erneut betont, dass die systemische-Perspektive konkret auf die jeweilige Familie hin eingenommen werden muss. Aussagen über Systeme „im Allgemeinen" sind wenig hilfreich. Wir brauchen konkrete Untersuchungen und Einschätzungen konkreter Familien.

Auf der anderen Seite begegne ich dann und wann Klient/innen, die „alles auf die Familie" schieben und so den Blick auf die eigene Person vermeiden. Einer solchen Einengung des Blickwinkels trete ich genauso entgegen wie dem ausschließlich individuellen Blick auf die eigene Person, der die familiäre Perspektive ausblendet. Auch hier gilt das große UND.

Die Triangel-Perspektive

Mit Beginn des zweiten Lebensjahres vollzieht sich ein sichtbarer großer Sprung in der Entwicklung von Kleinkindern. Er beginnt damit, dass Mutter und Kind gemeinsam und abwechselnd auf etwas Drittes zeigen. Dadurch entsteht eine neue Art von Beziehung zwischen beiden. Über den direkten Dialog (z. B. der Augen, der Laute, der Gesten) hinaus orientieren sich beide auf etwas Drittes, einen Gegenstand oder eine andere Person. Tomasello (2006, 2010) und andere sehen in diesen Erfahrungen, die ich Triangel-Perspektive nenne, die Quelle für die Entwicklung der Fähigkeit des Kleinkindes, Absichten anderer zu verstehen. Die Triangel-Perspektive schafft eine neue Art der Verbindung zwischen erwachsener Bezugsperson und Kind: Beide blicken auf jemand oder auf etwas Drittes, so dass ein Dreieck entsteht und darüber eine neue Beziehung zwischen der erwachsenen Person und dem Kind. Diese Möglichkeit ist in der Familientherapie mit Menschen jeden Alters zu nutzen.

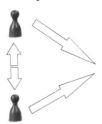

Wenn der Vater mit dem Sohn in seinen unmittelbaren Kommunikations- und Dialogfähigkeiten eingeschränkt oder gestört ist, so kann der erste Schritt der Veränderung oft darin bestehen, dass sich beide etwas Drittem zuwenden, z. B. dem Sport oder einem anderen Hobby. Dadurch entsteht Verständnis füreinander und eine neue Qualität der Begegnung. Oder der Therapeut bzw. die Therapeutin regt an, den Blick auf ein gemeinsames Interesse, eine gemeine Aktivität zu lenken, was aus familiären Beziehungssackgassen herausführen kann. Auch Therapeut/innen und einzelne Familienmitglieder können zwei Eckpunkte eines Dreiecks bilden und sich gemeinsam etwas Drittem zuwenden. Das kann eine Person sein oder eine Leerstelle, eine Sehnsucht oder ein Bild. Klient/innen machen dadurch oft Erfahrungen, an denen es ihnen mangelt.

In der Familientherapie wird der Triangel-Perspektive bzw. den ihr innewohnenden Chancen als Ausgangspunkt praktischer Interventionen oft zu wenig Aufmerksamkeit geschenkt. Der Blick ist dann auf die Beziehungen zwischen zwei Personen oder auch den systemischen Zusammenhang beschränkt. Doch gerade wenn in der Familien-Perspektive und der dialogischen Perspektive Schwierigkeiten bestehen und „es nicht weiter geht", kann die Triangel-Perspektive Möglichkeiten der Veränderung eröffnen.

Die Triangel-Perspektive ist nicht zu verwechseln mit dem Konzept der „Triangulationen". In der systemischen Therapie gibt es ein differenziertes Kategoriensystem von „Triangulationen", mit denen unterschiedliche Dreiecksbeziehungen in Systemen, auch in Familiensystemen, entdeckt und analysiert werden können. Auf solche, manchmal verdeckten, Dreiecksbeziehungen zu achten, kann durchaus hilfreich sein. Die Triangel-Perspektive meint etwas anderes. Sie eröffnet auf der Grundlage entwicklungspsychologischer Einsichten eine Möglichkeit *aktiver* Unterstützung.

Die Beziehungs-Perspektive

Jedes Ich braucht ein Du, braucht mehrere ‚Dus', braucht Beziehung und Dialog. Menschen entwickeln sich in Beziehungen zu anderen Menschen, durch Dialog, durch verbale Kommunikation und durch spürende Begegnungen. Das Wechselspiel der Primären Leibbewegungen (s. Kap. 4.4) in den ersten Lebensmonaten ist grundlegend für die Entwicklung der Bindungsfähigkeit und bleibt Lebenselixier auch im Erwachsenenalter. Therapeut/innen unterstützen Dialoge mit anderen Menschen und begeben sich selbst in den Dialog mit den Klient/innen (s. Kap. 3.12). Dabei wird hörbar und spürbar, was bremst und was fehlt, was zu viel ist und welche Möglichkeiten der Veränderungen bestehen. Die Dialoge zwischen Klient/innen und Therapeut/innen sind ein Erfahrungsfeld von Leiden und Kompetenzen, und sie sind gleichzeitig Übungsfeld der Veränderungen.

Oft bin ich Klient/innen innerhalb und außerhalb der Familientherapie begegnet, die die Probleme nur „in sich selbst", also in der Auto-Perspektive (s. u.) betrachteten. Hier war und ist es wichtig, darauf zu verweisen, dass Probleme fast immer auch Ergebnis von Beziehungserfahrungen sind. Nur so können neue Wege der Veränderung aus festgefahrenen Erfahrungen und Situationen beschritten werden.

Ein 14jähriger Junge aus einer Migranten-Familie will nicht mehr in die Schule gehen. Er erzählt: „Ich bin schlecht. Aus mir wird nie etwas werden. Ich bin faul und nichts wert. In der Schule bin ich ein Versager ..." Und er berichtet, dass er in der Schule von den Lehrern nur Kritik hört und in der Schulklasse zwischen den Fronten zweier Gruppen sitzt, den „Angepassten" und den „Kriminellen". Während er erzählt, wird ihm mit meiner Unterstützung deutlich, wie sehr sein Selbstbild von den Beziehungserfahrungen mit den anderen geprägt ist. Ich frage ihn, was denn seine Eltern und seine jüngere Schwester von ihm halten. Er blickt mich erstaunt an: Das weiß er nicht.

Er fragt sie und ist erstaunt, wie stolz sie auf ihn sind. Für seine Schwester ist er Vorbild.

In Familien ist das Zusammenleben der Gesamtfamilie oft vom Kern her blockiert durch Beziehungsstörungen zwischen zwei Familienmitgliedern. Umso wichtiger ist es hier, die Beziehungs-Perspektive zu unterstützen, gerade wenn die Kommunikation zwischen den beiden blockiert ist. Durch kreative Dialoge können neue Wege der Kommunikation eröffnet werden. Und gleichzeitig ist es sinnvoll, die Fokussierung auf die Beziehungsprobleme der beiden Exponenten aufzulösen, indem die anderen Familienmitglieder in den Dialog einbezogen werden.

Die Auto-Perspektive

Mit Auto-Perspektive („auto" heißt im Alt-Griechischen „selbst") bezeichne ich die Sicht eines Menschen auf sich selbst. Menschen nehmen über die unmittelbare Leiblichkeit hinaus eine Position der „Exzentrizität" (Plessner 2003, Baer 2012) ein, d.h. sie betrachten sich selbst, als würden sie „von außen" auf sich blicken. Sie reflektieren über sich in der Welt, doch ist die

Auto-Perspektive nicht nur Reflektion. Sie beinhaltet auch die Fähigkeit des Menschen, mit sich in Dialog zu gehen, mit sich selbst zu hadern und sich selbst Mut zuzusprechen.

In manchen Familien sind einzelne Familienmitglieder sehr in der Auto-Perspektive verfangen, sie haben in extremer Ausprägung nur sich selbst im Blick: Sie führen ständig Selbstgespräche statt Dialoge; sie fragen sich selbst, statt die anderen, auch in Fragen, die sie selbst nicht beantworten können; sie sind der festen Überzeugung, dass nur sie selbst sich helfen können, dass sie immer verantwortlich sind und Schuld haben an den Problemen der anderen und der eigenen Hilflosigkeit. Sie verlieren die anderen Familienmitglieder aus den Augen, ihr Blick richtet sich nur auf sich selbst. (Die Auto-Perspektive kann übrigens auch für Familien als Ganze erlebensbestimmend sein: Die Welt drumherum wird ausgeklammert.). Der Blick von Menschen mit und aus der ausschließlichen Auto-Perspektive ist vernebelt und verwirrt, weil er die Umwelt nicht wahrnehmen kann. Hier ermutige ich die Familienmitglieder, innere Dialoge zu äußeren Dialogen werden zu lassen.

Das andere Extrem besteht darin, dass jemand die Auto-Perspektive ganz aus den Augen verliert, dass diese übergangen und gar nicht eingenommen wird. Dann geht es immer nur um „die Anderen" – das eigene Verhalten, Leben und Erleben werden nicht betrachtet. Ich rege in solchen Situationen zu einer Auto-Perspektive an, zu Selbstwahrnehmung, Selbstgefühl, Selbstreflektion.

Als Therapeut/innen bewegen wir uns zwischen den beiden Extremen. Auch hier gilt das große therapeutische UND, auch hier ist es wichtig, die Auto-Perspektive und die Art, wie Familienmitglieder sie leben, ernst zu nehmen und sie für Veränderungsprozesse zu nutzen.

Das Gewahrsein

Als Siebentes nun gibt es eine Perspektive, die eigentlich keine im Sinne von „Blickwinkel" oder „Blickrichtung" ist. Das Gewahrsein ist das Fehlen des Blicks von außen, ist die pure Achtsamkeit für sich, ist unmittelbares leibliches Spüren.

Wenn Menschen nahe daran sind, sich selbst zu spüren, dann schweifen sie oft wieder ab, wenn sie in solchen Prozessen unerfahren sind. Sie schauen auf andere Personen oder Ereignisse, sie denken über sich „supervisorisch" nach und beschweren sich über sich selbst. Sich selbst zu spüren und sich ganz diesem Gewahrsein zu widmen, fällt vielen Menschen schwer. Die Auto-Perspektive ist ihnen vertrauter und gewohnter. Wenn wir dies bei Familienmitgliedern feststellen, ermutigen wir die Klient/innen immer wieder zum Gewahrsein. Wir fördern eine Haltung, sich selbst zu spüren und mit sich selbst achtsam zu sein. Dies ist ein Grundelement dafür, dass Menschen sich in ihrem Selbstwertgefühl entwickeln. In Kap. 3.11 habe ich darauf hin-

gewiesen und zitiert, wie deutlich Virginia Satir betont, dass eine im Sinne der Klient/innen erfolgreiche familientherapeutische Arbeit sich auf die Entwicklung des Selbstwertgefühls richten muss. Für dieses Selbstwertgefühl braucht ein jeder andere Menschen, v. a. deren Rückmeldungen. Und es braucht das Gewahrsein der Menschen selbst. Wie soll man ein Gefühl des Wertes der eigenen Person bekommen, wenn man sich selbst nicht spürt? Deswegen ist Förderung des Gewahrseins immer auch eine Unterstützung der Selbstwertschätzung.

Diese sieben Basis-Perspektiven sind Elemente jeder familientherapeutischen Arbeit. Mögen einzelne Perspektiven in jeweils konkreten Situationen und Phasen des Prozesses im Vordergrund stehen, so gilt für den gesamten Prozess, dass wir Therapeut/innen *alle* Basis-Perspektiven im Blick haben und nutzen sollten. Wer hier Einseitigkeiten, Fixierungen und Fragmentierungen der Perspektiven unterstützt und den Blick verengt, lässt Möglichkeiten therapeutischer Hilfe ungenutzt.

5.3 Therapeutische Rolle und Parteilichkeit

Als Familientherapeut/innen müssen wir verschiede Widersprüchlichkeiten aushalten, Widersprüchlichkeiten, die sich nicht gegenseitig ausschließen, sondern mit einem UND verbunden sind. Diese zu kennen und praktisch zu leben ist wesentlicher Bestandteil unserer Professionalität.

Um welche Widersprüchlichkeiten geht es?

Die erste besteht darin, dass wir beteiligt sind und gleichzeitig einen distanzierten Blick benötigen.

Wenn wir mit einzelnen Menschen zu Familienthemen arbeiten, entstehen häufig Resonanzen, in denen wir als Therapeut/innen nicht nur als mitfühlendes Gegenüber einbezogen sind, sondern sogar konkrete Rollen aus den Familienerfahrungen der Klient/innen übertragen bekommen. (Mit diesen Übertragungen beschäftige ich mich in Kapitel 5.4.) Wenn wir mit mehreren Menschen aus einer Familie oder mit allen Familienmitgliedern tätig sind, dann werden wir unweigerlich in das Beziehungsgeflecht dieser Familie hineingezogen, ob wir das wollen oder nicht.

Warum ist das so? Weil Familien Räume der Begegnung sind, wie ich beschrieben habe, und weil wir mit den Einzelnen in Beziehung treten, wobei ebenfalls Räume der Begegnung entstehen. Wir sind nicht wie beim Tennisspiel Schiedsrichter, die zwei Meter über dem Tennisplatz sitzen und ihre Urteile fällen, ob ein Ball im Feld war oder im Aus, ob jemand gefoult hat oder korrekt gespielt. Wir beteiligen uns, indem wir uns interessieren. Allein indem wir nachfragen, mischen wir uns ein. Demgegenüber dürfen wir nicht die Augen verschließen und eine vermeintliche „Neutralität" zum Gebot erklären, wie etwa Klein und Kannicht für die systemische Therapie fordern, dass „eine Parteinahme für oder gegen irgendwelche Sichtweisen der Klienten zu unterlassen [ist]. Die Unterscheidungen der Klienten werden als *gleich gültig* betrachtet und sowohl die gezogenen als auch die grundsätzlich möglichen, aber noch nicht gezogenen Konsequenzen besprochen sowie alternative Bewertungen ‚ins Spiel gebracht'." (Klein/Kannicht 2011, S. 27ff)

Eine solche Neutralität wäre bestenfalls ein Mythos, schlimmstenfalls ein schwerwiegender Fehler, weil wir wieder verletzte und gekränkte Familienmitglieder mit ihren Bedürfnissen ins Leere gehen lassen würden, indem wir uns hinter einer Mauer der Neutralität verschanzen. Die Formulierung „gleich gültig" im eben angeführten Zitat würde zu „gleichgültig".

Was heißt dies für uns? Ich hoffe, dass das bis hierher anhand zahlreicher Beispiele deutlich geworden ist. Wenn wir Leiden bei Menschen einer Familie mitbekommen, dann benennen wir es so und zeigen unser Mitgefühl. Wenn wir merken, dass bei Familienmitgliedern das Selbstwertgefühl so gering ist, dass diese weder untereinander noch nach außen kommunizieren können, dann unterstützen wir die Entwicklung des Selbstwertgefühls. Wenn ungelebtes Leben lebendig werden möchte, aber die Betroffenen nicht wissen, wie das geschehen kann, dann fördern wir es. Wir sind beteiligt und nehmen nicht nur unsere Kompetenzen und unser Wissen zur Hilfe, sondern auch unsere Gefühle, unser Mitgefühl, all unsere Resonanzen, die in uns in den Begegnungen mit der Familie oder den Einzelnen entstehen.

UND es gibt eine andere, eine widersprüchliche Seite: Wir treten *auch* einen Schritt beiseite, wir betrachten die Familie und die Familienmitglieder von einem exzentrischen Standpunkt aus, also einem außerhalb des Zentrums der Begegnungen. Dies brauchen wir, um zu reflektieren, aber auch um nachzuspüren, was vielleicht im unmittelbar lebendigen Kontakt nicht spürbar ist und verloren gehen mag. Ein Beispiel:
Ich arbeite mit der Familie Starke. Auffällig ist, dass immer wieder die Kommunikation der Familienmitglieder untereinander erstirbt. Es liegt „in der Luft": Jede und jeder versucht, nicht zu viel von sich zu zeigen, um sich nicht preiszugeben.
Ich spüre im Kontakt, dass anscheinend Scham die Atmosphäre bestimmt, vor allem nachdem die Familienmitglieder ihre Beziehungen untereinander verraumt haben. Als ich meine Resonanz benenne und danach frage, welche Rolle Scham bei ihnen spielt, entsteht zuerst einmal Schweigen. Alle schauen nach unten.
Der älteste Sohn traut sich schließlich, den Anfang zu machen und auszusprechen, dass es ihm in der Familie oft sehr peinlich zumute ist. Alle horchen auf und haben den Impuls, darauf zu reagieren und etwas zu sagen, verstummen aber wieder. Ich unterstütze den älteren Sohn und bekräftige die Wichtigkeit des Themas Peinlichkeit und Scham für das Weiterkommen der Familie. Dabei erzähle ich von mir und von meinen eigenen Erfahrungen, dass ein Zurückhalten der Kommunikation aufgrund von Schamgefühlen

dazu führt, dass die Scham immer größer wird: "Ich weiß ja dann nicht, was die anderen von mir denken. Ich frage nicht und bekomme keine Antworten. Ist ja klar, denn niemand kann Gedanken lesen. Und so wird die Erwartung, dass andere schlecht über mich denken könnten und ich mich zu schämen habe, immer größer und größer und größer ..."

Darüber kommt allmählich und immer lebhafter ein Gespräch über die Schamgefühle der einzelnen Familienmitglieder in Gang, ein Gespräch, wie es die Familie noch nicht erlebt hat.

Ich bin zufrieden.

Ich denke im Nachklang über die familientherapeutische Sitzung nach und mache mir Notizen. Dabei entwickle ich Schuldgefühle, dass ich zu wenig getan haben könnte oder vielleicht auch zu viel und dass ich irgendetwas übersehen haben könnte. Ich denke darüber nach, was ich übersehen haben könnte, aber mir fällt nichts ein. Was bleibt, sind die Schuldgefühle. Ich beschließe, diese Schuldgefühle ernst zu nehmen und als meine Resonanz auf die Erfahrungen mit der Familie in die nächste familientherapeutische Sitzung einzubringen. Nachdem ich die Familienmitglieder nach den Nachklängen des letzten Treffens, nach möglichen Veränderungen und ihrem Befinden gefragt habe, sage ich: "Sie haben sich beim letzten Treffen sehr viel über Schamgefühle unterhalten und ich finde, das war sehr fruchtbar. Auch Sie haben das je eben bestätigt. Ich habe an mir im Nachklang gemerkt, dass noch ein anderes Gefühl in der Atmosphäre vorhanden war, allerdings mehr im Hintergrund: Schuldgefühle. Vielleicht hat das nur etwas mit mir zu tun, vielleicht aber auch mit Ihnen. Ich möchte es einfach erwähnen und frage Sie danach, ob vielleicht auch Schuldgefühle eine Rolle spielen und Ihr Familienleben beeinflussen?"

Die Frage nach den Schuldgefühlen war ein „Volltreffer". Sie waren nicht benannt worden, sondern wurden in der Resonanz des Therapeuten spürbar. Dadurch, dass ich sie benannte, stellte ich diese Resonanz in den Dienst der Therapie. Voraussetzung war hier, dass ich einen bestimmten Abstand zu der Sitzung hatte, zu der Familie, zu dem damit verbundenen Erleben. Ich konnte mit Abstand ‚von außen' darüber nachdenken und nachspüren und so die Schuldgefühle erahnen und erhaschen. Ein solches Beiseitetreten, eine solche exzentrische Reflektion und exzentrisches Nachspüren, kann innerhalb einer Sitzung geschehen, aber auch danach bzw. in der Supervision erfolgen.

Und noch ein Nachsatz: Hätte ich mit meinem Hinweis, meiner Frage nach den Schuldgefühlen falsch gelegen, hätten die Familienmitglieder geantwortet, dass Schuldgefühle gerade keine besondere Bedeutung hätten, dann wäre nichts verloren. Weder für mich noch für die Klient/innen. Nicht jede Resonanz in mir hat etwas mit der Familie zu tun, aber ich habe mir zur Angewohnheit gemacht, jede meiner Resonanzen, insbesondere Nachklänge, ernst zu nehmen und abzuwägen, ob ich sie in den Dienst der therapeutischen Arbeit stelle und einbringe – oder beiseite lege.

Unmittelbare Begegnung und exzentrisches Beiseite-Treten sind zwei Seiten eines Widerspruchs, die beide in der Familientherapie gelebt werden.

Eine zweite Widersprüchlichkeit besteht darin, dass wir einerseits parteilich sind für die Familie als ganze, andererseits parteilich sind für einzelne Familienmitglieder, wenn deren Würde bedroht wird.
Als Familientherapeut/innen setzen wir uns dafür ein, dass eine Familie die notwendige Unterstützung bekommt, dass sie weiterbestehen kann, wenn alle dies wollen und können. Wir sind parteilich für die Familie und nicht nur für Einzelne. Das ist die eine Seite. Die andere Seite zu achten bedeutet, dass wir parteilich sind für die Würde, und wenn wir Entwürdigung innerhalb einer Familie begegnen, dann beziehen wir durchaus Partei gegen entwürdigende Handlungen oder entwürdigende Personen.

Betrachten wir zunächst den ersten Aspekt dieses Widerspruchs. Wenn ich mit einer einzelnen Person arbeite, dann stehe ich an ihrer Seite. Das schließt nicht aus, dass ich sie nicht auch mit Handlungen und Haltungen konfrontiere, die für sie selbst oder für Beziehungen mit anderen Menschen schädigend sind oder sie selbst oder andere verletzt. Aber mein grundlegender Standort ist an der Seite der Klientin oder des Klienten. Wenn ich mit einer Gruppe wie einer Familie therapeutisch arbeite, dann bin ich Therapeut und Anwalt der Familie. Ich habe die Einzelnen im Blick und ich achte im besonderen Maße auf die Beziehungen der Familienmitglieder untereinander, auf die Entwicklung der Familie als Ganzes. Insofern bin ich parteilich für die Familie.

Ich bin nicht allparteilich im Sinne der systemischen Therapie. Die „Allparteilichkeit gegenüber den zum System gehörenden Personen" (DGSF 2012, S. 1) wird dort sogar als wesentliches Merkmal systemischer Therapie angesehen, deren Befolgung in den Ethik-Richtlinien der DGSF niedergelegt und gefordert wird.

Damit wird ein Standpunkt des Heraushaltens und der Negierung konkreter Parteilichkeit beschrieben (den auch viele systemische Therapeut/innen in ihrer Praxis nicht durchhalten wollen oder können). Die „Allparteilichkeit" ist somit eine Schwester der „Neutralität".

Um es noch einmal zu betonen: Ich bin als humanistischer, leiborientierter Therapeut nicht allparteilich. Ich berücksichtige die Belange der Familie und damit auch aller Familienmitglieder und tue, was ich kann, dafür, dass die Standpunkte und Haltungen aller Familienmitglieder ihren Ausdruck und Gehör finden können. Doch wenn ein Familienmitglied ein anderes verletzt, es in ihrer Würde kränkt, wenn es Gewalt anwendet oder erniedrigt, wenn ein anderes beschämt wird oder verachtet, dann stehe ich an der Seite der Opfer. Ich drücke dies aus und bin dabei klar. Das ist gut für die Opfer und das ist letzten Endes auch gut für die Familie. Denn wenn Mitglieder einer Familie andere entwürdigen, dann hilft es auch der Familie nicht, wenn Familientherapeut/innen dem zuschauen und sich auf einen Standpunkt der Allparteilichkeit zurückziehen. Nur wenn Familienmitglieder, die entwürdigen, ihr Verhalten ändern, können Familien auf Dauer stabil bleiben oder es wieder werden. Wird über entwürdigendes Verhalten hinweggegangen, dann wird auch der Zusammenhalt der Familie geschädigt und werden Opfer im Stich gelassen. Insofern kann ich die Haltung der „Allparteilichkeit" nicht teilen und nicht mit meinen ethischen Grundsätzen vereinbaren.

Ich versuche den Widerspruch zu leben, auf der einen Seite nicht nur für Einzelne, sondern auch für eine Gruppe wie die Familie da zu sein, und auf der anderen Seite meine Parteilichkeit der Würde zu widmen und dies in meiner familientherapeutischen Praxis ihren Ausdruck finden zu lassen. Ich möchte damit nicht gesagt haben, dass mir das immer gelingt, schon gar nicht, dass das immer einfach und eindeutig zu entscheiden ist. Die schmerzlichen Auseinandersetzungen in diesen Widersprüchlichkeiten sind mir wohlbekannt, ändern aber nichts an meiner grundlegenden Haltung.

Es gibt noch andere Widersprüchlichkeiten in der Rolle als Familientherapeut oder als Familientherapeutin, doch diese beiden sind die wichtigsten, mit denen wir immer wieder konfrontiert werden. Wir müssen um sie wissen, um sie einerseits aushalten, andererseits sogar nutzen zu können.

5.4 Übertragung und Resonanz

Die im vorigen Kapitel erwähnten Widersprüchlichkeiten, die Familientherapeut/innen nicht nur bejahen, sondern im Idealfall auch in den Dienst der Therapie stellen sollten, setzen sich in dem Thema des folgenden Abschnittes fort. Dass wir Therapeut/innen Resonanzen empfinden und damit auf die Begegnung mit Familien und einzelnen Familienmitglieder reagieren, dürfte deutlich geworden sein. Unter Resonanzen verstehen wir ein erlebtes Hin- und Herschwingen zwischen zwei und mehr Menschen in zwischenleiblichen Begegnungen. Wir reagieren mit Empörung, wenn ein Mensch einen anderen verletzt. Wir haben Mitgefühl, wenn wir das Leid anderer wahrnehmen. Wir gehen innerlich und äußerlich auf Distanz, wenn uns etwas als bedrohlich und angstmachend nahekommt. Diese Resonanzen sind nicht nur emotional, sie betreffen auch unsere Erregungen oder die autonomen Körperreaktionen des vegetativen Systems, unsere Bewegungsimpulse und viele andere leibliche Reaktionen. Auch geistige Prozesse zählen dazu, Gedanken oder innere Bilder. Resonanzen sind umfassend und gehören zum Alltag vor allem intensiver Begegnungen, also zur Therapie inklusive Familientherapie.

Nun werden manchmal Resonanzen als etwas Negatives betrachtet, weil man doch zwischen dem Mitschwingen mit der anderen Person und dem „Eigenen" nicht unterscheiden könne. Meine Erfahrung ist, dass man die beiden Aspekte, was „Eigenes" ist und was aus der Begegnung mit anderen entsteht, nie vollständig trennen kann – es ist deshalb müßig, sich um vollständige Trennung zu bemühen. Wir haben *ein* Erleben, das nicht aus mehreren getrennten Schubladen besteht. In diesem Erleben spielen unsere leiblichen Erfahrungen genauso eine Rolle wie die leibliche Wahrnehmung und die Resonanz mit der aktuellen Umgebung, mit der erlebten Welt. Wenn ich im Kontakt mit einer Klientin oder einem Klienten Ärger spüre, dann kann dieser Ärger zunächst einmal daraus entstehen, dass mich ihr Verhalten ärgert und eine (Beziehungs-)Klärung ansteht, bevor Resonanz- oder Übertragungsphänomene betrachtet werden dürfen. Jedoch kann es sich auch um einen Ärger handeln, der in der Resonanz entsteht und in einem Ärger-Gefühl der Klientin sein Pendant hat. Gleichzeitig wurzelt dieses Spüren des Ärgers in meinen persönlichen Ärger-Erfahrungen. Wenn ich diese persönlichen Ärger-Erfahrungen nicht hätte und sie mir nicht erlebend zugänglich wären, könnte ich mich auch nicht in der Resonanz auf den Ärger meines Gegenübers einschwingen.

Resonanz kommt von „resonare", also „miteinander klingen" und „hin und her schwingen", und um mitschwingen zu können, ist es gut, wenn man im eigenen Erleben möglichst schwingungsfähig ist. Deswegen gehört die Fähigkeit, sich selbst möglichst vielfältig zu spüren und sich auf das gemeinsame Spüren mit anderen Menschen einzulassen, zu den Grundkompetenzen einer Therapeutin oder eines Therapeuten. UND – wieder das große UND – es ist wichtig, dass wir Familientherapeut/innen uns so gut kennen, dass wir unsere leiblichen Regungen möglichst differenziert wahrnehmen und gewichten können. Wenn ich weiß, und dazu brauche ich eigene therapeutische Erfahrungen, dass ich für Ärger besonders empfänglich bin, dann werde ich bei Impulsen des Ärgers besonders genau nachspüren, ob dies ein Resonanzphänomen ist oder nur bzw. in diesem Ausmaß meine übliche und vertraute Ärger-Reaktion. Noch einmal: Beides, das Mitschwingen mit den anderen und das Eigene, gehören immer zusammen, UND wir müssen uns darin üben, Gewichtungen zu erkennen. Dazu ist es wichtig, dass wir Therapeut/innen unsere eigenen Muster gut kennen, und dazu brauchen wir therapeutische Selbsterfahrung. Ich muss als Therapeut oder Therapeutin meine eigene Familiengeschichte durchgearbeitet haben, um zu wissen, worauf ich in den Familien, mit denen ich arbeite, besonders „anspringe" und besonders intensiv reagiere. Und ich muss immer wieder bereit sein, Überraschungen hinzunehmen: „blinde Flecken" wahrzunehmen und Fallen, in die ich tappe.

Auf dieser Grundlage ist unsere Resonanz ein sehr wichtiges Hilfsmittel, das wir in den Dienst der familientherapeutischen Arbeit stellen. Vieles „Unaussprechliche" ist nur über Resonanzen spürbar. Wir können nie sicher sein, dass das, was wir als Resonanz spüren, ein Hinweis darauf ist, was in der Familie gerade unter den Teppich gekehrt wird. Doch die Resonanz sollte für uns Anhaltspunkt sein, um danach zu fragen und so unsere eigene Resonanz in die therapeutische Begegnung einzubringen.

UND wir dürfen uns nicht ausschließlich der Resonanz hingeben. Wir brauchen, wie schon in Hinblick auf die Auto-Perspektive (vgl. Kap. 5.2) betont, die exzentrische Positionierung, den Schritt beiseite, wozu auch die Reflektion der eigenen Resonanzen im Rahmen der Begegnungen mit den Familienangehörigen gehört. Auch hier ist eine dialektische Haltung grundlegend. Darunter verstehe ich, dass wir Widersprüche sehen und leben und beiden Seiten der Widersprüche unsere Aufmerksamkeit schenken.

Ein besonders wichtiger Aspekt in der Arbeit mit den Resonanzen ist unsere Unterscheidung der Synchron-Resonanz von der Response-Resonanz.
Unter Response-Resonanz verstehen wir unsere Reaktion, unsere Antwort auf etwas, was wir erleben. Ein Beispiel:

Ich arbeite mit einer Familie, in der fast jede Kommunikation im Schweigen erstirbt. Ich reagiere auf dieses Schweigen nahezu aggressiv (worin ich mich bremse), vor allem aber mit Aktivismus. In mir drängt alles danach, dieses Schweigen zu durchbrechen, wahrscheinlich auch, weil ich aus eigener Erfahrung weiß, welches Leiden dieses zudeckende Schweigen hervorrufen kann.

Unter der Response-Resonanz liegt die Synchron-Resonanz, also das, was gemeinsam (synchron) schwingt:

Ich lasse mich nach dem Treffen mit dieser Familie noch einmal auf das Erlebte ein und setze mich damit auseinander. Ich versuche, mir die Atmosphäre in der Begegnung mit der Familie wieder gegenwärtig werden zu lassen und meine Resonanzen zu spüren. Während ich achtsam für das bin, was als Atmosphäre in der Familie vorhanden war, spüre ich plötzlich, wie ich traurig werde und tiefe Einsamkeit empfinde. Als ich beim nächsten Treffen die Familienmitglieder bitte, die Atmosphäre in der Familie zu malen, und wir darüber reden, taucht bei den meisten Familienmitgliedern Trauer gepaart mit Einsamkeit auf, während einem Familienmitglied beide Empfindungen fremd bleiben.

Wenn wir darauf achten, was synchron, also gemeinsam mit den Klienten, in uns anklingt, dann spüren wir oft verborgene Aspekte des Erlebens, vor allem Gefühle, die nicht gelebt oder nicht gezeigt werden können. Insofern ist hier Synchron-Resonanz ein besonders wichtiger Pfad, aus dem sich Hinweise für Verborgenes und Zurückgehaltenes ergeben. Sie zu spüren, bedarf für uns Familientherapeut/innen der Achtsamkeit und der Übung.

Übertragung ist eine besondere Form der Resonanz. Mit dieser Definition unterscheiden wir uns von den psychoanalytischen Übertragungsbegriffen, die im Kern darunter zumeist *alle* Resonanzen auf Klient/innen verstehen, bei aller Unterschiedlichkeit. Wir haben uns darauf festgelegt (Baer 2012), dass wir mit dem Begriff Übertragung etwas Besonders, eine besondere Situation bezeichnen, in der im therapeutischen Kontext ein „unsichtbarer Dritter" den Raum betritt und der/ die Therapeut/in die Rolle dieses unsichtbaren

Dritten übernimmt oder ihr diese von dem/ der Klient/in unbewusst zugewiesen wird. Ein Beispiel:

Ich arbeite mit einer Mutter und den beiden Söhnen im Alter von sieben und acht Jahren. Der Vater hat die Familie vor 14 Monaten verlassen. Er lässt immer wieder Treffen mit den Kindern platzen. Diese „fressen" ihren Kummer und Zorn in sich hinein, was vermutlich ein Hintergrund ihrer Schulschwierigkeiten und Krankheiten ist.

Ich spiele mit den beiden Kindern und der Mutter ein Ballspiel. Allmählich merke ich, wie mir die beiden Jungs den Ball immer aggressiver zuwerfen, ja sogar gezielt versuchen, mir weh zu tun.

Ich bin in diesem Spiel auch zum Vater geworden. Die Kinder agieren das, was sie ihrem Vater gegenüber empfinden, nun an mir aus. Eine solche Übertragung halte ich für positiv, weil das, was in den Kindern lebendig ist, aber nicht leben darf, nun lebendig werden kann. Dazu bedarf es einer spürenden zwischenleiblichen Begegnung mit mir. Dass seinen Ausdruck findet, was vorher keinen Ausdruck finden durfte, ist gut.

Die Mutter spürt und sieht die zunehmende Aggressivität und erstarrt. Sie beteiligt sich nicht mehr am Spiel. Auch für sie tritt der ehemalige Partner unsichtbar in den Raum. Die Trennung erfolgte nach mehreren äußerst aggressiven Ausbrüchen ihres ehemaligen Mannes, auf die sie mit Hilflosigkeit und Erstarrung reagiert hatte. Auch hier gibt es eine Übertragungsreaktion. Doch macht sich die Übertragung der Mutter nach meinem Eindruck nicht so sehr an mir fest, sondern an ihren Söhnen und deren aggressivem Verhalten.

Ich kann nun nicht auf beide Phänomene gleichzeitig eingehen und beschließe, mich zuerst den Kindern zu widmen. Ich sage den Jungs: „Na, ihr gebt's mir aber! Aber ich hau nicht ab, ich bleib da. Passt mal auf, was von mir zurückkommt!" Ich werfe den Ball etwas stärker zurück, so dass eine kleine Schlacht entsteht. Dabei passe ich natürlich auf, dass die Kinder sich nicht weh tun, und schütze mich selbst. Die Jungs können sich nun mit mir kämpfend auseinandersetzen – stellvertretend für den Vater, den sie, anders als mich, als beängstigend aggressiv erlebt haben. Entscheidend ist, dass ich mich nicht einfach in die Büsche schlage wie ihr Vater, dass ich da bin, mich stelle und auch den aggressiven Elementen im Kontakt der Kinder zu mir nicht ausweiche. Ich weiß, dass solche Aggressionen vor allem dann wach-

sen und gar ins Unermessliche wachsen können, wenn das Objekt des Zorns sich dem entzieht und die aggressiven Impulse ins Leere gehen. Dadurch, dass ich mit den Kindern über das Ballspiel kämpfe, löst sich die zeitweilig entstandene Spannung und die Kinder werden gelöster. Beim Jüngeren treten Tränen in die Augen und gleichzeitig lacht er. Der Ältere ist etwas verbissener und braucht längere Zeit, bis aus dem verbissenen Kämpfen ein lustvolles entstehen kann. (Solche Interaktionen mit den Kindern wiederholen sich in den Folgetreffen mehrmals. Mit einem Mal ist es nicht getan.)

Nun widme ich mich der Mutter und ihrer Hilflosigkeit und Starre ...

In diesem Beispiel wird deutlich, wie wir leiborientierten Familientherapeut/innen mit Übertragungen arbeiten. Das erste wichtige Element ist, dass wir sensibel für Übertragungsangebote sind, dass wir sie erkennen und ernst nehmen und wissen, wie wir sie therapeutisch nutzen können. Ich gehe bewusst in die Übertragungsrolle, wie im Spiel mit den Kindern, UND ich agiere aus ihr heraus, so dass sie sich verändern kann. Entscheidend ist, die Menschen, die auf mich übertragen, nicht allein zu lassen und nicht ins Leere gehen zu lassen. Das äußere ich manchmal und dementsprechend handele ich immer. Und dadurch verändert sich etwas. Ich gehe immer davon aus, dass ich „auf doppelter Spur" fahre, hier in diesem Beispiel für die Kinder einerseits der übertragene Vater bin und gleichzeitig der Therapeut Udo Baer. Ich bin immer beides. Es kann Situationen geben, wo ich gezielt auch in Worten ausdrücke, dass ich jetzt einmal die Rolle z. B. des abwesenden Vaters oder einer anderen Person spiele, die als Übertragungsfigur gerade im Raum steht, und ich wechsle dann zwischen den beiden Rollen, den beiden Räumen, dem des Therapeuten und dem der Übertragungsfigur, hin und her. Doch hier ist dies nicht notwendig, hier spiele ich beide Elemente im gleichen Spiel mit den Kindern, so dass sich Veränderungsmöglichkeiten im Prozess der Begegnung entwickeln können.

Für Situationen, in denen ich bewusst in eine Übertragungsrolle hineingehe und dies auch mitteile, ein Beispiel:

Ich arbeite mit einer 17-jährigen jungen Frau, die ihre Oma sehr vermisst. Die Oma ist plötzlich gestorben, als die Frau im Ausland war, sie konnte sich nicht verabschieden. Ich bitte die junge Frau, für die Oma einen Gegenstand, ein Musikinstrument oder etwas anderes zu nehmen und ihr damit einen Platz im Raum zu geben. Sie wählt eine Kalimba, ein Saiteninstrument, und legt dies auf einen gepolsterten Stuhl. Sie sagt: „Ja, auf so einem Polsterstuhl saß die Oma auch immer."

Dann bitte ich die junge Frau, für sich ein Instrument auszuwählen und auch einen Platz im Raum. Sie wählt das große Monochord und stellt sich einige Meter von der Oma entfernt hin.

Ich hatte eigentlich vorgehabt, sie zu bitten, der Oma etwas zu sagen oder musikalisch zu spielen, um sich so von ihr verabschieden zu können. Doch die junge Frau erstarrt, alle Regungen scheinen blockiert, der Atem ist flach und der Blick wird starr. Ich gehe deshalb in die Rolle der Oma hinein. Ich weiß, dass die Oma für die junge Frau sehr wichtig war als eine Person, die hilft und zu der sie immer kommen konnte, wenn sie in Not war. Ähnliches verspricht sie sich von mir, insofern bin ich auch, zumindest ein wenig, in der Übertragungsrolle der Oma. Ich beschließe nun, bewusst in diese Rolle hineinzugehen und sage: „Wenn Sie einverstanden sind, gehe ich zu dem Stuhl, der die Oma repräsentiert, und schicke Ihnen den einen oder anderen Klang von dem Musikinstrument, das Sie für die Oma ausgewählt haben."

Die junge Frau nickt heftig.

Ich gehe zu dem Stuhl, nehme die Kalimba und schicke ihr einige weiche Klänge, die Klänge, die sich aus mir heraus an diesem Ort, mit diesem Instrument, im Gegenüber zu der jungen Frau und im Einschwingen und Mitschwingen ergeben. Nun beginnt sie zu weinen, herzhaft und herzzerreißend zu weinen, und sagt schließlich: „Ich vermisse dich so! Ich vermisse dich so! Ich vermisse dich so! ..."

Ich sage: „Was hätten Sie denn der Oma noch gerne gesagt, bevor sie gestorben ist? Ich bin nicht die Oma, aber ich sitze an dieser Stelle und höre Sie stellvertretend für die Oma. Vielleicht möchten Sie ihr etwas sagen oder einen Klang schicken."

Die junge Frau beginnt auf dem Monochord zu spielen, weiche Klänge, erst leise, dann immer lauter werdend. Dann endet ihre Musik und sie blickt mich an und sagt: „Ich hätte mich so gerne von dir verabschiedet ... Ich hätte dir so gern gesagt, dass ich dich liebe und wie wichtig du für mich bist."

Nach einer längeren Pause, in der ich meinen Empfindungen nachspüre, sage ich ihr: „Ihre Worte sind angekommen. Ich bin sicher, Ihre Oma hat das gehört." *Und ich schicke ihr ergänzend zu diesen Worten noch einige Klänge auf der Kalimba.*

Sie hört aufmerksam zu und bewegt sich leicht zu den Klängen. Dann nickt sie.

Ich sage schließlich: „Ich verlasse jetzt den Platz und gehe wieder an meinen alten Platz, ich bin wieder nur noch Udo Baer. Wenn auch Sie sich von diesem Platz lösen und von Ihrer Oma verabschieden können, kehren Sie bitte an Ihren alten Platz zurück."

Wir unterhalten uns über das Erlebte. Die junge Frau ist gelöst. Sie konnte sich verabschieden.

Hier wechsle ich bewusst zwischen beiden Rollen hin und her. Ich bin in beiden Rollen selbstverständlich immer auch der Therapeut und bin in beiden Rollen auch Übertragungsobjekt, die Oma. Doch ich gebe jeder dieser Rollen einen eigenen Platz und kann so aus der Übertragungsrolle mit der jungen Frau interagieren und sie darin unterstützen, die festgehaltene Trauer zu lösen und sich von der Oma zu verabschieden.

Übertragungsarbeiten, welcher Art auch immer, sind in der Familientherapie häufig. Es gibt allerdings auch Situationen in Familien, wo so viele Übertragungen gleichzeitig vorhanden sind, dass mich das überfordert und ich einen Schritt beiseite oder zurücktreten muss. Doch zumeist ist das Auftreten und Nutzen von Übertragungen eine wertvolle Möglichkeit, heilende und unterstützende Prozesse in Gang zu bringen.

Gegen Übertragungen wehre ich mich explizit nur dann, wenn sie mit einem bedrohlichen Verhalten verbunden sind, das mich oder Familienangehörige des Betreffenden verletzen könnte. Dabei werde ich sehr klar und betone zum Beispiel: „Ich bin Udo Baer und nicht ihr prügelnder Vater. Also werden Sie nicht gewalttätig! Sie brauchen sich gegen mich nicht auf diese Art zu wehren! Stopp!" Hier braucht es manchmal einen Break, damit nicht potenziell bedrohliche Situationen eskalieren. Danach kann dann an dem Thema weitergearbeitet werden. Ich wehre mich auch dagegen, „eins zu eins" in die Rolle eines Gewalttäters und Peinigers zu gehen. Das kann und will ich mir nicht antun. Hier ist es notwendig, den Klient/innen dies zu erklären und sie nicht ins Leere gehen zu lassen. Ich schlage dann andere Formen der Arbeit vor, wozu es gerade im kreativtherapeutischen Feld eine Fülle von Möglichkeiten gibt.

Ich möchte an dieser Stelle noch einmal an den Lehrbuch-Charakter dieses Buches erinnern und zugleich an seine Grenzen. Ich versuche hier, Begrifflichkeiten leiborientierter Familientherapie knapp vorzustellen, damit sie verstehbar werden. Den therapeutischen Umgang mit Übertragungen kann man nicht aus Büchern lernen, dazu bedarf es therapeutischer Ausbildungen und Supervision.

5.5 Experimentelle Haltung und Klient/innen-Kompetenz

Familientherapie ist nicht planbar, ist keine Technik, mit der bestimmte Ziele erreicht werden können. Sie ist ein offener Prozess und am ehesten mit einem Spiel oder einem Experiment zu vergleichen.

Bei allem Leiden und bei aller Ernsthaftigkeit hat jede Familientherapie etwas Spielerisches. Es ist ein offenes Spiel mit Regeln, die sich ständig verändern und die nicht alle Beteiligten kennen. Wenn Kinder im Sandkasten spielen, wird dieses oder jenes versucht, wird Neues gestaltet und Altes wieder eingerissen, manches gewollt, manches ungewollt und überraschend. Ein Prozess ständiger Veränderung für jeden Einzelnen und für alle, die miteinander spielen. Ich bemühe mich, mit einer solchen spielerischen Haltung in der Therapie tätig zu sein. Noch einmal: Spiel ist nichts Oberflächliches oder beinhaltet keine Abschwächung der Absicht, sich ernsthaft um Verringerung des Leidens zu kümmern. Wer Kinder beim Spiel beobachtet, weiß, wie ernst ihnen ihr Spielen ist.

Eine spielerische Haltung bedeutet, nicht mit der Illusion in die Familientherapie zu gehen, das Geschehen in irgendeiner Weise kontrollieren oder planen zu können. Ich habe Absichten, wenn ich etwas vorschlage, aber ich weiß nicht, was die Klient/innen aus meinem Vorschlag machen. Jeder Vorschlag, jede Intervention, jede Aktion ist ein Experiment mit ungewissem Ausgang.

Ungewiss ist der Ausgang, weil es sich in der Therapie um das Erleben der Menschen handelt. Das Erleben ist subjektiv, die Leiblichkeit eines jeden Menschen ist individuell und einzigartig. Als selbst erlebender Mensch kann ich durch zwischenleibliche Begegnungen, wie sie in der Therapie erfolgen, Teile des Erlebens der Klient/innen spüren – aber immer nur Teile. Und jede Klientin, jeder Klient kann nur selbst sein Erleben spüren, auf jeweils individuell unterschiedliche Weise. Wenn ich zum Beispiel die Methoden, die in diesem Buch vorgestellt werden, anwende, bin ich immer auf Überraschungen gefasst. Ich weiß nie, wie die Familienmitglieder und die Familie als Ganzes darauf reagieren, das wissen nur sie selbst, und das ist gut so.

Wir nennen diese Haltung „Klient/innen-Kompetenz". Nur die Klient/innen sind Expert/innen für ihr Leiden, für ihre Möglichkeiten, Leiden zu verändern. Nur die Klient/innen sind kompetent darin, Wege zu einem guten Leben, einschließlich zu einem guten Familienleben zu finden. Nur die Klient/innen sind in der Lage zu entscheiden, wie sie leben wollen.

Dies ist die Grundhaltung leiborientierter Familientherapie, die das Erleben und die Individualität eines jeden Menschen und damit auch die Besonderheiten einer jeden Familien würdigt. Diese Haltung stärkt die Klient/innen, aber sie schwächt nicht die Bedeutung der Therapeut/innen. Wir sind als Familientherapeut/innen wichtig, wir bringen unsere Erfahrungen ein. Unsere Vorschläge führen durchaus auch zu Konflikten und Meinungsverschiedenheiten und lassen uns zum Gegenüber werden. Wir unterstützen mit all dem, was wir gelernt haben, mit all unserem Wissen und all unserem Einfühlungsvermögen. Diese Begleitung ist wichtig, wenn Familien und ihre Mitglieder ihre Probleme selbst nicht lösen können und im Leiden stecken bleiben. Doch die Veränderungskompetenz haben letztendlich die Familienmitglieder. Wir sind Geburtshelfer der Veränderung.

5.6 Aufträge

Wir begegnen in der Familientherapie unterschiedlichen Qualitäten von Aufträgen und müssen uns darüber klar sein, worin sie bestehen und wie wir mit ihnen umgehen.

Eine Art von Aufträgen besteht in dem, womit uns die Klient/innen beauftragen, bevor oder sobald eine therapeutische Zusammenarbeit beginnt. In einem Vorgespräch kläre ich die Wünsche und Erwartungen eines jeden. Wenn ich mit Einzelklient/innen an Familienthemen arbeite, ist es relativ einfach und klar. Komplexer wird es, wenn ich mit einer ganzen Familie oder Teilen von ihr tätig werden möchte. Hier ist es unbedingt notwendig, jedes einzelne Familienmitglied danach zu fragen, was es sich wünscht und von der Therapie erwartet. Dabei zeigen sich manchmal Unterschiede unter den Familienmitgliedern, die erste Hinweise der Diagnostik im beschriebenen Sinne von „Einsicht" geben können.

Oft haben die Mitglieder einer Familie Schwierigkeiten, ihre Wünsche und Erwartungen konkret zu formulieren. Daher frage ich konkretisierend nach, doch auch dann kommen häufig nur unklare Antworten. Das ist in dieser Vorphase einer therapeutischen Arbeit durchaus normal. Viele wollen, dass sich etwas ändert, und vor allem, dass sich eine unaushaltbare Situation zum Besseren wendet – sie haben aber keine Vorstellung, worin das Bessere bestehen kann. Um möglichst klare Vereinbarungen treffen zu können, sind mir zwei Hinweise und Erfahrungen wichtig. Der eine besteht darin, dass häufig ein Familienmitglied das „Sorgenkind" ist, wegen dem sich die Familie in Therapie begibt. Wünsche und Erwartungen fokussieren sich deswegen darauf, dass sich dieses betreffende Familienmitglied ändert. Dann ist es notwendig, jedes Familienmitglied darauf hinzuweisen, dass durch eine familientherapeutische Arbeit für *jede* Person Veränderungen eintreten. Und ich frage deshalb jedes einzelne Familienmitglied, was es sich wünscht oder welche Veränderungen es erwartet.

Ich frage ferner: „Woran würden Sie merken, wenn es in der Familie und für Sie selbst besser wird?" Hier kommen manchmal konkrete Antworten, die für die Beteiligten selbst überraschend sind. Ein Kind sagt z. B.: „Dass ich wieder mehr Zeit zum Spielen haben." Eine Mutter: „Dass ich mal endlich wieder nachts durchschlafen kann." Ein Vater: „Dass ich mich mal wieder freue, nach Hause zu kommen, und nicht davor Angst habe, was mich erwartet."

Wenn in einem solchen Anfangsprozess Wünsche und Erwartungen deutlich werden, dann ist dies eine wichtige Äußerung von Wünschen, an denen sich die Therapeut/innen orientieren können, und nicht im direkten Sinn ein Auftrag, wie: „Machen Sie unseren Sohn gesund." Oder: „Sorgen Sie dafür, dass mein Mann mich wieder liebt." Werden solche „Reparatur-Aufträge" formuliert – offen oder versteckt – dann weise ich darauf hin, dass ein Therapeut nicht mit einer Autowerkstatt zu verwechseln ist und dass eine Therapie ein Prozess ist, in dem ich die Familienmitglieder in ihrer Suche nach Veränderung und Verbesserung unterstütze, aber nicht Reparaturen vornehmen kann. Ich erkläre die Grundhaltung der Klient/innen-Kompetenz, wie ich sie in Kapitel 5.5 beschrieben habe. Und ich mache deutlich, dass ich die

Wünsche der Familienmitglieder ernst nehme und mir sehr daran gelegen ist, Wege zu finden, ihre Wünsche wahr werden zu lassen. Diese Haltung ist wichtig, um nicht falsche Erwartungen zu wecken und selbst unter Druck zu geraten. Ich betone auch gegenüber allen Beteiligten, dass ihre Wünsche und Erwartungen sich in den nächsten Treffen noch verändern können und dass all dies ganz normal ist und zum therapeutischen Prozess gehört.

Eine weitere Qualität von Aufträgen klang eben schon an. Es handelt sich um verdeckte Aufträge, die zumeist im Zuge des therapeutischen Prozesses deutlich werden. Ein verdeckter Auftrag kann sein: „Sorgen Sie dafür, dass unsere Familie zusammenbleibt." Oder: „Wir möchten, dass Sie dafür sorgen, dass alle Konflikte weiter unter den Teppich gekehrt bleiben, wir aber trotzdem glücklich sind." Ein weiterer kann darin bestehen, dass alle Familienmitglieder erwarten, dass der Therapeut oder die Therapeutin an jeweils ihrer Seite steht und ihr Verhalten und ihre Sicht der Dinge als die Richtigen erklärt. Die größte Herausforderung bei solchen Aufträgen besteht darin, sie überhaupt wahrzunehmen. Selten werden sie offen ausgesprochen, meistens jedoch spürbar in meiner Resonanz als Familientherapeut. Ein Anzeichen für solche Aufträge besteht für mich oft darin, dass ich mich unter Druck fühle. Ist dies der Fall und ist der Druck für mich nicht zu erklären, dann suche ich nach verdeckten Aufträgen, die mir möglicherweise bewusst oder unbewusst gestellt werden. Habe ich solche Aufträge erkannt, kann ich mich von ihnen frei machen. Manchmal spreche ich sie an, zumeist reicht es aber, sie innerlich abzulehnen, wenn für ein Ansprechen noch kein Boden vorhanden ist.

Manchmal bestehen Aufträge in Doppelaufträgen. Wenn z. B. eine Familie im Auftrag einer Behörde eine therapeutische Begleitung beginnt, dann gibt es zwei Erwartungen: die der Familie und die der Behörde. Eine Behörde wie z. B. das Jugendamt kann den Auftrag erteilen, dass die Therapie dazu führen soll, dass die Familie zusammenbleibt (oder überprüft wird, ob z. B. ein Kind bei der Mutter bleiben kann oder nicht). Dies kann sich mit den Wünschen und Erwartungen der Familie decken, muss es aber nicht. Nach meinen Erfahrungen ist es äußerst wichtig, solche Doppelaufträge sehr klar wahrzunehmen und sich eindeutig ihnen gegenüber zu verhalten. Für mich haben immer die Wünsche und Erwartungen der Familienmitglieder, mit denen ich arbeite, Vorrang vor denen anderer Auftraggeber. Sind beide unvereinbar, kann ich nicht familien*therapeutisch* arbeiten. Familientherapie bedeutet, sich auf die Klientinnen und Klienten, also die Familie einzulassen und deren Bedurfnisse zu würdigen. Steht dies im Konflikt zu anderen Auftraggebern, kann und will ich nicht therapeutisch arbeiten. Insofern ist es wichtig, zwischen Familientherapie und anderen, z. B. sozialpädagogischen Hilfen für Familien zu unterscheiden.

6 Und was brauchen die Familientherapeut/innen?

Die Frage, was Familientherapeut/innen brauchen, ist nach meinen Erfahrungen relativ einfach zu beantworten (schwieriger ist es, dies jeweils zu realisieren!):

Erstens brauchen Familientherapeut/innen eine gute Ausbildung. Wenn sie nach den in diesem Buch beschriebenen Orientierungen arbeiten wollen, brauchen sie eine entsprechende Aus- oder Fortbildung in leiborientierter Familientherapie, die sowohl Wissen vermitteln als auch Selbsterfahrung und begleitetes praktisches Üben umfassen muss.

Zweitens müssen Familientherapeut/innen sich mit ihrer Familie auseinander gesetzt haben und weiter auseinandersetzen. Dies dient dazu, am Beispiel der eigenen Familiengeschichte zu lernen, und gleichzeitig ist es wichtig, die eigenen Familienmuster und -strukturen zu kennen, wie sie sich im eigenen Leib eingehaust haben, um daraus entstandene Impulse nicht den Klienten-Familien zu unterstellen oder diese auf sie zu übertragen.

Drittens brauchen Familientherapeut/innen kontinuierliche Supervision. Familientherapeutisch zu arbeiten ist eine große Herausforderung, weil wir immer wieder in die unterschiedlichen Erwartungen und Begegnungsmuster der Familienmitglieder einbezogen, ja, manchmal verstrickt werden. Das ist unvermeidbar, denn Familientherapie ist Begegnungstherapie. Wir Familientherapeut/innen brauchen Unterstützung, um immer wieder einen Schritt beiseite zu machen, die Prozesse zu betrachten und zu klären, was wir tun und wo wir unsicher sind oder es gar mit blinden und dunklen Flecken zu tun haben. Das leistet eine Supervision, die um diese Zusammenhänge weiß und sie thematisiert.

Viertens brauchen wir meiner Meinung nach eine Leidenschaft für unsere Arbeit: sowohl Mitgefühl mit dem Leiden und den Leidenden als auch Begeisterung für den Mut, die Kompetenz und die Kreativität von Menschen, zu überleben und sich um ein besseres Leben für sich und ihre Angehörigen einzusetzen. Wenn Familientherapeut/innen diese Seite ihrer Arbeit im Blick haben, dann freuen sie sich an den kleinen und großen Veränderungen und würdigen nicht nur ihre Klient/innen, sondern auch sich selbst.

Und fünftens brauchen wir Familientherapeut/innen einen Ausgleich, ein möglichst gutes Leben neben der Therapie. Die Beschäftigung mit Leiden und Problemen kann eine Sogwirkung entwickeln, gerade wenn Familientherapeut/innen sich engagiert um die Menschen bemühen, mit denen sie arbeiten. Dieses Engagement ist gut und fruchtbar, denn mit bloßer Distanz oder gar Zynismus ist leidenden Familien nicht geholfen – aber auch nicht mit dem Verbot (oder der Vernachlässigung!) von Genuss und privatem Wohlergehen auf Seiten der Familientherapeut/innen. Um der Sogwirkung entgegenzuwirken, brauchen Familientherapeut/innen ein Leben neben der Therapie, die Selbsterlaubnis, ein gutes Leben zu führen – was immer das für die oder den Einzelnen bedeuten mag.

7 Ein paar Worte zum Ausklang

Ich knüpfe mit meinen Schlussbemerkungen an den Einstieg in dieses Buch an, an meine einleitende Vorstellung humanistischer, leiborientierter und kreativer Familientherapie. Um einen Ausklang und Ausblick zu formulieren, sei ein kurzer und knapper Blick zurück in die Geschichte und die Quellen der Familientherapie geworfen.

Seit es Therapie gibt, sind Familienthemen Inhalt derselben. Explizit mit Familien wird erst seit den 1960er, v.a. seit den 1970er Jahren gearbeitet.

Wesentliche Quelle dieser Entwicklung ist die psychoanalytische Familientherapie; sie ist immer noch eine Strömung der heutigen Familientherapie. Horst-Eberhard Richter, Helm Stierlin und Jürg Willi sind die im deutschsprachigen Raum bekanntesten Vertreter. Psychoanalytische Familientherapie versteht innerfamiliäre Konflikte und psychische Erkrankungen als Resultat innerpsychischen Abwehrverhaltens. Das Aufdecken solcher innerpsychischer Strukturen ist wesentlicher Bestandteil psychoanalytischer Familientherapie (Reich/Massing/Cierpka 2007).

Aus der Psychoanalyse entwickelte sich die humanistische Therapie und humanistische Familientherapie, die v. a. von Virginia Satir begründet wurde. Die Kerninhalte humanistischer Therapie – Erleben im Hier und Jetzt, ganzheitliches Menschenbild, Veränderung durch experimentelle neue Erfahrungen – wurde auch der humanistisch orientierten Familientherapie zugrunde gelegt. Schulenübergreifend genutzte familientherapeutische Methoden wie die der Familienskulptur wurden hier entwickelt. Auch zahlreiche andere Methoden wie die Arbeit mit Metaphern, paradoxen Verschreibungen, zirkulären Fragen oder Familienritualen, die heute eher der Systemischen Therapie zugeschrieben werden, entstanden in der humanistischen Familientherapie. Die leiborientierte Familientherapie, wie ich sie in diesem Buch vorstelle, knüpft an der Tradition humanistischer Familientherapie an und fußt darüber hinaus auf der Kreativen Leibtherapie (Baer 2012).

1979 beschrieb Helm Stierlin, der damals v. a. als Psychoanalytiker tätig war und später als Systemischer Familientherapeut in Forschung und Praxis wirkte, als drei Grundprinzipien der Familientherapie das Erkennen familiärer Strukturen, die Arbeit in der Mehrgenerationenperspektive sowie den Bezug auf eine der Quellen der Probleme von Menschen: die Familien. Aus diesen familientherapeutischen Grundüberzeugungen, die in den 1970er Jahren sicherlich fast alle Familientherapeut/innen teilten, entwickelte sich die Systemische Therapie weiter und heraus. Sie versteht sich in weiten Teilen nicht mehr als Familientherapie, sondern sieht diese als Vorläuferin an (siehe Kap. 1.1) und sich selbst als anwendbar in vielen Bereichen und Tätigkeiten. Die Systemische Therapie prägt und beherrscht seit einigen Jahren die Familientherapie. Ihre unterschiedlichen Strömungen sind in den Veröffentlichungen sichtbar: Einerseits finden sich dort zumeist dogmatische Positionen wieder, die vor allem die klassischen Theorie-Grundlagen als Praxis-Orientierung vertreten (z. B. v. Ameln, Ludewig); daneben existiert andererseits eine Strömung, die offen ist für erlebnisorientierte Methoden und Haltungen und diese integriert (z. B. Bleckwedel) und die ich als pragmatische Strömung bezeichnen möchte. Und es gibt Veröffentlichungen, die sich zwischen diesen Positionen bewegen (v. a. die Lehrbücher von Schweitzer und v. Schlippe). Vor allem aber gibt es große Unterschiede der Anwendung systemisch-familientherapeutischer Grundüberzeugungen bei den praktisch tätigen Therapeut/innen. Das weiß ich aus meiner supervisorischen Tätigkeit und aus Schilderungen kollegialer Zusammenarbeit. Manche arbeiten nach der „reinen Lehre", andere gehen pragmatisch vor und sind offen für das, was die jeweilige Situation mit den Klient/innen erfordert.

Ich wünsche mir, dass das Pendel in der Familientherapie von der Betonung (und oft Einengung) auf das Systemische zurückschlägt auf das Wechselverhältnis zwischen Person und System und darin eine Balance findet. Dabei besteht die Herausforderung darin, dass die wertvollen Elemente der Systemischen Familientherapie nicht verloren gehen, sondern erhalten bleiben und integriert werden.

Ich wünsche mir, dass die vielen Möglichkeiten, die sich aus den theoretischen Modellen und den praktischen Methoden Kreativer Leibtherapie ergeben, in die familientherapeutische Arbeit aufgenommen werden, so wie ich es in diesem Buch versucht habe.

Ich wünsche mir, dass der Reichtum kreativer Therapien konstituierender Bestandteil der Familientherapie wird. Wenn Worte allein nicht reichen, dann helfen Bilder und Klänge, Bewegungen und Gesten – bei Familien wie bei Einzelnen und bei deren Wechselbeziehungen.

Das sind Perspektiven der Familientherapie, wie ich sie mir wünsche. Wie ein bekannter Fußballer, Trainer, Kaiser und Familiengründer gesagt hat: Schaun wir mal.

Arbeitsblätter

Arbeitsblatt 1: Familienkreis (Kap. 3.8)

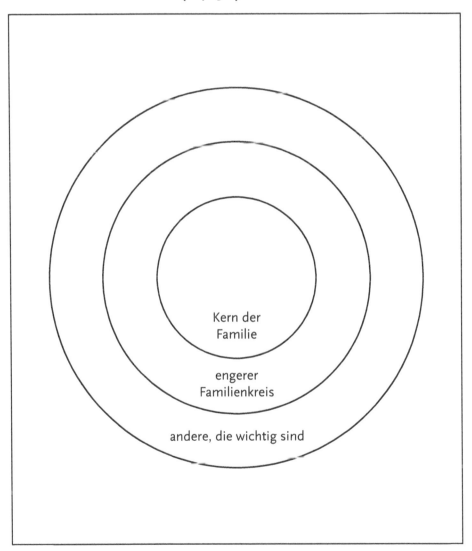

Arbeitsblatt 2: Beziehungsfallen (Kap. 3.8)

Macht	
Verachtung	
Leere	
Tabu	

Arbeitsblatt 3: Skala „Zugehörigkeit" (Kap. 3.15)

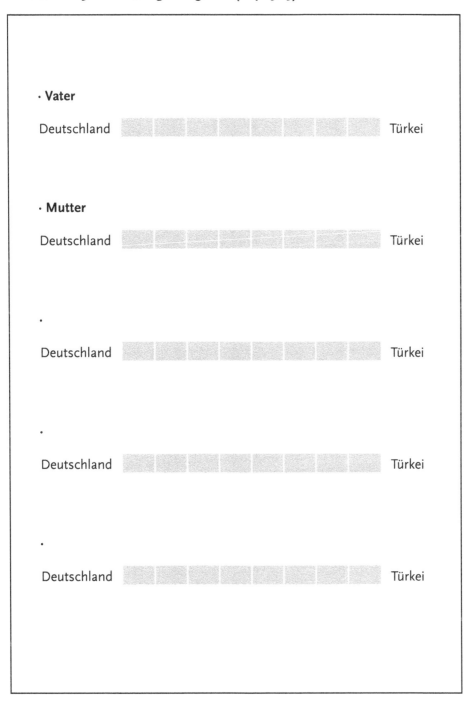

Arbeitsblätter

Arbeitsblatt 4 (Kap. 5.1)

Einschätzungen, Informationen   Resonanzen, Anklänge

Wofür übernimmt die Familie gemeinsam Verantwortung? Was ist, wenn ein Familienmitglied krank ist?	
Wofür setzt sich die Familie oder setzen sich die Familienmitglieder ein? Was wollen sie erreichen?	
Wie sind die Begegnungen zwischen den Familienmitgliedern? Wie sind Tonfall, Blickkontakt, Berührungen usw.? Werden Gefühle mitgeteilt?	

Einschätzungen, Informationen	Resonanzen, Anklänge
Ist die Familie eher eng zusammen oder wird sie eher als locker oder verstreut erlebt? Ist das starr oder wechselt das?	
Welche Beziehungen zwischen zwei Familienmitgliedern werden als besonders wichtig erlebt? Um wen „dreht" es sich oft?	

Arbeitsblatt 5 (Kap. 5.1)

Kommunikation:

Einschätzungen, Informationen	Resonanzen, Anklänge
Welche offiziellen und welche inoffiziellen Kommunikationswege gibt es? Wie verläuft die nonverbale Kommunikation? Was sind Kommunikationsmagnete? Was sind Kommunikationstabus?	

Atmosphäre:

Einschätzungen, Informationen	Resonanzen, Anklänge
Wie wird die Atmosphäre von den Familienangehörigen selbst bezeichnet? Wie wird sie von der Therapeut/in erlebt? Wenn die Atmosphäre eine Farbe, ein Wetter, ein Klang wäre, dann ...	

Leibsubstrate:

Einschätzungen, Informationen   Resonanzen, Anklänge

Was ist der unbewusste Boden, auf dem sich die Familie bewegt? Wenn die Familie eine Person wäre, wäre sie ...	

Macht:

Einschätzungen, Informationen   Resonanzen, Anklänge

Wer übt Macht aus? Wie? Wissen die Beteiligten um die Machtausübung? Wie wird sie erlebt? Welche Möglichkeiten der Gegenmacht gibt es? Wie werden Macht-Schatten erlebt?	

Familien-Gedächtnis:

Einschätzungen, Informationen   Resonanzen, Anklänge

Was lebt in der Familie nach? Gibt es Hinweise auf Traumata? Wenn ja, welche?	

Außen-Bezug:

Einschätzungen, Informationen   Resonanzen, Anklänge

Hat die Familie gemeinsame Aufgaben? Gibt es Aufträge? Wie werden sie erlebt, welche Auswirkungen gibt es auf das Binnen-Leben und -Erleben in der Familie? Werden Aufgaben, Aufträge u.ä. als sinnvoll erlebt?	

Kohäsion:

Einschätzungen, Informationen   Resonanzen, Anklänge

Wie stark ist die „Zusammenhangs-kraft"? Was treibt auseinander? Was hält zusammen?	

Konkurrenz:

Einschätzungen, Informationen   Resonanzen, Anklänge

Darf Konkurrenz sein? Wie wird konkurriert? Um was?	

Arbeitsblatt 6 (Kap. 5.1)

Gestörte Familie

Bindungsphänomene	Störungsphänomene

Zerbrechende Familie

Vorhandene und potenzielle Bindungsfaktoren	Bruchstellen

Zerbrochene Familie

Giftige Restverbindungen	Zukunftsweisendes

Methoden leiborientierter Familientherapie

Verzeichnis der im Buch erwähnten Methoden in der Reihenfolge des „Auftritts"

- *Familienskulpturen (Kap. 1.1)*
- *Familien-Personalisieren (Kap. 2.3, 3.2)*
- *Balance zwischen Einzelnen und Familie (Kap. 3.1)*
- *Familien-Ring (Kap. 3.1)*
- *Wetterkarte und Wettervorhersage (Kap. 3.2)*
- *Joker-Bild (Kap. 3.3)*
- *Ubat (Tabu) (Kap. 3.3)*
- *Leitsätze – Gegen-Sätze (Kap. 3.6)*
- *Beziehungsverraumen (Kap. 3.8)*
- *Familienkreis (Kap. 3.8)*
- *Beziehungskiller (Kap. 3.8)*
- *Kind-Kindheits-Triptychon (Kap. 3.9)*
- *Platte der sieben Kostbarkeiten (Kap. 3.11)*
- *Ordensverleihung (Kap. 3.11)*
- *Gesellschaftsspiel „Ich schätze an dir ..." (Kap. 3.11)*
- *Kommunikationsexperiment der drei Regeln (Kap. 3.12)*
- *Kommunikationsexperiment: Ich wünsche ... (Kap. 3.12)*
- *Musikalische, gestalterische Dialoge (Kap. 3.12)*
- *Kommunikationsmagnete und -tabus (Kap. 3.12)*
- *Triptychon „zu viel – zu wenig" (Kap. 3.13)*
- *Macht-Duplos (Kap. 3.14)*
- *Interkulturelles Diagramm (Kap. 3.15)*
- *Differenzierung beim Trauern (Kap. 3.17)*
- *Verbindungsbrücken (Kap. 4.3)*
- *Rote Karte – weiße Karte (Kap. 4.4)*
- *Befinden der Familie als Person (Kap. 4.5)*
- *Bild des ungelebten Lebens (Kap. 4.8)*
- *Fantasiereise zum Ungelebten (Kap. 4.8)*

Literaturverzeichnis

Alt, C. (Hrsg.) (2005): Kinderleben – Aufwachsen zwischen Familie, Freunden und Institutionen. Band 2. Wiesbaden
Ameln, F. von (2004): Konstruktivismus. Die Grundlagen systemischer Therapie, Beratung und Bildungsarbeit. Tübingen und Basel
Arnold, S.; Engelbrecht-Philipp, G.; Jorschky, P. (1988): Die Skulpturverfahren. In: Cierpka, M. (Hrsg.) (2008): Familiendiagnostik, 190-212

Baer, U. (2008): Gefühlssterne, Angstfresser, Verwandlungsbilder ... Kunst- und gestaltungstherapeutische Methoden und Modelle. Erstauflage 1999. Erweiterte Neuausgabe. Neuk.-Vl.
Baer, U. (2012): Kreative Leibtherapie. Das Lehrbuch. Neuk.-Vl.
Baer, U.; Frick-Baer, G. (2008): Leibbewegungen, Herzkreise und der Tanz der Würde. Methoden und Modelle der Tanz- und Bewegungstherapie. 2. Aufl. Neuk.-Vl.
Baer, U.; Frick-Baer, G. (2008a): Das ABC der Gefühle. Band 1 „Bibliothek der Gefühle". Weinheim
Baer, U.; Frick-Baer, G. (2008b): Wie Kinder fühlen. Band 2 „Bibliothek der Gefühle". Weinheim
Baer, U.; Frick-Baer, G. (2008c): Vom Sich-fremd-Sein zum In-sich-Wohnen. Band 3 „Bibliothek der Gefühle". Weinheim
Baer, U.; Frick-Baer, G. (2008d): Vom Schämen und Beschämtwerden. Band 4 „Bibliothek der Gefühle". Weinheim
Baer, U.; Frick-Baer, G. (2008e): Vom Trauern und Loslassen. Band 5 „Bibliothek der Gefühle". Weinheim
Baer, U.; Frick-Baer, G. (2009a): Der kleine Ärger und die große Wut. Band 6 „Bibliothek der Gefühle". Weinheim
Baer, U.; Frick-Baer, G. (2009b): Würde und Eigensinn. Band 7 „Bibliothek der Gefühle". Weinheim
Baer, U.; Frick-Baer, G. (2009c): Vom Sehnen und Wünschen. Band 8 „Bibliothek der Gefühle". Weinheim

Baer, U.; Frick-Baer, G. (2009d): Gefühlslandschaft Angst. Band 9 „Bibliothek der Gefühle". Weinheim

Baer, U.; Frick-Baer, G. (2009e): Klingen, um in sich zu wohnen. Methoden und Modelle leiborientierter Musiktherapie. 2. Aufl.: 2 Bände. Neuk.-Vl.

Baer, U.; Frick-Baer, G. (2010a): Wege finden aus der Einsamkeit. Band 10: "Bibliothek der Gefühle". Weinheim

Baer, U.; Frick-Baer, G. (2010b): Wie Traumata in die nächste Generation wirken. Untersuchungen, Erfahrungen, therapeutische Hilfen. Neuk.-Vl.

Baer, U.; Frick-Baer, G. (2011): Schuldgefühle und innerer Frieden. Weinheim

Baer, U.; Frick-Baer, G. (2012): Das Wunder der Geborgenheit. Weinheim

Bar-On, D. (1993): Die Last des Schweigens. Frankfurt a. M.

Bar-On, D. (1997): Hoffnung bis zu den Enkeln des Holocaust. Furcht und Hoffnung. Von den Überlebenden bis zu den Enkeln. Drei Generationen des Holocaust. Frankfurt a. M.

Bertalanffy, L. von (1972): Zu einer allgemeinen Systemlehre. In: Bleicher, K. (Hrsg.) (1972): Organisation als System. Wiesbaden

Bleckwedel, J. (2011): Systemische Therapie in Aktion. Kreative Methoden in der Arbeit mit Familien und Paaren. Göttingen

Blumer, H. (1973): Der methodologische Standort des Symbolischen Interaktionismus. In: Arbeitsgruppe Bielefelder Soziologen (Hrsg.) (1973): Alltagswissen, Interaktion und gesellschaftliche Wirklichkeit 1

Bosch, M. (1977): Ansätze der entwicklungsorientierten Familientherapie. Frankfurt a. M.

Boszormenyi-Nagy, I.; Spark, G. (1981): Unsichtbare Bindungen. Die Dynamik familiärer Systeme. Stuttgart

Bowlby, J. (2008): Bindung als sichere Basis: Grundlagen und Anwendung der Bindungstheorie. München

Brisch, K. H.; Hellbrügge, T. (Hg.) (2003): Bindung und Trauma. Stuttgart

Bronfenbrenner, U. (1981): Die Ökologie der menschlichen Entwicklung. Stuttgart

Buchholz, M. (1993): Dreiecksgeschichten. Göttingen

Bundesministerium für Familie, Senioren, Frauen und Jugend (2012): Das Genogramm. In: Sozialpädagogische Familienhilfe in der Bundesrepublik Deutschland. Online-Publikation. http://www.bmfsfj.de/doku/Publikationen/spfh/10-Methoden-und-arbeitsansaetze-der-sozialpaedagogischen-familienhilfe/10-9/10-9-3-das-genogramm.html (abgerufen am 22.4.2013)

Cecchin, G.; Lane, G.; Ray, W. (1993): Respektlosigkeit – Eine Überlebensstrategie für Therapeuten. Heidelberg
Cierpka, M. (1992): Die Entwicklung des Familiengefühls. In: Forum der Psychoanalyse 8: 32-46
Cierpka, M. (Hrsg.) (2008): Familiendiagnostik. Berlin, Heidelberg
Cierpka, M. (2012): Frühe Kindheit 0 bis 3 Jahre: Beratung und Psychotherapie für Eltern mit Säuglingen und Kleinkindern. Heidelberg
Cohn, R. (1975): Von der Psychoanalyse zur themenzentrierten Interaktion. Stuttgart

Deutsche Gesellschaft für Systemische Therapie, Beratung und Familientherapie e. V. (DGSF) (2012), Ethik-Richtlinien der DGSF 10/2012. Online-Publikation. http://www.dgsf.org/service/download-bereich/dgsf-rili-ethik.END.pdf/view (abgerufen am 29.4.2013)
Duhl, B. (1992): Skulptur – Äquivalenz in Aktion. In: Moskau, G.; Müller, G. (Hrsg.) (1992), Virginia Satir. Wege zum Wachstum. Paderborn, 121-137

Eder, L. (2003): Der Systemische Ansatz in der Therapie sozialer Ängste. Psychotherapie im Dialog 4 (1): 17-24

Fischer, G.; Riedesser, P. (2003): Lehrbuch der Psychotraumatologie. München
Flick, U. (2005): Qualitative Sozialforschung. Eine Einführung. 2. Aufl. Reinbek
Frick-Baer, G. (2009): Aufrichten in Würde. Methoden und Modelle leiborientierter kreativer Traumatherapie. Neuk.-Vl.
Frick-Baer, G. (2013): Trauma – "Am schlimmsten ist das Alleinsein danach". Neuk.-Vl.
Foerster, H. von (1981): Das Konstruieren einer Wirklichkeit. In: Watzlawick, P. (Hrsg.) (1981): Die erfundene Wirklichkeit. München, 39-60
Früchtel, F.; Budde, W.; Cyprian, G. (2013): Sozialer Raum und Soziale Arbeit. Fieldbook: Methoden und Techniken. Wiesbaden
Fuchs, T. (2000a): Leib – Raum – Person. Entwurf einer Phänomenologischen Anthropologie. Stuttgart
Fuchs, T. (2000b): Psychopathologie von Leib und Raum. Phänomenologisch-empirische Untersuchungen zu depressiven und paranoiden Erkrankungen. Darmstadt

Fuchs, T. (2002): Zeitdiagnosen. Philosophisch-psychiatrische Essays. Zug
Fuchs, T. (Hrsg.) (2003): Angst und Zuversicht. Heidelberg
Fuchs, T. (2008a): Das Gehirn – ein Beziehungsorgan. Eine phänomenologisch-ökologische Konzeption. Stuttgart
Fuchs, T. (2008b): Leib und Lebenswelt. Neue philosophisch-psychiatrische Essays. Zug
Furman, B.; Ahola, T. (1995): Die Zukunft ist das Land, das niemandem gehört. Probleme lösen im Gespräch. Stuttgart

Giddens, A. (1995): Die Konstitution der Gesellschaft. Frankfurt a. M.
Grossmann, K. E; Grossmann, K. (2006): Bindungen – das Gefüge psychischer Sicherheit. Stuttgart
Gumin, H.; Meier, H. (Hrsg.) (1992): Veröffentlichungen der C.F.v.-Siemens-Stiftung Bd.5: Einführung in den Konstruktivismus. München

Haley, J. (1980): Ansätze zu einer Theorie pathologischer Systeme. In: Watzlawick, P.; Weakland, J. (Hrsg.) (1980): Interaktion. Stuttgart
Hansen, H. (2007): A bis Z der Interventionen in der Paar- und Familientherapie. Ein Praxishandbuch. Stuttgart
Hart, O. van der (1982): Abschiednehmen. München
Häuser, W. (1994): Wer hat Angst vor … Panikattacken? Reflexionen über therapeutische Grundhaltungen und Techniken im medizinisch-psychotherapeutischen Kontext. Zeitschrift für systemische Therapie 12 (1): 33-43.
Hejl, P.; Schmidt, S. (1992): Bibliographie. In: Gumin, H., Meier, H. (Hrsg.): Einführung in den Konstruktivismus. München, 167-180
Hellinger, B. (1996/2013): Ordnungen der Liebe. Ein Kurs-Buch. 10., unveränd. Aufl. Heidelberg
Henning, T. (1987): Ein Interview mit Mara Selvini Palazzoli. In: Systema 1 (1), 2-20
Hildenbrand, H. (2011): Einführung in die Genogrammarbeit. Heidelberg
Hoffmann, L. (1996): Therapeutische Konversationen. Von Macht und Einflussnahme zur Zusammenarbeit in der Therapie. Dortmund
Holm, H. (1982): The agoraphobic married woman and her marriage pattern: a clinical study. In: Kaslow, F. (Hrsg.) (1982): The international book of family therapy. New York

Imber-Black, E.; Roberts, J.; Whiting, R. (1993): Rituale. Heidelberg

Kaslow, F. (Hrsg.) (1982): The international book of family therapy. New York

Keeney, B. (1987); Ästhetik des Wandels. Hamburg

Kempler, W. (1975): Gestaltfamilientherapie. Stuttgart

Keupp, H. u. a. (1999): Identitätskonstruktionen. Das Patchwork der Identitäten in der Spätmoderne. Reinbek

Klein, R. (1996): Der Onkel als Familientherapeut – der Familientherapeut als Onkel: Alexanders Spuckgedanke. In: Familiendynamik 21 (4), 331-345

Klein, R. (2002): Berauschte Sehnsucht. Zur ambulanten systemischen Therapie süchtigen Trinkens. Heidelberg

Klein, R.; Kannicht, A. (2007/11): Einführung die Praxis der systemischen Therapie und Beratung. Heidelberg

Kriz, J. (1981): Artefakte in der empirischen Sozialforschung. Stuttgart

Kriz, J. (2001): Grundkonzepte der Psychotherapie. 5 völlig neu bearb. Aufl. Weinheim

Kriz, J. (2004): Personzentrierte Systemtheorie. In: Schlippe, A. von; Kriz, W. Ch. (Hrsg.) (2004): Personenzentrierung und Systemtheorie. Göttingen

Lewin, K. (1943): Psychologische Ökologie. In: Lewin, K. (1963): Feldtheorie in den Sozialwissenschaften. Bern/Stuttgart, 98-101

Lewin, K. (1982): Feldtheorie. Band 4 der Kurt-Lewin-Werkausgabe. Hrsg.: Graumann, C.-F. Stuttgart

Loth, W. (1992): Lösungsorientierte Kurztherapie: Konzepte, Prämissen, Stolpersteine. In: Systeme 6 (2), 3-22

Ludewig, K. (2002): Leitmotive systemischer Therapie. Stuttgart

Ludewig, K. (2009): Einführung in die theoretischen Grundlagen der systemischen Therapie. 2. Aufl. 2009, Heidelberg

Ludewig, K. u. a.(1983): Entwicklung eines Verfahrens zur Darstellung von Familienbeziehungen: das Familienbrett. In: Familiendynamik 8 (3), 235-251

Luhmann, N. (1984): Soziale Systeme. Grundriss einer allgemeinen Theorie. Frankfurt a.M.

Luhmann, N. (1990): Die Wissenschaft der Gesellschaft. Frankfurt a. M.

Maturana, H. (1982): Erkennen: Die Organisation und Verkörperung von Wirklichkeit. Ausgewählte Arbeiten zur biologischen Epistemologie. Braunschweig

Maturana, H.; Varela, F. (1987a): Der Baum der Erkenntnis. München
Maturana, H. R. (1987b): Kognition: In: Schmidt, S. J. (Hrsg.) (1987):
  Der Diskurs des Radikalen Konstruktivismus. Frankfurt a. M., 21-33
Mead, G. H. (1934/1977): Geist, Identität und Gesellschaft. Frankfurt a. M.
Merleau-Ponty, M. (1966): Phänomenologie der Wahrnehmung. Berlin
Metzmacher, B.; Ross, J.; Schlippe, A. von; Schmauch, R. (1982): Ein
  familientherapeutisches Konzept von Veränderung. In: Integrative
  Therapie 8 (3), 173-192
Meyer-Enders, G. (2010): Die Arbeit mit dem Familienbrett. Köln
Minuchin, S. (1977): Familien und Familientherapie. Freiburg
Minuchin, S. u. a. (1967): Families of the Slums. New York
Moreno, J. L. (1974): Psychodrama. Theorie und Praxis. Heidelberg
Mory, C. (2005): Abschlussarbeit: Die Etablierung systemischer Strukturen
  in einer verhaltenstherapeutischen Ambulanz. Weinheim
Moskau, G.; Müller, G. (Hrsg.) (1992): Virginia Satir. Wege zum Wachstum.
  Paderborn

Nave-Herz, R. (2006): Ehe- und Familiensoziologie. Eine Einführung in
  Geschichte, theoretische Ansätze und empirische Befunde. Weinheim
  und München

Opher-Cohn, L. u. a. (Hrsg.) (2000): Das Ende der Sprachlosigkeit?
  Auswirkungen traumatischer Holocaust-Erfahrungen über mehrere
  Generationen. Gießen

Plessner, H. (1975): Die Stufen des Organischen und der Mensch. Einleitung
  in die philosophische Anthropologie. Berlin – New York
Plessner, H. (2003): Conditio humana. Gesammelte Schriften VIII.
  Frankfurt a. M.
Peuckert, R. (2008): Familienformen im sozialen Wandel. Wiesbaden
Pörksen, B. (2008): Die Gewissheit der Ungewissheit. Gespräche zum
  Konstruktivismus. Heidelberg

Radebold, H.; Bohleber, W.; Zinnecker, J. (Hrsg.) (2008):
  Transgenerationale Folgen kriegsbelasteter Kindheiten. Interdisziplinäre
  Studien zur Nachhaltigkeit historischer Erfahrungen über vier
  Generationen. Weinheim und München
Reich, G.; Massing, A.; Cierpka, M. (2007): Praxis der psychoanalytischen
  Familien- und Paartherapie. Göttingen

Retzer, A. (2002): Passagen. Stuttgart
Retzer, A. (2004): Systemische Paartherapie. Stuttgart

Satir, V. (2004): Selbstwert, Kommunikation, Kongruenz. Paderborn
Satir, V. (2011): Selbstwert und Kommunikation. Freiburg
Schiepek, G. (Hrsg.) (1987): Systeme erkennen Systeme. Weinheim/München
Schlippe, A. von (2010): Familientherapie im Überblick. 12. überarb. Neuaufl. Paderborn
Schlippe, A. von; Schweitzer, J. (2012a): Lehrbuch der systemischen Therapie und Beratung I. Das Grundlagenwissen. Göttingen
Schlippe, A. von; Schweitzer, J. (2012b): Lehrbuch der systemischen Therapie und Beratung II. Das störungsspezifische Wissen. Göttingen
Schlippe, A von; Schweitzer, J. (2010): Systemische Interventionen. 2. Aufl. Göttingen
Schmidt, S. J. (1987): Der Diskurs des Radikalen Konstruktivismus. Frankfurt a. M.
Schuch, H.W. (1988): Psychotherapie zwischen Wertorientierung und Normierung. In: Integrative Therapie 14 (2/3), 108-131
Schulz von Thun, F. (2010): Miteinander reden 1. Störungen und Klärungen. Allgemeine Psychologie der Kommunikation. Reinbek
Schweitzer, J.; Retzer, A., Fischer, H.R. (Hrsg.) (1992): Systemische Praxis und Postmoderne. Frankfurt a. M.
Schweitzer, J.; Schlippe, A. von (2007/2009): Lehrbuch der systemischen Therapie und Beratung II. Das störungsspezifische Wissen. Göttingen
Schweitzer, J.; Weber, G. (1982): Beziehung als Metapher: die Familienskulptur als diagnostische, therapeutische und Ausbildungstechnik. In: Familiendynamik 7, 113-128
Selvini Palazzoli, M. u. a. (1984): Hinter den Kulissen der Organisation. Stuttgart
Selvini Palazzoli, M. u. a. (1977): Pardoxon und Gegenparadoxon. Stuttgart
Selvini Palazzoli, M. u. a. (1987): Das Individuum im Spiel. In: Zeitschrift für systemische Therapie 5 (3), 144-152
Selvini Palazzoli, M. u. a. (1992): Die psychotischen Spiele in der Familie. Stuttgart
Selvini Palzzoli, M. u. a. (1981): Hypothetisieren, Zirkularität, Neutralität: drei Richtlinien für den Leiter einer Sitzung. In: Familiendynamik 6 (2), 123-139

Shazer, S. de; Molnar, A. (1983): Rekursivität: Die Praxis-Theorie-Beziehung. In: Zeitschrift für systemische Therapie 1(3), 2-10
Shannon, C.; Weaver, W. (1948/1998): The Mathematical Theory on Communication. University of Illinois
Simon, F.B. (1995): Die andere Seite der Gesundheit. Ansätze einer systemischen Krankheits- und Therapietheorie. Heidelberg
Simon, F.B.; Stierlin, H. (1984): Die Sprache der Familientherapie. Ein Vokabular. Stuttgart
Simon, F.B.; Weber, G. (1988a): Das Ding an sich. Wie man ‚Krankheit' erweicht, verflüssigt, entdinglicht ... In: Familiendynamik 13 (1); 56-61
Sommer, M. (2012): Skulpturverfahren in der familientherapeutischen Arbeit. München
Spaemann, R. (2006): Personen. Versuche über den Unterschied zwischen ‚Etwas' und ‚Jemand'. Stuttgart
Stern, D. (1998): Die Lebenserfahrung des Säuglings. 3. Aufl. Stuttgart
Stern, D. (2000): Mutter und Kind. Die erste Beziehung. Stuttgart
Stierlin, H. (1975): Von der Psychoanalyse zur Familientherapie. Stuttgart
Stierlin, H. (2004): Ich und die anderen. Psychotherapie in einer sich wandelnden Gesellschaft. Stuttgart
Stierlin, H. et al. (2002): Das erste Familiengespräch. Stuttgart
Suess, G. J.; Sroufe, J. (2008): Klinische Implikationen der Minnesota Längsschnittstudie zur Persönlichkeitsentwicklung von der Geburt bis ins Erwachsenenalter. Frühe Kindheit, 11(6), 8-17

Textor, M. R. (2002): Das Buch der Familientherapie. Sechs Schulen in Theorie und Praxis. 6. Aufl. Eschborn
Tomasello, M. (2006): Die kulturelle Entwicklung des menschlichen Denkens. Zur Evolution der Kognition. Frankfurt a. M.
Tomasello, M. (2010): Warum wir kooperieren. Frankfurt a. M.
Tomm, K. (1984): Der Mailänder familientherapeutische Ansatz – ein vorläufiger Bericht. In: Zeitschrift für systemische Therapie 1 (4), 1-24
Tootell, A. (2002): 'Ich versuch's einfach'. Wie Dylan Wise sein Selbstvertrauen wiederentdeckte. Systema 16 (1): 5-19

Varela, F. (1981): Der kreative Zirkel, Skizzen zur Naturgeschichte der Rückbezüglichkeit. In: Watzlawick, P. (Hrsg.) (1981): Die erfundene Wirklichkeit. München

Vogel, E.; Bell, N. (1969): Das gefühlsgestörte Kind als Sündenbock der Familie. In: Bateson, G. (Hrsg.) (1969): Schizophrenie und Familie. Frankfurt a. M.

Waldenfels, B. (1992/2000: Einführung in die Phänomenologie. Auflage 2000. München
Waldenfels, B. (1994): In den Netzen der Lebenswelt. Frankfurt a. M.
Waldenfels, B. (2000): Das leibliche Selbst. Vorlesungen zur Phänomenologie des Leibes. Frankfurt a. M.
Waldenfels, B. (2010): Phänomenologie in Frankreich. Frankfurt a. M.
Wardi, D. (1997): Siegel der Erinnerung. Das Trauma des Holocaust – Psychotherapie mit den Kindern der Überlebenden. Stuttgart
Watzlawick, P. (1977): Die Möglichkeit des Andersseins. Stuttgart
Watzlawick, P. (1992): „Berufskrankheiten" systemisch-konstruktivistischer Therapeuten. In: Schweitzer, J.; Retzer, A., Fischer, H.R. (Hrsg.) (1992): Systemische Praxis und Postmoderne. Frankfurt a. M.
Watzlawick, P. (Hrsg.) (1981): Die erfundene Wirklichkeit. München
Watzlawick, P.; Krieg, P. (Hrsg.) (1991): Das Auge des Betrachters. München
Weiner-Davis, M.; Shazer, S. de; Gingerich, W. (1987): Using Pretreatment Change to Construct a Therapeutic Solution: A Clincal Note. In: Journal of Marital and Family Therapy 13, 359-363
Weiss, T. (1988): Familientherapie ohne Familie. Kurztherapie mit Einzelpatienten. München
Weizsäcker, V. von (1987b): Gesammelte Schriften. Bd. 7. Frankfurt a. M.
Welter-Enderlin, R. (1996): Deine Liebe ist nicht meine Liebe. Freiburg
Welter-Enderlin, R.; Hildenbrand, B. (1996): Systemische Therapie als Begegnung. Stuttgart
Welter-Enderlin, R.; Hildenbrand, B. (2002): Rituale – Vielfalt in Alltag und Therapie. Heidelberg
White, M.; Epston, D. (1990): Die Zähmung der Monster. Heidelberg
Wittmund, B. (2005): Angststörungen aus systemischer Sicht. In: Psychotherapie im Dialog 6 (4): 376-381

Zobel, M. (2006): Kinder aus alkoholbelasteten Familien. Entwicklungsrisiken und -chancen. Göttingen

- Anzeige -

Kompetenzzentrum Kinder und Jugendliche
der Zukunftswerkstatt *therapie kreativ*

Das KKJ ist eine gemeinnützige Einrichtung der Zukunftswerkstatt *therapie kreativ* und Partner des Netzwerk Stiftung Würde. Das Kompetenzzentrum bündelt die Angebote der Zukunftswerkstatt *therapie kreativ* im Themenbereich Kinder und Jugendliche und entwickelt darüber hinaus neue Projekte in der Jugendhilfe, im Vorschulbereich und für engagierte Eltern.
Dr. Udo Baer ist Leiter des KKJ und bietet zusammen mit seinen Kolleg/Innen Fachfortbildungen und Seminare im Bereich Kinder und Jugendliche an.

» 3-stufige Fachfortbildung: Kreative Kinder- und Familientherapie
» Einjährige Fachfortbildung: Kreative Traumatherapie und -pädagogik mit Kindern und Jugendlichen
» Einjährige Fachfortbildung: Kreative Therapie für belastete Kinder und Jugendliche
» (Wochenend-) Seminare, Thementage, Schnuppertage und Kompetenztage

Informieren Sie sich auf unserer Webseite und fordern Sie unser kostenloses Jahresprogramm und Informationsmaterial an!

Netzwerk
Stiftung Würde

Kompetenzzentrum Kinder und Jugendliche
eine Einrichtung der Zukunftswerkstatt *therapie kreativ*
Balderbruchweg 35, 47506 Neukirchen-Vluyn, Tel. +49-2845-9498157
www.kkj-zentrum.de, s.vogt@kkj-zentrum.de

- Anzeige -

Semnos
Bücher · die verändern

Baer, Udo
Kreative Leibtherapie
Das Lehrbuch

400 Seiten, gebunden
ISBN 978-3934933-36-1
39,95 €

Semnos·Verlag
Balderbruchweg 35, 47506 Neukirchen-Vluyn, Tel. +49-2845-4635
www.semnos.de, info@semnos.de

- Anzeige -

Semnos
Bücher · die verändern

Frick-Baer, Gabriele
TRAUMA – „AM SCHLIMMSTEN IST DAS ALLEINSEIN DANACH"
Sexuelle Gewalt – wie die Zeit danach erlebt wird und was beim Heilen hilft

192 Seiten, kartoniert
ISBN 978-3-934933-38-5
19,80 €

Baer, Udo | Frick-Baer, Gabriele
WIE TRAUMATA IN DIE NÄCHSTE GENERATION WIRKEN
Untersuchungen, Erfahrungen, therapeutische Hilfen

139 Seiten, kartoniert
ISBN 978-3-934933-33-0
18,00 €

Frick-Baer, Gabriele
AUFRICHTEN IN WÜRDE
Methoden und Modelle leiborientierter kreativer Traumatherapie

176 Seiten, kartoniert
ISBN 978-3-934933-25-5
19,50 €

SEMNOS·VERLAG
Balderbruchweg 35, 47506 Neukirchen-Vluyn, Tel. +49-2845-4635
www.semnos.de, info@semnos.de

- Anzeige -

Die Bibliothek der Gefühle

»Unsere Gefühle hätten uns eine ganze Menge zu sagen, wenn sie reden könnten. Die Therapeuten Gabriele Frick-Baer und Udo Baer geben ihnen eine Stimme.« *Brigitte*

ca. 144 Seiten.
ISBN 978-3-407-85951-8
ET September 2012

190 Seiten.
ISBN 978-3-407-85866-5

142 Seiten.
ISBN 978-3-407-85867-2

142 Seiten.
ISBN 978-3-407-85868-9

166 Seiten.
ISBN 978-3-407-85869-6

142 Seiten.
ISBN 978-3-407-85870-2

160 Seiten.
ISBN 978-3-407-85927-3

166 Seiten.
ISBN 978-3-407-85871-9

163 Seiten.
ISBN 978-3-407-85882-5

143 Seiten.
ISBN 978-3-407-85883-2

158 Seiten.
ISBN 978-3-407-85884-9

144 Seiten.
ISBN 978-3-407-85903-7

www.beltz.de